SANCIONES E INFRACCIONES LABORALES DE LA EMPRESA

SANCIONES E INFRACCIONES LABORALES DE LA EMPRESA

Guía práctica de las infracciones en las que puede incurrir una empresa y del procedimiento sancionador en el orden social

2.ª EDICIÓN 2023

Obra realizada por el Departamento de Documentación de Iberley

COLEX 2023

Calle Costa Rica, número 5, 3.º B (local comercial)
A Coruña, 15004, A Coruña (Galicia)
info@colex.es
www.colex.es

I.S.B.N.: 978-84-1359-753-9
Depósito legal: C 61-2023

SUMARIO

ANEXO. FORMULARIOS

1.

LA SANCIÓN EN EL ORDEN SOCIAL

Son infracciones administrativas en el orden social las acciones u omisiones de los distintos sujetos responsables tipificadas y sancionadas como tales en la normativa del orden social.

1.1. ¿Qué se entiende por infracciones en el orden social?

Las sanciones y los criterios de su graduación, así como la autoridad competente para imponerlas y el procedimiento sancionador, se rige por lo establecido en el **Real Decreto Legislativo 5/2000, de 4 de agosto, por el que se aprueba el Texto refundido de la Ley sobre infracciones y sanciones en el orden social (LISOS)**.

Podemos otorgar la consideración de infracciones administrativas en el orden social, a las **acciones u omisiones de los distintos sujetos responsables tipificadas y sancionadas como tales por el texto refundido de la Ley sobre Infracciones y Sanciones en el Orden Social, así como en el resto de la normativa del orden social** (art. 1.1 de la LISOS). En concreto, la LISOS, regula dentro de las infracciones sociales las relativas a cuestiones como:

- Relaciones laborales tanto colectivas como individuales.
- Materia de Seguridad Social.
- Relacionadas con colocación, empleo, formación profesional ocupacional y trabajo temporal.
- Incumplimientos en el área de la prevención de riesgos laborales.
- En materia de empresas de trabajo temporal y empresas usuarias.
- Emigración, movimientos migratorios y trabajo de extranjeros.
- Las relacionadas con cooperativas de trabajo asociado.

Sobre la anterior definición, hemos de distinguir entre **materias consideradas como infracciones de orden social**, y las que, relacionadas con **cuestiones sociales o laborales**, no tienen tal consideración:

- Los incumplimientos de las personas trabajadoras en el marco de la relación laboral sujetos a sanción disciplinaria dentro del poder de dirección empresarial
- Infracciones en cuestiones de extranjería que hayan sido desarrolladas en la normativa específica al respecto.
- Las situaciones que hayan sido plasmadas en el Código Penal como motivo de delito.

Con la intención de profundizar en el concepto, merece la pena hacer una referencia inicial al art. 5 de la LISOS, donde el Legislador, centrándose en las infracciones que pueden cometer los empresarios ha conceptuado las infracciones laborales como:

> «1. Son infracciones laborales las acciones u omisiones de los empresarios contrarias a las normas legales, reglamentarias y cláusulas normativas de los convenios colectivos en materia de relaciones laborales, tanto individuales como colectivas, de colocación, empleo, formación profesional para el empleo, de trabajo temporal y de inserción sociolaboral, tipificadas y sancionadas de conformidad con la presente ley. Asimismo, tendrán dicha consideración las demás acciones u omisiones de los sujetos responsables en las materias que se regulan en el presente capítulo».

Por otro lado, el mismo precepto, define asimismo las infracciones laborales en materia de prevención de riesgos laborales como las acciones u omisiones de los empresarios, promotores y propietarios de obra y trabajadores por cuenta propia que incumplan cualquier normativa vigente en materia de seguridad y salud laboral.

> «2. Son infracciones laborales en materia de prevención de riesgos laborales las acciones u omisiones de los diferentes sujetos responsables que incumplan las normas legales, reglamentarias y cláusulas normativas de los convenios colectivos en materia de seguridad y salud en el trabajo sujetas a responsabilidad conforme a esta ley.
>
> 3. Son infracciones laborales en materia de derechos de implicación de los trabajadores en las sociedades europeas las acciones u omisiones de los distintos sujetos responsables contrarias a la Ley sobre implicación de los trabajadores en las sociedades anónimas y cooperativas europeas, o a sus normas reglamentarias de desarrollo, a las disposiciones de otros Estados miembros con eficacia en España, a los acuerdos celebrados conforme a la Ley o a las disposiciones citadas, y a las cláusulas normativas de los convenios colectivos que complementan los derechos reconocidos en las mismas, tipificadas y sancionadas de conformidad con esta ley».

Siguiendo la LISOS, por tanto, podemos concretar como **características principales de las sanciones en el orden social** los siguientes aspectos:

1. Las infracciones administrativas en el orden social se podrán cometer por acciones u omisiones de los distintos sujetos responsables.

2. La necesidad de que las mismas encuentren tipificadas y sancionadas en la LISOS o en las leyes del orden social.
3. Para poder aplicarse una sanción es necesaria la previa instrucción del oportuno expediente, a propuesta de la Inspección de Trabajo y Seguridad Social.
4. Su calificación como leves, graves y muy graves en atención a la naturaleza del deber infringido y la entidad del derecho afectado.

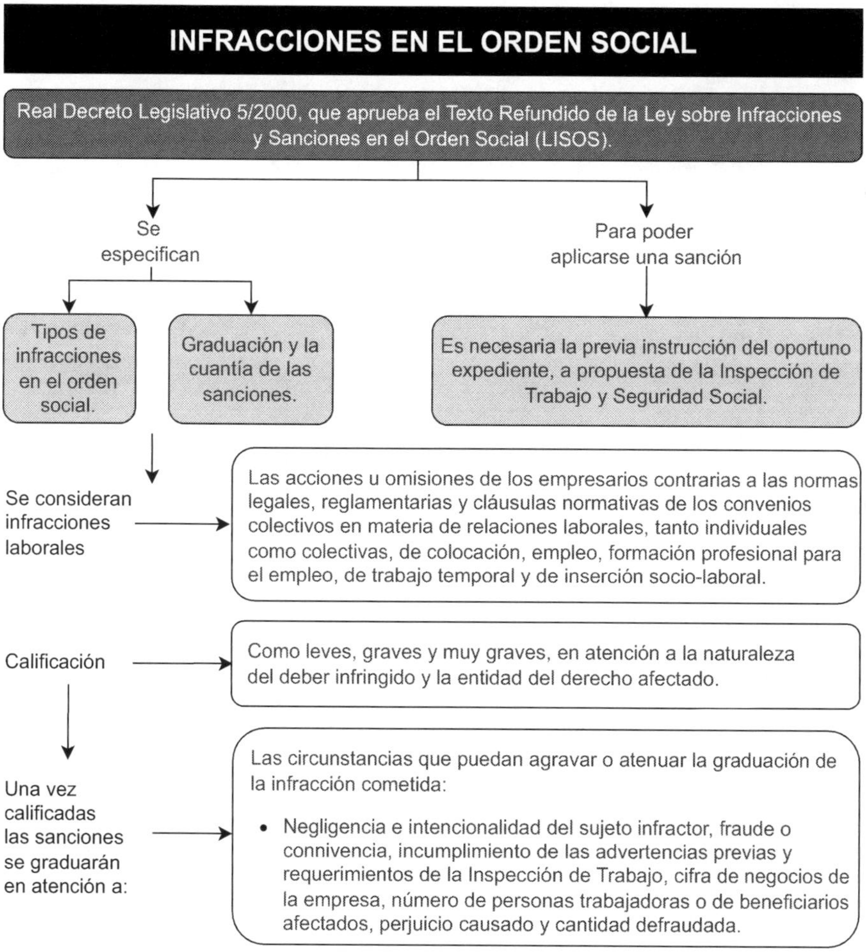

CUESTIÓN

La reforma laboral 2021-2022 (Real Decreto-ley 32/2021, de 28 de diciembre), ¿ha supuesto alguna modificación en materia de sanciones?

Con efectos desde el 31 de diciembre 2021, se modifica la LISOS, con el objetivo de adaptar la norma sancionadora a las nuevas previsiones en materia de contratación, como a las medidas de flexibilidad interna, sus limitaciones y prohibiciones.

a) Individualización de las infracciones. Se considerará una infracción por cada una de las personas trabajadoras afectadas por:

  » La transgresión de la normativa sobre modalidades contractuales, contratos de duración determinada y temporales, mediante su utilización en fraude de ley o respecto a personas, finalidades, supuestos y límites temporales distintos de los previstos legal, reglamentariamente, o mediante convenio colectivo cuando dichos extremos puedan ser determinados por la negociación colectiva (art. 7.2 de la LISOS).

  » La formalización de nuevas contrataciones laborales incumpliendo la prohibición establecida en el artículo 47.7.d) del Estatuto de los Trabajadores para los ERTE ETOP (causas económicas, técnicas, organizativas o productivas) o derivadas de fuerza mayor.

b) Incremento de la cuantía de la sanción. Se incorpora una nueva letra c bis) al art. 40.1 de la LISOS regulando nuevas infracciones graves asociadas a incumplimientos normativos sobre contratación temporal y ERTE. Las infracciones graves señaladas en los artículos 7.2, 7.14, 18.2.c), 19.2.b), 19.2.e), 19 bis.1.b), 19 ter.2.b) y 19 ter.2.e) se sancionarán con la multa siguiente: en su grado mínimo, de 1.000 a 2.000 euros; en su grado medio, de 2.001 a 5.000 euros y, en su grado máximo, de 5.001 a 10.000 euros.

1.2. Procedimiento administrativo sancionador y su proyección en el orden social

Adelantándonos a lo que trataremos en otros apartados, la imposición de las sanciones por infracciones a la normativa de orden social le corresponde a la autoridad laboral competente, bien de la Administración General del Estado o bien de la Administración de la Comunidad Autónoma. Tales sanciones son impuestas a propuesta de la ITSS, previa instrucción del oportuno expediente y conforme a un procedimiento administrativo especial.

Dado que el procedimiento sancionador, común a todas las Administraciones públicas, se ajusta a lo previsto en la **LISOS** y en la Ley 23/2015, de 21 de julio, Ordenadora del Sistema de Inspección de Trabajo y Seguridad Social (LOITSS), hemos de tener en cuenta que las actuaciones y procedimientos tratados en la obra, se regirá supletoriamente por lo dispuesto en la **Ley 39/2015, de 1 de octubre, del Procedimiento Administrativo Común de las Administraciones Públicas** (LPACAP), principios que, en todo caso, vienen a derivar del derecho penal, con quien mantiene una íntima conexión, tal y como establece el Tribunal Constitucional en reiteradas ocasiones. (STC n.º 18/1981, de 8 de junio, ECLI:ES:TC:1981:18).

La **normativa** reguladora de referencia sería:

- Real Decreto Legislativo 5/2000, de 4 de agosto, por el que se aprueba el texto refundido de la Ley sobre Infracciones y Sanciones en el Orden Social (LISOS).
- Ley 39/2015 de 1 de octubre, del Procedimiento Administrativo Común de las Administraciones Públicas (LPACAP)
- Real Decreto 928/1998, de 14 de mayo, por el que se aprueba el Reglamento general sobre procedimientos para la imposición de sanciones por infracciones de Orden social y para los expedientes liquidatorios de cuotas de la Seguridad (RGPSL).
- Ley 23/2015, de 21 de julio, Ordenadora del Sistema de Inspección de Trabajo y Seguridad Social (LOITSS).
- Real Decreto 138/2000, de 4 de febrero, por el que se aprueba el Reglamento de Organización y Funcionamiento de la Inspección de Trabajo y Seguridad Social.
- Ley 13/2012, de 26 de diciembre, de lucha contra el empleo irregular y el fraude a la Seguridad Social.
- Real Decreto 192/2018, de 6 de abril, por el que se aprueban los estatutos del Organismo Autónomo Organismo Estatal Inspección de Trabajo y Seguridad Social.
- Ley 40/2015, de 1 de octubre, de Régimen Jurídico del Sector Público (LRJSP).
- Real Decreto 688/2021, de 3 de agosto, por el que se modifica el Reglamento general sobre procedimientos para la imposición de sanciones por infracciones de orden social y para los expedientes liquidatorios de cuotas de la Seguridad Social, aprobado por el Real Decreto 928/1998, de 14 de mayo (adapta los procedimientos sancionadores regulados en el RGPSL a la denominada «actuación administrativa automatizada» y regula la aplicación de reducciones en las sanciones de la Inspección de Trabajo cuando el sujeto responsable de una infracción reconozca su responsabilidad en la comisión de la infracción y abone el importe de la sanción propuesta inicialmente).
- Real Decreto-ley 32/2021, de 28 de diciembre, de medidas urgentes para la reforma laboral, la garantía de la estabilidad en el empleo y la transformación del mercado de trabajo (el art. 5 modifica puntualmente la LISOS, con el objetivo de adaptar la norma sancionadora a las nuevas previsiones de la norma material, tanto en lo que se refiere a la normativa de contratación —con la imprescindible individualización de la infracción y el incremento de la cuantía de la sanción—, como a las medidas de flexibilidad interna, sus limitaciones y prohibiciones).

Siguiendo la jurisprudencia y los principios generales del derecho se puede hablar de un uso en el ámbito sancionador laboral de los principios que inspiran el sistema punitivo general (STSJ de Castilla La Mancha n.º 40/2020, de 15 de enero de 2020, ECLI:ES:TSJCLM:2020:184 o la STSJ de Cataluña n.º

4128/2013, de 11 de junio de 2013, ECLI:ES:TSJCAT:2013:6077, entre otras), de forma que las **reglas observadas en este procedimiento sancionador se limitan, de un lado, a adoptar, los principios fijados por la LOITSS, y, de otro, a incorporar de forma supletoria a la LPACAP**. Esto implica el obligado respeto a los siguientes principios:

El principio de legalidad del procedimiento administrativo sancionador en el orden social

El principio de legalidad se encuentra regulado en los arts. 9.3 de la Constitución Española, 25 de la Ley 40/2015, de 1 de octubre y 14 del Real Decreto 928/1998, de 14 de mayo. El art. 25 de la LRJSP establece:

- La potestad sancionadora de las Administraciones públicas se ejercerá cuando haya sido expresamente reconocida por una norma con rango de Ley, con aplicación del procedimiento previsto para su ejercicio y de acuerdo con lo establecido en esta Ley y en la Ley de Procedimiento Administrativo Común de las Administraciones Públicas y, cuando se trate de entidades locales, de conformidad con lo dispuesto en el Título XI de la Ley 7/1985, de 2 de abril.
- El ejercicio de la potestad sancionadora corresponde a los órganos administrativos que la tengan expresamente atribuida, por disposición de rango legal o reglamentario.
- Las disposiciones de este capítulo serán extensivas al ejercicio por las Administraciones públicas de su potestad disciplinaria respecto del personal a su servicio, cualquiera que sea la naturaleza jurídica de la relación de empleo.
- Las disposiciones de este capítulo no serán de aplicación al ejercicio por las Administraciones públicas de la potestad sancionadora respecto de quienes estén vinculados a ellas por relaciones reguladas por la legislación de contratos del sector público o por la legislación patrimonial de las Administraciones públicas.

El principio de tipicidad del procedimiento administrativo sancionador en el orden social

El principio de tipicidad de la potestad sancionadora de las Administraciones públicas, además de encontrarse «consagrado» en el art. 9.3 de la Constitución Española, se encuentra regulado en el art. 27 de la Ley 40/2015, de 1 de octubre.

Tipicidad, según el Diccionario del español jurídico de la RAE y el CGPJ, es la «descripción de la conducta que es constitutiva de infracción administrativa en la norma sancionadora». STS, rec. 485/2011, de 11 de mayo de 2012, ECLI:ES:TS:2012:3547

El art. 27 de la Ley 40/2015, de 1 de octubre, se refiere al principio de tipicidad en los siguientes términos:

- Solo constituyen infracciones administrativas las vulneraciones del ordenamiento jurídico previstas como tales infracciones por una ley, sin perjuicio de lo dispuesto para la Administración Local en el Título XI de la Ley 7/1985, de 2 de abril. Las infracciones administrativas se clasificarán por la Ley en leves, graves y muy graves.
- Únicamente por la comisión de infracciones administrativas podrán imponerse sanciones que, en todo caso, estarán delimitadas por la Ley.
- Las disposiciones reglamentarias de desarrollo podrán introducir especificaciones o graduaciones al cuadro de las infracciones o sanciones establecidas legalmente que, sin constituir nuevas infracciones o sanciones, ni alterar la naturaleza o límites de las que la Ley contempla, contribuyan a la más correcta identificación de las conductas o a la más precisa determinación de las sanciones correspondientes.
- Las normas definidoras de infracciones y sanciones no serán susceptibles de aplicación analógica.

JURISPRUDENCIA

STS, rec. 2785/2014, de 13 de mayo de 2015, ECLI:ES:TS:2015:3089

«Es necesario recordar que nos encontramos en el ámbito del Derecho Sancionador de carácter público. Los principios de tipicidad y legalidad aparecen como axiales, lo que explica su recepción por los primeros apartados del artículo 1º de la LISOS, pero también cabe recordar la concordancia del expediente administrativo con la posterior decisión administrativa que se imponga:

- Constituyen infracciones administrativas en el orden social las acciones u omisiones de los distintos sujetos responsables tipificadas y sancionadas en la presente Ley y en las leyes del orden social.

- Las infracciones no podrán ser objeto de sanción sin previa instrucción del oportuno expediente, de conformidad con el procedimiento administrativo especial en esta materia, a propuesta de la Inspección de Trabajo y Seguridad Social, sin perjuicio de las responsabilidades de otro orden que puedan concurrir.

- La tipificación de conductas sancionadoras no puede dar lugar a interpretaciones analógicas o extensivas, pues la restricción de derechos ha de entenderse en sentido estricto. Como se viene diciendo desde tiempo atrás, "el principio de legalidad (...) significa un rechazo de la analogía como fuente creadora de delitos y penas, e impide, como límite a la actividad judicial que el Juez se convierta en legislador' (STC 133/1997). (...)"».

El principio de proporcionalidad del procedimiento administrativo sancionador en el orden social

El principio de proporcionalidad de las sanciones administrativas se encuentra regulado en el art. 29 de la Ley 40/2015, de 1 de octubre y se puede definir, según el diccionario del español jurídico de la RAE y el CGPJ como la «garantía del derecho administrativo sancionador que debe entenderse consagrada en el artículo 25.1 de la Constitución Española y exige que en la determinación normativa del régimen sancionador así como en la imposición de la sanción por la Administración se guarde la debida adecuación o correspondencia entre la gravedad de la infracción cometida y la intensidad de la sanción aplicada». De este modo:

- Las sanciones administrativas, sean o no de naturaleza pecuniaria, en ningún caso podrán implicar, directa o subsidiariamente, privación de libertad.
- El establecimiento de sanciones pecuniarias deberá prever que la comisión de las infracciones tipificadas no resulte más beneficiosa para el infractor que el cumplimiento de las normas infringidas.
- En la determinación normativa del régimen sancionador, así como en la imposición de sanciones por las Administraciones Públicas se deberá observar la debida idoneidad y necesidad de la sanción a imponer y su adecuación a la gravedad del hecho constitutivo de la infracción. La graduación de la sanción considerará especialmente los siguientes criterios:
  - El grado de culpabilidad o la existencia de intencionalidad.
  - La continuidad o persistencia en la conducta infractora.
  - La naturaleza de los perjuicios causados.
  - La reincidencia, por comisión en el término de un año de más de una infracción de la misma naturaleza cuando así haya sido declarado por resolución firme en vía administrativa.
- Cuando lo justifique la debida adecuación entre la sanción que deba aplicarse con la gravedad del hecho constitutivo de la infracción y las circunstancias concurrentes, el órgano competente para resolver podrá imponer la sanción en el grado inferior.
- Cuando de la comisión de una infracción derive necesariamente la comisión de otra u otras, se deberá imponer únicamente la sanción correspondiente a la infracción más grave cometida.
- Será sancionable, como infracción continuada, la realización de una pluralidad de acciones u omisiones que infrinjan el mismo o semejantes preceptos administrativos, en ejecución de un plan preconcebido o aprovechando idéntica ocasión.

El principio de irretroactividad del procedimiento administrativo sancionador en el orden social

El principio de irretroactividad aparece mencionado en los arts. 9.3 de la Constitución Española, 25 de la Ley 40/2015, de 1 de octubre y 14 del Real Decreto 928/1998, de 14 de mayo: «La Constitución garantiza el principio de legalidad, la jerarquía normativa, la publicidad de las normas, la irretroactividad de las disposiciones sancionadoras no favorables o restrictivas de derechos individuales, la seguridad jurídica, la responsabilidad y la interdicción de la arbitrariedad de los poderes públicos».

El art. 26 de la Ley 40/2015, de 1 de octubre, se refiere al mismo en los siguientes términos:

- Serán de aplicación las disposiciones sancionadoras vigentes en el momento de producirse los hechos que constituyan infracción administrativa.
- Las disposiciones sancionadoras producirán efecto retroactivo en cuanto favorezcan al presunto infractor o al infractor, tanto en lo referido a la tipificación de la infracción como a la sanción y a sus plazos de prescripción, incluso respecto de las sanciones pendientes de cumplimiento al entrar en vigor la nueva disposición.

Respecto de la retroactividad favorable que reconoce el art. 26.2 de la Ley 40/2015, de 1 de octubre, habrá que atender a lo que dispone el art. 73 de la Ley 29/1998, de 13 de julio: «las sentencias firmes que anulen un precepto de una disposición general no afectarán por sí mismas a la eficacia de las sentencias o actos administrativos firmes que lo hayan aplicado antes de que la anulación alcanzara efectos generales, salvo en el caso de que la anulación del precepto supusiera la exclusión o la reducción de las sanciones aún no ejecutadas completamente». Es decir, no se podrá en base a la retroactividad favorable revisar sentencias firmes o actos que se hayan «cumplido» o «realizado» ya; sí se podrá, en cambio, respecto de aquellos que aún no hayan devenido en firmes.

El principio de responsabilidad del infractor en el orden social

El principio de responsabilidad en materia de derecho administrativo sancionador se encuentra regulado en el art. 28 de la Ley 40/2015, de 1 de octubre, en los siguientes términos:

- Solo podrán ser sancionadas por hechos constitutivos de infracción administrativa las personas físicas y jurídicas, así como, cuando una ley les reconozca capacidad de obrar, los grupos de afectados, las uniones y entidades sin personalidad jurídica y los patrimonios independientes o autónomos, que resulten responsables de los mismos a título de dolo o culpa.
- Las responsabilidades administrativas que se deriven de la comisión de una infracción serán compatibles con la exigencia al infractor de la reposición de la situación alterada por el mismo a su estado originario, así como con la indemnización por los daños y perjuicios causados, que será determinada y exigida por el órgano al que corresponda el ejercicio de la potestad sancionadora. De no satisfacerse la indemnización en el plazo que al efecto se determine en función de su cuantía, se procederá en la forma prevista en el artículo 101 de la Ley del Procedimiento Administrativo Común de las Administraciones públicas.
- Cuando el cumplimiento de una obligación establecida por una norma con rango de Ley corresponda a varias personas conjuntamente, responderán de forma solidaria de las infracciones que, en su caso, se

cometan y de las sanciones que se impongan. No obstante, cuando la sanción sea pecuniaria y sea posible se individualizará en la resolución en función del grado de participación de cada responsable.

- Las leyes reguladoras de los distintos regímenes sancionadores podrán tipificar como infracción el incumplimiento de la obligación de prevenir la comisión de infracciones administrativas por quienes se hallen sujetos a una relación de dependencia o vinculación. Asimismo, podrán prever los supuestos en que determinadas personas responderán del pago de las sanciones pecuniarias impuestas a quienes de ellas dependan o estén vinculadas.

Los principios de prescripción y concurrencia de sanciones en el orden social (*non bis in idem*)

Los principios de prescripción y de concurrencia de sanciones (o de «no concurrencia») en el ejercicio de la potestad sancionadora de la Administración, se encuentran regulados en los arts. 30-31 de la Ley 40/2015, de 1 de octubre. Aunque el art. 30 de la Ley 40/2015, de 1 de octubre sí es completo e incluso introduce novedades en la regulación legal del principio de prescripción, no ocurre lo mismo con el art. 31 de la Ley 40/2015, de 1 de octubre, pues respecto del principio de concurrencia de sanciones (non bis in idem), la redacción del precepto no ha recogido elementos ya consagrados por la doctrina jurisprudencial (art. 31 de la Ley 40/2015, de 1 de octubre y art. 3 LISOS).

El **concepto prescripción**, a los efectos que nos trata, tiene esa doble dimensión que recoge, nuevamente, el *Diccionario del español jurídico de la RAE y el CGPJ*:

- **Prescripción de la infracción**: «forma de extinción de la responsabilidad sancionadora por el cumplimiento del plazo legal establecido desde la comisión de la infracción sin que la Administración dirija o reanude su actuación contra el responsable de la misma».
- **Prescripción de la sanción**: «forma de extinción de la responsabilidad administrativa sancionadora que acontece por el transcurso de un determinado período de tiempo desde la imposición en firme de la sanción sin que la Administración decida iniciar las actuaciones para ejecutarla o exigir su cumplimiento».

Para conocer la regulación legal de la misma, habrá que estar a lo preceptuado en el artículo 30 de la Ley 40/2015, de 1 de octubre:

- Las infracciones y sanciones prescribirán según lo dispuesto en las leyes que las establezcan. Si estas no fijan plazos de prescripción, las infracciones muy graves prescribirán a los tres años, las graves a los dos años y las leves a los seis meses; las sanciones impuestas por faltas muy graves prescribirán a los tres años, las impuestas por faltas graves a los dos años y las impuestas por faltas leves al año.
- El plazo de prescripción de las infracciones comenzará a contarse desde el día en que la infracción se hubiera cometido. En el caso de infracciones continuadas o permanentes, el plazo comenzará a correr desde que finalizó la conducta infractora.

Interrumpirá la prescripción la iniciación, con conocimiento del interesado, de un procedimiento administrativo de naturaleza sancionadora, reiniciándose el plazo de prescripción si el expediente sancionador estuviera paralizado durante más de un mes por causa no imputable al presunto responsable.

- El plazo de prescripción de las sanciones comenzará a contarse desde el día siguiente a aquel en que sea ejecutable la resolución por la que se impone la sanción o haya transcurrido el plazo para recurrirla.
- Interrumpirá la prescripción la iniciación, con conocimiento del interesado, del procedimiento de ejecución, volviendo a transcurrir el plazo si aquel está paralizado durante más de un mes por causa no imputable al infractor.

  En el caso de desestimación presunta del recurso de alzada interpuesto contra la resolución por la que se impone la sanción, el plazo de prescripción de la sanción comenzará a contarse desde el día siguiente a aquel en que finalice el plazo legalmente previsto para la resolución de dicho recurso.

La principal novedad que ofrece la Ley del Régimen Jurídico del Sector Público es la del apartado 2.° del artículo 30 de la Ley 40/2015, de 1 de octubre, que señala que la prescripción «comenzará a contarse desde el día en que la infracción se hubiera cometido». Por fin menciona el legislador, a entender de la doctrina, el dies a quo en que empieza a computarse el plazo para la prescripción, pues hasta el momento, y dado el silencio del legislador, había que acudir a la numerosa jurisprudencia al respecto.

Finalmente, con la última frase del artículo se zanjan discrepancias respecto del momento en que empieza a contar la prescripción cuando existe silencio administrativo, optándose por la solución de que si el recurso de alzada es desestimado empezará a contar la prescripción desde la fecha de desestimación.

Por su parte, el principio *non bis in idem*, formulación clásica del de (no) **concurrencia de sanciones**, se puede definir, siguiendo igualmente el Diccionario del español jurídico de la RAE y el CGPJ, como aquel «principio jurídico en virtud del cual nadie puede ser enjuiciado dos veces por los mismos hechos ni sancionado dos veces por la misma infracción». Su plasmación positiva, en el orden administrativo, se encuentra en el art. 31 de la Ley 40/2015, de 1 de octubre:

- No podrán sancionarse los hechos que lo hayan sido penal o administrativamente, en los casos en que se aprecie identidad del sujeto, hecho y fundamento.
- Cuando un órgano de la Unión Europea hubiera impuesto una sanción por los mismos hechos, y siempre que no concurra la identidad de sujeto y fundamento, el órgano competente para resolver deberá tenerla en cuenta a efectos de graduar la que, en su caso, deba imponer, pudiendo minorarla, sin perjuicio de declarar la comisión de la infracción.

El art. 3 de la LISOS normativiza lo anterior, prohibiendo la sanción administrativa de los hechos sancionados penalmente siempre que haya identidad de sujeto, de hecho y de fundamento: «no podrán sancionarse los hechos que hayan sido sancionados penal o administrativamente, en los casos en que se aprecie identidad de sujeto, de hecho y de fundamento». (STSJ Aragón n.º 333/2018, de 06 de junio, ECLI:ES:TSJAR:2018:861).

El principio de culpabilidad en el orden social

El requisito de culpabilidad, indispensable en toda resolución sancionadora, sea penal o administrativa, se encuentra reflejado en el art. 28 de la reiterada LPACAP:

> «Sólo podrán ser sancionadas por hechos constitutivos de infracción administrativa las personas físicas y jurídicas, así como, cuando una Ley les reconozca capacidad de obrar, los grupos de afectados, las uniones y entidades sin personalidad jurídica y los patrimonios independientes o autónomos, que resulten responsables de los mismos a título de dolo o culpa».

Esta exigencia de culpabilidad en el ámbito de los ilícitos administrativos ha sido reiterada hasta la saciedad por la jurisprudencia del Tribunal Supremo. Así, la STS n.º 82/2021, de 27 de enero de 2010, ECLI:ES:TS:2021:246 afirma que en el ámbito sancionador «está vedado cualquier intento de construir una responsabilidad objetiva» y que «en el ámbito de la responsabilidad administrativa no basta con que la conducta sea antijurídica y típica, sino que también es necesario que sea culpable, esto es, consecuencia de una acción u omisión imputable a su autor por malicia o imprudencia, negligencia o ignorancia inexcusable (...) es decir, como exigencia derivada del artículo 25.1 de la Constitución, nadie puede ser condenado o sancionado sino por hechos que le puedan ser imputados a título de dolo o culpa (principio de culpabilidad)».

Principio de audiencia en el orden social

El art. 17 del Real Decreto 928/1998, de 14 de mayo, por el que se aprueba el Reglamento general sobre procedimientos para la imposición de sanciones por infracciones de orden social y para los expedientes liquidatorios de cuotas de la Seguridad Social, especifica la necesidad de que las actas de infracción sean «(...) notificadas al presunto sujeto o sujetos responsables en el plazo de diez días hábiles contados a partir del término de la actuación inspectora, entendiéndose por ésta la de la fecha del acta, advirtiéndoles que podrán formular escrito de alegaciones en el plazo de quince días hábiles contados desde el siguiente a su notificación, acompañado de la prueba que estimen pertinente, ante el órgano instructor del expediente y que, en caso de no efectuar alegaciones, el acta de infracción podrá ser considerada propuesta de resolución, con los efectos previstos en los artículos 18 y 18 bis».

Otros principios reguladores aplicables al procedimiento administrativo sancionador de manera específica en el orden social

Otros principios reguladores aplicables al procedimiento administrativo sancionador de manera específica en este caso serían, la **presunción de inocencia**, compatible con la presunción de certeza de las comprobaciones inspectoras promulgada por el art. 23 de la LOITSS, la **prohibición de indefensión**, [arts. 24.1 de la CE y 47.1. a), e) y 48.2 de la Ley 39/2015, de 1 de octubre] y el **principio de no autoinculpación**, siguiendo el 24.2 de la CE.

RESOLUCIONES RELEVANTES

SAN, rec. 1788/2015, de 30 de octubre de 2017, ECLI:ES:AN:2017:4240

Reiterando la doctrina expuesta en anteriores resoluciones, es clara al señalar que, en el ámbito sancionador, no se requiere intencionalidad o dolo sino que basta el mero descuido o falta de diligencia.

JURISPRUDENCIA

STS, rec. 7707/2000, de 18 de marzo de 2005, ECLI:ES:TS:2005:1730

«No podría estimarse cometida una infracción administrativa, si no concurriera el elemento subjetivo de la culpabilidad o lo que es igual, si la conducta típicamente constitutiva de infracción administrativa, no fuera imputable a dolo o a culpa».

STS n.º 469/2020, de 18 de junio de 2020, ECLI:ES:TS:2020:2632

Analizando el principio non bis in idem establecido en el art. 3 de la LISOS, para el TS, cuando se produce la triple identidad de sujetos, hechos y fundamentos, no cabe la doble sanción penal y administrativa. No hay identidad subjetiva cuando el condenado en vía penal es una persona física y la sanción administrativa se impone a la persona jurídica. La identidad subjetiva no es necesariamente exigible para que opere la suspensión del procedimiento administrativo. Esa suspensión debe producirse cuando hay conexión directa entre los hechos de uno y otro procedimiento.

1.3. Sujetos responsables

La definición de infracciones administrativas en el orden social, se amplía en el art. 2 de la LISOS con un listado de distintos sujetos sobre los que puede caer la denominación de «infractores» y que se concreta mediante una doble conceptualización:

- Aludiendo a «personas físicas o jurídicas y las comunidades de bienes que incurran en las acciones u omisiones tipificadas como infracción en la LISOS».
- Mediante una lista a la que distintas modificaciones normativas han ido añadiendo sujetos:

  a) El **empresario** en la relación laboral.

  b) Los **empresarios, trabajadores por cuenta propia o ajena o asimilados, perceptores y solicitantes de las prestaciones de Segu-**

ridad Social, las entidades de formación o aquellas que asuman la organización de las acciones de formación profesional para el empleo programada por las empresas, de forma individual o en agrupación de empresas y los solicitantes y beneficiarios de las ayudas y subvenciones públicas de formación profesional para el empleo, las mutuas colaboradoras con la Seguridad Social y demás entidades colaboradoras en la gestión, en el ámbito de la relación jurídica de Seguridad Social, así como las entidades o empresas responsables de la gestión de prestaciones en cuanto a sus obligaciones en relación con el Registro de Prestaciones Sociales Públicas y demás sujetos obligados a facilitar información de trascendencia recaudatoria en materia de Seguridad Social.

c) Los **empresarios, los trabajadores, los solicitantes de ayudas y subvenciones públicas y, en general, las personas físicas o jurídicas**, respecto de la normativa de colocación, fomento del empleo y de formación profesional para el empleo.

d) Los **transportistas, agentes consignatarios, representantes, trabajadores y, en general, las personas físicas o jurídicas** que intervengan en movimientos migratorios.

e) Los **empresarios y trabajadores por cuenta propia** respecto de la normativa sobre trabajo de extranjeros.

f) Las **cooperativas** con respecto a sus socios trabajadores y socios de trabajo, conforme a la Ley 27/1999, de 16 de julio, de Cooperativas.

g) Las **agencias de colocación, las empresas de trabajo temporal y las empresas usuarias** respecto de las obligaciones que se establecen en su legislación específica y en la de prevención de riesgos laborales, sin perjuicio de lo establecido en estos puntos.

h) Los **empresarios titulares del centro de trabajo, los promotores y propietarios de obra y los trabajadores por cuenta propia** que incumplan las obligaciones que se deriven de la normativa de prevención de riesgos laborales.

i) Las **entidades especializadas que actúen como servicios de prevención ajenos a las empresas, las personas o entidades que desarrollen la actividad de auditoría del sistema de prevención de las empresas y las entidades acreditadas para desarrollar y certificar la formación en materia de prevención de riesgos laborales** que incumplan las obligaciones establecidas en la normativa sobre dicha materia.

j) Las **personas físicas o jurídicas y las comunidades de bienes titulares de los centros de trabajo y empresas de dimensión comunitaria situadas en territorio español**, respecto de los derechos de información y consulta de los trabajadores en los términos establecidos en su legislación específica.

k) Los **empresarios incluidos en el ámbito de aplicación de la normativa reguladora del desplazamiento de trabajadores en el marco de una prestación de servicios transnacional**, respecto de las obligaciones establecidas en dicha normativa.

l) Las **sociedades europeas y las sociedades cooperativas europeas con domicilio social en España, las sociedades, entidades jurídicas y, en su caso, las personas físicas domiciliadas en España** que participen directamente en la constitución de una sociedad europea o de una sociedad cooperativa europea, así como las personas físicas o jurídicas o comunidades de bienes titulares de los centros de trabajo situados en España de las sociedades europeas y de las sociedades cooperativas europeas y de sus empresas filiales y de las sociedades y entidades jurídicas participantes, cualquiera que sea el Estado miembro en que se encuentren domiciliadas, respecto de los derechos de información, consulta y participación de los trabajadores, en los términos establecidos en su legislación específica.

m) Las **empresas de inserción**, respecto de las obligaciones que se establecen en su legislación específica, sin perjuicio de lo establecido en estos puntos.

n) Las **fundaciones y asociaciones de utilidad pública** beneficiarias de donaciones y acciones de patrocinio para el desarrollo de actividades de inserción y de creación de empleo de personas con discapacidad, como medida alternativa al cumplimiento de la obligación de reserva de empleo a favor de las personas con discapacidad.

1.3.1. Noción de empresario responsable en materia laboral

Atendiendo a lo dispuesto en el art. 2 de la LISOS: «Son sujetos responsables de la infracción las personas físicas o jurídicas y las comunidades de bienes que incurran en las acciones u omisiones tipificadas como infracción en la presente Ley». Como ejemplos de los sujetos responsables mencionados por el mencionado artículo, podemos citar:

- El empresario en la relación laboral.
- Los empresarios, trabajadores por cuenta propia o ajena o asimilados, perceptores y solicitantes de las prestaciones de Seguridad Social.
- Las entidades de formación o aquellas que asuman la organización de las acciones de formación profesional para el empleo programada por las empresas.
- Las agencias de colocación, las empresas de trabajo temporal y las empresas usuarias respecto de las obligaciones que se establecen en su legislación específica y en la de prevención de riesgos laborales.
- Las sociedades europeas y las sociedades cooperativas europeas con domicilio social en España.

Sin embargo, y a pesar de que los sujetos anteriormente mencionados, lo sean meramente a efectos ejemplificativos, este listado es ampliado, a su vez, por la jurisprudencia, añadiendo como sujetos responsables a:

a) **Uniones Temporales de Empresas.** Las agrupaciones, asociaciones y uniones de empresas constituidas conforme a la Ley 18/1982, de

26 de mayo, sobre Régimen Fiscal de Agrupaciones y Uniones Temporales de Empresas y de las Sociedades de Desarrollo Industrial Regional, tengan o no personalidad jurídica pueden ser empresarios, por lo que tienen responsabilidad frente a sus trabajadores y frente a los poderes públicos en el ámbito que estamos examinando (artículo 40.2 de la CE). (STSJ de Extremadura n.º 100/2005, de 28 de enero, ECLI:ES:TSJEXT:2005:169).

b) **Grupo de empresas a efectos laborales.** Esta figura jurídica (de creación jurisprudencial) se configura como una variante laboral de la doctrina del levantamiento del velo civil (STS, rec. 964/1998, de 4 de diciembre de 2002, ECLI:ES:TS:2002:8114). No es suficiente que concurra el mero hecho de que dos o más empresas pertenezcan al mismo grupo empresarial para derivar de ello, sin más, una responsabilidad solidaria respecto de obligaciones contraídas por una de ellas con sus propios trabajadores, sino que es necesaria, además, la presencia de elementos adicionales como: «a) Funcionamiento unitario de las organizaciones de trabajo de las empresas del grupo; b) Prestación de trabajo común, simultánea o sucesiva, en favor de varias de las empresas del grupo; c) Creación de empresas aparentes sin sustento real, con las que se pretende la dispersión o elusión de responsabilidades laborales; y d) Confusión de plantillas, confusión de patrimonios, apariencia externa de unidad empresarial y unidad de dirección». (STS n.º 798/2019, de 21 de noviembre de 2019, ECLI:ES:TS:2019:4297, entre muchas otras).

1.3.2. Responsabilidad en las relaciones de la empresa con organismos públicos y entidades colaboradoras

Responsables del incumplimiento de las obligaciones en el ámbito de las relaciones de Seguridad Social

Dentro de este apartado, la LISOS realiza una división entre:

1. El ámbito de la relación jurídica de Seguridad Social, donde considera sujetos responsables a empresarios, trabajadores por cuenta propia o ajena o asimilados, perceptores y solicitantes de las prestaciones de Seguridad Social, las entidades de formación o aquellas que asuman la organización de las acciones de formación profesional para el empleo programada por las empresas, de forma individual o en agrupación de empresas y los solicitantes y beneficiarios de las ayudas y

subvenciones públicas de formación profesional para el empleo, las mutuas colaboradoras con la Seguridad Social y demás entidades colaboradoras en la gestión. Listado que debemos asociar a la clasificación de las infracciones en materia de Seguridad Social establecida en los arts. 21-32 de la LISOS.

2. Los responsables de la trasgresión de los deberes de carácter informativo, en referencia a las entidades o empresas responsables de la gestión de prestaciones en cuanto a sus obligaciones en relación con el Registro de Prestaciones Sociales Públicas. Sujetos que aparecen relacionados entre las entidades, organismos y empresas obligadas a suministrar los datos de identificación al Instituto Nacional de la Seguridad Social por parte del art. 8 del Real Decreto 397/1996, de 1 de marzo, por el que se regula el registro de prestaciones sociales públicas:

   a) Los órganos competentes de la Administración General del Estado, así como las entidades de derecho público con personalidad jurídica propia vinculadas o dependientes de la misma, que tengan a su cargo el reconocimiento, el mantenimiento o el abono de las prestaciones sociales públicas.

   b) Los órganos competentes de las Administraciones de las comunidades autónomas y de las corporaciones locales, así como las entidades de derecho público con personalidad jurídica propia vinculadas o dependientes de las mismas, que reconozcan, mantengan o abonen, en todo o en parte, las prestaciones sociales públicas.

   c) Las mutualidades, montepíos, entidades de previsión social, entidades sustitutorias de las entidades gestoras del sistema de la Seguridad Social, Mutuas de Accidentes de Trabajo y Enfermedades Profesionales de la Seguridad Social y, en general, cualesquiera otros entes que reconozcan, mantengan o abonen prestaciones sociales públicas que se financien, en todo o en parte, con recursos públicos.

   d) Y las empresas o sociedades con participación mayoritaria, directa o indirectamente, en su capital del Estado, comunidades autónomas, corporaciones locales u organismos, de uno y otras, que reconozcan, mantengan o abonen prestaciones sociales.

Responsables en materia de colocación, fomento de empleo y formación

Siguiendo el art. 2.3 de la LISOS, en estas materias adquieren la consideración de sujetos responsables, los empresarios, los trabajadores, los solicitantes de subvenciones públicas y, en general, las personas físicas o jurídicas, los sujetos responsables de la infracción de las normas correspondientes a tales sectores. Completando esto, en el art. 2.7 de la LISOS se refiere las agencias de colocación, las empresas de trabajo temporal y las empresas usuarias respecto de las obligaciones que se establecen en su legislación específica y en la de prevención de riesgos laborales, «sin perjuicio de lo establecido en otros números de este artículo».

Sobre ambos sujetos responsables recaerían las posibles «infracciones de los empresarios, de las agencias de colocación, de las entidades de formación o aquellas que asuman la organización de las acciones de formación profesional para el empleo programada por las empresas y de los beneficiarios de ayudas y subvenciones en materia de empleo y ayudas al fomento del empleo en general» (arts. 14-16 de la LISOS), «infracciones de los trabajadores por cuenta ajena y propia» (art. 17 de la LISOS), e «infracciones en materia de empresas de trabajo temporal y empresas usuarias» (arts. 18-19 de la LISOS y art. 24 y ss. de la LETT).

1.3.3. Responsabilidad por incumplimientos con los trabajadores dentro del normal ejercicio de la empresa

Responsabilidad en materia de prevención de riesgos laborales

La Ley de Prevención de Riesgos Laborales (LPRL), la Ley General de Seguridad Social (LGSS), el Estatuto de los Trabajadores (ET) y demás normas de desarrollo, regulan las obligaciones y responsabilidades en materia preventiva para todas las partes implicadas en la relación laboral; aspecto que, sin duda, se refleja en el art. 2 de la LISOS donde se fija un amplio elenco de sujetos, sobre los que pueden incurrir en responsabilidad en esta materia.

Debemos partir del art. 19 del ET, de acuerdo con este precepto, la persona trabajadora tiene derecho a una protección eficaz en materia de seguridad e higiene en la prestación de sus servicios laborales. Este derecho del trabajador supone una obligación correlativa por parte del empresario de facilitarle los medios necesarios para que las condiciones óptimas de seguridad e higiene.

La Ley 31/1995, de Prevención de Riesgos Laborales (LPRL), dedica el capítulo III a regular las obligaciones del empresario derivadas del derecho que tienen los trabajadores a la seguridad y salud en el trabajo, sin perjuicio de que a lo largo de la ley, se recojan también otras obligaciones esparcidas por el articulado.

Teniendo en cuenta la normativa sobre prevención de riesgos laborales, podemos decir que el incumplimiento de las obligaciones en materia de salud laboral puede generar distintos tipos de responsabilidades jurídicas atendiendo al sujeto responsable y a la infracción de que se trate.

A TENER EN CUENTA. La responsabilidad empresarial en este punto queda vinculada al incumplimiento de las obligaciones legales y reglamentarias, por lo que la responsabilidad a nivel administrativo surge de las acciones u omisiones de los empresarios al incumplir las normas, pudiendo diferenciar dentro de este bloque dos niveles diferentes, pero asociados, como son la responsabilidad administrativa en materia de prevención de riesgos laborales y la responsabilidad en el pago de prestaciones o prestacional derivada directamente de la omisión de los deberes de afiliación, alta y cotización en su dimensión administrativa.

En el art. 2 de la LISOS se responsabiliza en materia de prevención de riesgos laborales a los siguientes sujetos. La norma no regula sanciones para los trabajadores por cuenta ajena, sino que las mismas se impondría a la empresa para la cual prestan servicios, toda vez que sobre ellos caería el poder de dirección empresarial en caso de incumplimientos:

- **Empresario**: tanto en relación a incumplimientos en su centro de trabajo, como cuando concurra en el centro de trabajo de otros empresarios en base a las obligaciones de coordinación de actividades empresariales (arts. 24 y 18.1 de la LPRL y art. 2.8 de la LISOS).
- En el ámbito de las **obras de construcción**: los promotores y propietarios de obra, los contratistas y los subcontratistas (Ley 32/2006, de 18 de octubre y arts. 12.27, 12.28, y 13.15 y 13.16 de la LISOS).
- Los **servicios de prevención ajenos y las auditorías**: para poder actuar como servicios de prevención, las entidades especializadas deberán ser objeto de una acreditación por la autoridad laboral, que será única y con validez en todo el territorio español, mediante la comprobación de que reúnen los requisitos que se establezcan reglamentariamente y previa aprobación de la autoridad sanitaria en cuanto a los aspectos de carácter sanitario. En caso de incumplimientos, podrán ser sancionados además, con la cancelación de la acreditación otorgada por la autoridad laboral (art. 2.9 de la LISOS).

Responsabilidad en materia de derechos de información, consulta y participación de los trabajadores

La LISOS tipifica dos posibles responsables en infracciones de este tipo:

a) Las personas físicas o jurídicas y las comunidades de bienes titulares de los centros de trabajo y empresas de dimensión comunitaria situadas en territorio español (art. 2.10 de la LISOS).

b) Las sociedades europeas y las sociedades cooperativas europeas con domicilio social en España, las sociedades, entidades jurídicas y, en su caso, las personas físicas domiciliadas en España que participen directamente en la constitución de una sociedad europea o de una sociedad cooperativa europea, así como las personas físicas o jurídicas o comunidades de bienes titulares de los centros de trabajo situados en España de las sociedades europeas y de las sociedades cooperativas europeas y de sus empresas filiales y de las sociedades y entidades jurídicas participantes, cualquiera que sea el Estado miembro en que se encuentren domiciliadas (art. 2.12 de la LISOS).

1.3.4. Responsabilidad de las empresas por incumplimientos en relación con trabajadores extranjeros

Responsables en materia de movimientos migratorios y extranjería: LISOS

En un intento de proteger a los trabajadores emigrantes, los apdos. 4 y 5 del art. 2 de la LISOS consideran responsables ante posibles sanciones o infracciones a todos los que pueden participar, de una forma u otra, en el elenco de infracciones en materia de movimientos migratorios y trabajo de extranjeros fijado por los arts. 33-37 de la LISOS (movimientos migratorios y permisos de trabajo de extranjeros), como son transportistas, agentes, consignatarios, representantes, trabajadores y, en general, las personas físicas o jurídicas que intervengan en los mismos.

A la hora de analizar los sujetos responsables en esta materia hemos de realizar dos matizaciones:

- Se añaden como posibles responsables, las personas físicas o jurídicas que «promuevan, medien o amparen el trabajo de los extranjeros en España sin el preceptivo permiso de trabajo» al que se hace mención en el art. 37.3 de la LISOS.
- Los posibles infractores no solo serán responsables de las infracciones reguladas en la LISOS, también lo serán de las fijadas en los arts. 52-54 de la Ley Orgánica 4/2000, de 11 de enero, sobre derechos y libertades de los extranjeros en España y su inserción social, donde encontramos referencias a los mismos. A modo de ej. el art. 54.2. a) de la LOEX en referencia a transportistas o 1 b) del mismo artículo en relación con la contratación de trabajadores extranjeros sin haber obtenido con carácter previo la correspondiente.

Responsabilidad en materia de incumplimientos producidos en relación con la prestación de servicios de carácter transnacional

El art. 2.11 de la LISOS hace referencia a «Los empresarios incluidos en el ámbito de aplicación de la normativa reguladora del desplazamiento de trabajadores en el marco de una prestación de servicios transnacional, respecto de las obligaciones establecidas en dicha normativa», lo que nos obliga a analizar la Ley 45/1999, de 29 de noviembre, sobre el desplazamiento de trabajadores en el marco de una prestación de servicios transnacional, donde se identifica como «(...) las empresas establecidas en un Estado miembro de la Unión Europea o en un Estado signatario del Acuerdo sobre el Espacio Económico Europeo que desplacen temporalmente a sus trabajadores a España en el marco de una prestación de servicios transnacional, con exclusión de las empresas de la marina mercante respecto de su personal navegante».

1.4. Infracción automatiza y su incidencia en el orden social

La incorporación de las nuevas tecnologías de la información a la actividad administrativa posibilita la denominada actuación administrativa automatizada, definida en el artículo 41.1 de la Ley 40/2015, de 1 de octubre, de Régimen Jurídico del Sector Público, como «cualquier acto o actuación realizada íntegramente a través de medios electrónicos por una Administración Pública en el marco de un procedimiento administrativo y en la que no haya intervenido de forma directa un empleado público».

El nuevo art. 43 del Real Decreto 928/1998, de 14 de mayo, define la actividad automatizada como «cualquier actuación realizada íntegramente a través de medios electrónicos por la Inspección de Trabajo y Seguridad Social en la que la intervención del personal con funciones inspectoras se produzca de forma indirecta». Es decir, con efectos de 1 de enero de 2022 la **Inspección de Trabajo puede desarrollar parte de sus funciones a través de medios automatizados sin intervención directa de un funcionario**.

Supuestos en los que se aplicará la actuación administrativa automatizada por la Inspección de Trabajo

No existe un listado cerrado de posibles infracciones sobre las que tramitarán sin intervención de un inspector. En caso de actuación automatizada, **deberá establecerse previamente y mediante resolución del director del Organismo Estatal Inspección de Trabajo y Seguridad Social**, que será publicada en sede electrónica, la determinación de los supuestos en los que se hará uso de dicha actuación, el órgano u órganos competentes según los casos, para la definición de especificaciones, programación, mantenimiento, supervisión y control de calidad del sistema de información. Asimismo, se indicará el órgano que debe ser considerado responsable a efectos de impugnación. En estos supuestos, el Organismo Estatal Inspección de Trabajo y Seguridad Social deberá identificarse y garantizar la autenticidad del ejercicio de su competencia mediante el uso del Sello Electrónico Cualificado (art. 43 del Real Decreto 928/1998, de 14 de mayo).

El art. 44 del Real Decreto 928/1998, de 14 de mayo concreta que la Inspección «podrá generar a través de su sistema de información, mediante actuaciones administrativas automatizadas, las actas de infracción que resulten pertinentes en virtud de los datos, antecedentes e informes que obren en el mismo, así como en las bases de datos de las entidades que le prestan su auxilio y colaboración», y, «se podrán generar de forma automatizada las propuestas de resolución que procedan cuando no se hayan presentado alegaciones contra las actas».

CUESTIÓN

La actuación administrativa automatizada por la Inspección de Trabajo, ¿solo afecta a posibles sanciones en materia de seguridad social?

No. Estas actuaciones pueden ejecutarse en cualquier materia, no solo Seguridad Social, por ejemplo, en materia de fraude a la contratación temporal por incumplimiento de requisitos de duración o encadenamiento de contratos; desplazamientos de trabajadores en el marco de la prestación transnacional de servicios, etc.

Contenido de las actas de infracción automatizadas emitidas por la Inspección de Trabajo

Las nuevas actas de infracción deberán contener los requisitos generales fijados en el art. 14.1 del Real Decreto 928/1998, de 14 de mayo, con la a excepción de las referencias previstas para la actuación inspectora presencial como son la comprobación de los hechos por el funcionario actuante [art. 14.1.b) del RGPSL] y la indicación del funcionario que levanta el acta de infracción y su firma [art. 14.1.g) del RGPSL]:

- Nombre y apellidos o razón social, domicilio, actividad, documento nacional de identidad, número de identificación fiscal, código de cuenta de cotización a la Seguridad Social y, en su caso, número de Seguridad Social de autónomos, del presunto sujeto infractor. Si se comprobase la concurrencia de responsable subsidiario o solidario, se hará constar tal circunstancia, fundamentación fáctica y jurídica de su presunta responsabilidad y los mismos datos exigidos para el sujeto responsable directo.
- La infracción o infracciones presuntamente cometidas, con expresión del precepto o preceptos vulnerados, y su calificación.
- Número de trabajadores de la empresa y número de trabajadores afectados por la infracción, cuando tal requisito sirva para graduar la sanción o, en su caso, calificar la infracción.
- La propuesta de sanción, su graduación y cuantificación, que será el total de las sanciones propuestas si se apreciase más de una infracción. Se incluirá expresamente la propuesta de las sanciones accesorias que procedan como vinculadas a la sanción principal. Si la sanción propuesta tuviera exclusivamente carácter pecuniario, se hará mención de la posibilidad de aplicar a dicha sanción el porcentaje de reducción previsto, siempre y cuando el sujeto infractor declare su voluntad de proceder al pago, en los términos y plazos que se indican en el artículo 17, y renuncie al ejercicio de cualquier acción, alegación o recurso en vía administrativa contra la sanción.
- Órgano competente para resolver y órgano competente para realizar los actos de instrucción y ordenación del expediente sancionador y plazo para la interposición de las alegaciones ante este.
- Fecha del acta de infracción.

Como **especificaciones formales** (art. 45 del Real Decreto 928/1998, de 14 de mayo):

- Los hechos comprobados como resultado de la actuación administrativa, con expresión de aquellos que sean relevantes a efectos de la tipificación de la infracción.
- Los medios utilizados para la comprobación de los hechos que fundamentan el acta.
- La indicación expresa de que se trata de una actuación administrativa automatizada iniciada mediante expediente administrativo.
- Firma con el Sello Electrónico Cualificado.

CUESTIÓN

¿Qué es el sello electrónico cualificado?

Las actas de infracción automatizas llevarán el sello electrónico cualificado de la Inspección de Trabajo y Seguridad Social en uso de la habilitación contenida en el art. 42 de la Ley 40/2015, de 1 de octubre, relativo a los sistemas de firma para este tipo de actuaciones administrativas automatizadas

Creado mediante Resolución de 10 de julio de 2018 el sello puede ser utilizado para la identificación y autenticación del ejercicio de la competencia en las siguientes actuaciones administrativas automatizadas:

a) Intercambio de información con otras Administraciones, corporaciones, organismos, entidades e instituciones públicas.

b) Procesos de sellado de documentos electrónicos, con el objeto de facilitar su interoperabilidad, conservación y legibilidad.

c) Comunicaciones y escritos realizados con los ciudadanos en los procedimientos y actuaciones propias del organismo.

d) Generación y emisión de copias auténticas a partir de documentos electrónicos y de documentos en soporte no electrónico.

e) Cualquier otra actividad de la sede electrónica susceptible de ser soportada mediante una actividad administrativa automatizada.

Notificación de las actas de infracción automatizadas emitidas por la Inspección de Trabajo

El cómputo de los términos y plazos seguirá lo establecido en el Real Decreto 928/1998, de 14 de mayo, y el régimen de notificaciones y comunicaciones se ajustará a lo dispuesto en la Ley 39/2015, de 1 de octubre.

Las actas de infracción serán notificadas al presunto sujeto responsable en el **plazo de diez días hábiles desde la fecha del acta.**

Reducción por pronto pago y alegaciones frente a las actas de infracción automatizadas

Siguiendo la creciente tendencia en el ordenamiento administrativo sancionador a permitir al sujeto responsable de una infracción reconocer su responsabilidad en la comisión de la infracción y abonar el importe de la sanción propuesta inicialmente con unas reducciones sobre dicho importe, en el caso de las actas de infracción automatizadas se ha creído conveniente realizar una regulación expresa de la materia, para adaptarlo a sus peculiaridades, de forma que **cuando el sujeto responsable procediese al pago de la sanción propuesta en el acta en el plazo señalado para formular alegaciones, el importe de la sanción se reducirá en un 40 por ciento** (en el caso de distintos sujetos responsables a de atenderse al art. 17.1 del Real Decreto 928/1998, de 14 de mayo).

En el caso de presentar alegaciones, a partir del 1 de enero de 2022, hemos de tener presente **tres posibilidades:**

Formular escrito de alegaciones frente al acta de infracción automatizada	La propia acta advertirá la posibilidad de formular escrito de alegaciones en el plazo de quince días hábiles contados desde el siguiente a su notificación, acompañado de la prueba que estimen pertinente, ante el órgano instructor del expediente. Si se formulasen alegaciones en las que se invoquen hechos o circunstancias distintos a los consignados en el acta, insuficiencia del relato fáctico de dicha acta, o indefensión por cualquier causa, deberá asignarse el expediente a un actuante con funciones inspectoras, para que informe sobre las mismas. En caso de que dicha asignación recaiga en Subinspector o Subinspectora Laboral, el informe deberá contar con el visado del Inspector o de la Inspectora de Trabajo y Seguridad Social del o de la que técnicamente dependan, cuando correspondan a actas por infracciones graves y muy graves. En este supuesto, tras la emisión del correspondiente informe ampliatorio, se continuará la instrucción del procedimiento hasta su resolución conforme a lo previsto de forma general (capítulo III del Real Decreto 928/1998, de 14 de mayo).
Reconocimiento de responsabilidad y pago de la sanción propuesta en el acta en el plazo señalado para formular alegaciones	En los supuestos de infracciones para las cuales se proponga una sanción exclusivamente pecuniaria, si el sujeto responsable procediese a su pago antes de la resolución el importe de la sanción se reducirá en un 40 %. El descuento por pronto pago (arts. 14.6 y 17.1 del Real Decreto 928/1998, de 14 de mayo en consonancia con el art. 85 de la Ley 39/2015, de 1 de octubre) supone: • La existencia de una sanción exclusivamente pecuniaria. • El reconocimiento de responsabilidad. • El abono en plazo establecido al efecto (antes de la resolución). • Renuncia al ejercicio de cualquier acción, alegación o recurso en vía administrativa.

	En los supuestos de infracciones para las cuales se proponga una sanción exclusivamente pecuniaria, si el sujeto responsable procediese a su pago antes de la resolución el importe de la sanción se reducirá en un 40 %. El descuento por pronto pago (arts. 14.6 y 17.1 del Real Decreto 928/1998, de 14 de mayo en consonancia con el art. 85 de la Ley 39/2015, de 1 de octubre) supone: • La existencia de una sanción exclusivamente pecuniaria. • El reconocimiento de responsabilidad. • El abono en plazo establecido al efecto (antes de la resolución). • Renuncia al ejercicio de cualquier acción, alegación o recurso en vía administrativa. A estos efectos, junto con el acta de infracción se facilitará al presunto responsable la correspondiente carta de pago en la que se aplicará la citada reducción.
Reconocimiento de responsabilidad y pago de la sanción propuesta en el acta en el plazo señalado para formular alegaciones	«Si en el plazo señalado para formular alegaciones, el sujeto responsable procediese al pago de la sanción propuesta, se dará por concluido el procedimiento. Dicho pago llevará implícito el reconocimiento de responsabilidad y la renuncia al ejercicio de cualquier acción, alegación o recurso en vía administrativa» (art. 47 del Real Decreto 928/1998, de 14 de mayo). Precisiones: • Las sanciones pecuniarias, excepto por infracciones en materia de Seguridad Social, serán recaudadas por el procedimiento establecido en el Reglamento General de Recaudación, aprobado por el Real Decreto 939/2005, de 29 de julio, correspondiendo la recaudación en período voluntario a las Delegaciones de Economía y Hacienda y en período ejecutivo a la Agencia Estatal de la Administración Tributaria. • El pago deberá realizarse y acreditarse ante el órgano instructor en un plazo máximo de diez días hábiles desde el siguiente a la notificación de la documentación precisa para realizarlo. Transcurrido dicho plazo, una vez comprobada la realización o no del pago de la sanción, el órgano competente para la instrucción del procedimiento dictará su propuesta de resolución, que indicará, bien la realización del pago y la fecha de cobro o bien la falta de pago (art. 18 bis.7 del Real Decreto 928/1998, de 14 de mayo).

No efectuar alegaciones frente al acta de infracción automatizada ni proceder al pago previsto	Si no se formalizase escrito de alegaciones, continuará la tramitación del procedimiento hasta dictar la propuesta de resolución que corresponda. En caso de no efectuar alegaciones ni proceder al pago previsto en el apartado anterior, el acta de infracción será considerada propuesta de resolución, con los efectos previstos en el artículo 18 bis del Real Decreto 928/1998, de 14 de mayo.

Resolución y notificación de las actas de infracción automatizadas

El plazo máximo para resolver los expedientes sancionadores por infracciones de orden social será de seis meses, computados desde la fecha del acta hasta la fecha en que se notifique la resolución, produciéndose en caso de superación de dicho plazo la caducidad del expediente.

A TENER EN CUENTA. Cuando concurran circunstancias excepcionales, podrá acordarse la ampliación de dicho plazo máximo (arts. 21.5 y 23 de la Ley 39/2015, de 1 de octubre). No se computarán dentro del plazo máximo para resolver las interrupciones por causas imputables a los interesados o motivadas por la suspensión del procedimiento. Tampoco se computará en dicho plazo máximo para resolver el tiempo transcurrido desde la fecha de remisión de la notificación en la que se facilite la documentación precisa para llevar a cabo el pago al sujeto responsable que hubiese manifestado su intención de pagar la sanción con carácter previo a la resolución y el último día del plazo máximo para que se lleve a cabo dicho pago y su correspondiente acreditación (art. 20.3 del Real Decreto 928/1998, de 14 de mayo).

El órgano competente para resolver, previas las diligencias que estime necesarias, dictará la resolución motivada que proceda en el plazo de diez días desde el momento en que finalice la tramitación del expediente, confirmando, modificando o dejando sin efecto la propuesta de sanción contenida en el acta. Si se dejase sin efecto, se ordenará el archivo del expediente y, en su caso, el levantamiento de las medidas de carácter provisional (art. 14.2 del Real Decreto 928/1998, de 14 de mayo).

La resolución acordará la anulación del acta cuando esta carezca de los requisitos imprescindibles para alcanzar su fin, o cuando dé lugar a la indefensión de los interesados y no se hubiese subsanado en la tramitación previa a la resolución.

La resolución que confirme el acta aplicará, en su caso, el porcentaje de reducción de la sanción previsto. No obstante, cuando el sujeto responsable hubiese manifestado su voluntad de proceder al pago de la sanción antes de la resolución del procedimiento y, cumplido el plazo establecido para realizar dicho pago, no hubiese ingresado y acreditado la cuantía prevista, la resolución se dictará en el plazo de diez días desde el momento en que finalice la tramitación del expediente.

Junto a las características generales en la notificación de la resolución, la modificación normativa realiza especifica (art. 21.1 del Real Decreto 928/1998, de 14 de mayo):

> «Las resoluciones recaídas en los procedimientos sancionadores por infracciones de orden social serán notificadas a los interesados, advirtiéndoles de los recursos que correspondan contra ellas, órgano administrativo o judicial ante el que hubieran de presentarse y plazo para interponerlos. Cuando el sujeto infractor hubiese hecho efectivo el pago de la sanción con carácter previo a la resolución, se le indicará la imposibilidad de interponer cualquier recurso o acción en vía administrativa contra la resolución. Asimismo, se remitirá copia del acto al funcionario que hubiere promovido el expediente.
>
> Si se imponen sanciones pecuniarias, la notificación contendrá, además:
>
> a) El importe a ingresar o el efectivamente ingresado, en caso de haber optado el sujeto responsable por el pago anticipado de la sanción.
>
> b) El plazo, lugar y forma de ingreso en período voluntario, en caso de no haberse procedido por el pago de la sanción con carácter previo a la resolución.
>
> c) La prevención de que, transcurrido dicho período sin efectuarse el ingreso y de no haberse interpuesto, en su caso, el correspondiente recurso de alzada, se devengará inmediatamente el recargo de apremio e intereses de demora y se procederá al cobro y, en su caso, ejecución, por el procedimiento administrativo de apremio que corresponda, salvo en los supuestos del artículo 25.2».

Recurso de alzada y acceso a la vía jurisdiccional en caso de resoluciones tras actas de infracción automatizadas

Con carácter general el recurso de alzada se regirá por lo establecido en la Ley 39/2015, de 1 de octubre.

Contra las resoluciones analizadas, se podrá interponer recurso de alzada en el plazo de un mes ante el órgano superior competente por razón de la materia (art. 4 del Real Decreto 928/1998, de 14 de mayo), cuya resolución agotará la vía administrativa.

No cabrá recurso de alzada en aquellos casos en los que el sujeto responsable abone efectivamente la sanción con carácter previo a la resolución (art. 14.6 del Real Decreto 928/1998, de 14 de mayo).

El plazo máximo para dictar y notificar la resolución será de tres meses. Transcurrido este plazo sin que recaiga resolución. Transcurridos tres meses desde la interposición del recurso sin que recaiga resolución, se podrá entender desestimado y quedará expedita la vía jurisdiccional, de igual forma que si la resolución es desestimatoria.

2. INFRACCIONES LABORALES

La tipificación de las infracciones, su calificación como leves, graves o muy graves, las sanciones y los criterios para su graduación se ajustarán a lo dispuesto en la Ley sobre Infracciones y Sanciones en el Orden Social (LISOS).

A efectos de nuestra obra también analizaremos algunas sanciones e infracciones que han quedado fuera de la LISOS pero se relacionan con la materia laboral, y, por lo tanto, son susceptibles de afectar a las empresas.

2.1. Infracciones y sanciones laborales codificadas: Ley sobre Infracciones y Sanciones en el Orden Social (LISOS)

La tipificación de las infracciones analizadas, su calificación como leves, graves o muy graves, las sanciones y los criterios para su graduación se ajustarán a lo dispuesto en la LISOS. En la actualidad el texto refundido de la Ley sobre Infracciones y Sanciones en el Orden Social, consta de 54 artículos, 3 deposiciones adicionales, 1 disposición derogatoria y 1 disposición final, donde se engloban una serie de infracciones y sanciones administrativas en materia laboral y de la seguridad social divididas en nueve grandes grupos:

- Relaciones laborales (arts. 6-10 de la LISOS).
- Prevención de riesgos laborales (arts. 11-13 de la LISOS).
- Empleo (arts. 14-17 de la LISOS).
- Empresa de trabajo temporal y empresas usuarias (arts. 18 -19 quater de la LISOS).
- Empresas de inserción (art. 19 quinquies de la LISOS).
- Seguridad social y mutualidades de previsión social (arts. 20-32 bis LISOS).

- Movimientos migratorios (arts. 33-36 de la LISOS).
- Permisos de trabajo de extranjeros (art. 37 de la LISOS).
- Sociedades cooperativas (arts. 38 de la LISOS).

Ahora bien, pese al esfuerzo para contener la totalidad de infracciones y sanciones en el Orden Social, la LISOS ha dejado fuera algunas disposiciones sancionadoras de rango legal, como ejemplo:

Infracciones y sanciones	Regulación
En materia de extranjería —a excepción de las relacionadas con permisos de trabajo de los extranjeros reguladas en el art. 37 de las LISOS—.	Arts. 50-66 de la Ley Orgánica 4/2000, de 11 de enero, sobre derechos y libertades de los extranjeros en España y su integración social (LOEX).
Promoción de la autonomía personal y atención a las personas en situación de dependencia	Arts. 42-47 de la Ley 39/2006, de 14 de diciembre, de Promoción de la Autonomía Personal y Atención a las personas en situación de dependencia.
Protección de datos de carácter personal	Arts. 27, 68 y 70-78 de la Ley Orgánica 3/2018, de 5 de diciembre, de Protección de Datos Personales y garantía de los derechos digitales (LOPDGDD).

Junto a la gran variedad de posibles sanciones o infracciones, nos encontramos otro problema para codificar o tipificar las misma en relación con aquellas materias sobre las que las competencias normativas no recaen de forma exclusiva en el Estado, si no que las Comunidades Autónomas tienen competencias propias en el ámbito sancionador administrativo. En este sentido, adelantamos, ha de recordarse que «(...) la potestad sancionadora no constituye un título competencial autónomo (STC 156/1995, de 26 de octubre, fundamento jurídico 7) y que las Comunidades Autónomas tienen potestad sancionadora en las materias sustantivas sobre las que ostenten competencias, pudiendo establecer o modular tipos y sanciones en el marco de las normas o principios básicos del Estado, pues tal posibilidad es inseparable de las exigencias de prudencia o de oportunidad que pueden variar en los distintos ámbitos territoriales, debiendo además acomodarse sus disposiciones a las garantías dispuestas en este ámbito del derecho administrativo sancionador (STC 227/1988, de 9 de julio, fundamento jurídico 29)». (**STC n.º 37/2002, de 14 de febrero de 2002**).

2.1.1. Infracciones en materia de relaciones laborales

El Real Decreto Legislativo 5/2000, de 4 de agosto, por el que se aprueba el texto refundido de la Ley sobre Infracciones y Sanciones en el Orden Social

(LISOS), establece en su sección 1.ª las infracciones en materia de relaciones laborales individuales y colectivas, definiéndolas como las acciones u omisiones de los empresarios contrarias a las:

- Normas legales.
- Normas reglamentarias.
- Cláusulas normativas de los convenios colectivos en materia de relaciones laborales (individuales o colectivas).
- Normas de colocación.
- Normas de empleo.
- Normas de formación profesional ocupacional y continua.
- Normas de trabajo temporal.

Estas sanciones se encuentran **tipificadas y sancionadas** mediante grupos (arts. 5-10 bis de la LISOS):

- Infracciones en materia de relaciones laborales individuales y colectivas.
- Infracciones en materia de derechos de información y consulta de los trabajadores en las empresas y grupos de empresas de dimensión comunitaria.
- Infracciones de las obligaciones relativas a las condiciones de trabajo de los trabajadores desplazados temporalmente a España en el marco de una prestación transnacional.
- Infracciones en materia de derechos de información, consulta y participación de los trabajadores en las sociedades anónimas y sociedades cooperativas europeas.

Infracciones en materia de relaciones laborales individuales y colectivas

Las infracciones en materia de relaciones laborales individuales y colectivas se regulan en los art. 6-8 de la LISOS.

1. **Infracciones leves**. Son infracciones leves (art. 6 de la LISOS):
   - No exponer en lugar visible del centro de trabajo el calendario laboral vigente.
   - No entregar puntualmente al trabajador el recibo de salarios o no utilizar el modelo de recibo de salarios aplicable, oficial o pactado.
   - No informar por escrito al trabajador sobre los elementos esenciales del contrato y las principales condiciones de ejecución de la prestación laboral, en los términos y plazos establecidos reglamentariamente.
   - La falta de entrega al trabajador por parte del empresario del documento justificativo al que se refiere el artículo 15.8 del Estatuto de los Trabajadores: «En los supuestos previstos en los apartados 1.a) [realización de una obra o servicio] y 5 [trabajadores que en un periodo de treinta meses hubieran estado contratados durante un pla-

zo superior a veinticuatro meses], el empresario deberá facilitar por escrito al trabajador, en los diez días siguientes al cumplimiento de los plazos indicados, un documento justificativo sobre su nueva condición de trabajador fijo de la empresa. En todo caso, el trabajador podrá solicitar, por escrito, al Servicio Público de Empleo correspondiente un certificado de los contratos de duración determinada o temporales celebrados, a los efectos de poder acreditar su condición de trabajador fijo en la empresa. El Servicio Público de Empleo emitirá dicho documento y lo pondrá en conocimiento de la empresa en la que el trabajador preste sus servicios».

- No informar a los trabajadores a tiempo parcial, a los trabajadores a distancia, a los trabajadores con contratos de duración determinada o temporales, incluidos los formativos, y a los trabajadores fijos-discontinuos sobre las vacantes existentes en la empresa, en los términos previstos en los arts. 12.4, 13.3, 15.7 y 16.7 del Estatuto de los Trabajadores.
- Cualesquiera otros incumplimientos que afecten a obligaciones meramente formales o documentales.

2. **Infracciones graves**. Son infracciones graves (art. 7 de la LISOS):
   - No formalizar por escrito el contrato de trabajo, cuando este requisito sea exigible o lo haya solicitado la persona trabajadora, o no formalizar el acuerdo de trabajo a distancia en los términos y con los requisitos legal y convencionalmente previstos.
   - La transgresión de la normativa sobre modalidades contractuales, contratos de duración determinada y temporales, mediante su utilización en fraude de ley o respecto a personas, finalidades, supuestos y límites temporales distintos de los previstos legal, reglamentariamente, o mediante convenio colectivo cuando dichos extremos puedan ser determinados por la negociación colectiva. A estos efectos se considerará una infracción por cada una de las personas trabajadoras afectadas (con efectos de 31/12/2021).
   - No consignar en el recibo de salarios las cantidades realmente abonadas al trabajador.
   - El incumplimiento de las obligaciones establecidas en materia de tramitación de los recibos de finiquito.
   - La transgresión de las normas y los límites legales o pactados en materia de jornada, trabajo nocturno, horas extraordinarias, horas complementarias, descansos, vacaciones, permisos y, en general, el tiempo de trabajo a que se refieren los arts. 12, 23 y 34 a 38 del ET.
   - La modificación de las condiciones sustanciales de trabajo impuesta unilateralmente por el empresario, según lo establecido en el art. 41 del ET.
   - La transgresión de los derechos de información, audiencia y consulta de los representantes de los trabajadores y de los delegados sindicales, en los términos en que legal o convencionalmente estuvieren establecidos.

- La transgresión de los derechos de los representantes de los trabajadores y de las secciones sindicales en materia de crédito de horas retribuidas y locales adecuados para el desarrollo de sus actividades, así como de tablones de anuncios, en los términos en que legal o convencionalmente estuvieren establecidos.
- La vulneración de los derechos de las secciones sindicales en orden a la recaudación de cuotas, distribución y recepción de información sindical, en los términos en que legal o convencionalmente estuvieren establecidos.
- Establecer condiciones de trabajo inferiores a las establecidas legalmente o por convenio colectivo, así como los actos u omisiones que fueren contrarios a los derechos de los trabajadores reconocidos en el art. 4 del ET, salvo que proceda su calificación como muy graves, de acuerdo con el artículo siguiente.
- El incumplimiento del deber de información a los trabajadores en los supuestos de contratas al que se refiere el artículo 42.3 del Estatuto de los Trabajadores, así como del deber de información a los trabajadores afectados por una sucesión de empresa establecido en el artículo 44.7 del mismo texto legal.
- No disponer la empresa principal del libro registro de las empresas contratistas o subcontratistas que compartan de forma continuada un mismo centro de trabajo a (según art. 42.4 ET), cuando ello comporte la ausencia de información a los representantes legales de los trabajadores.
- No cumplir las obligaciones que en materia de planes y medidas de igualdad establecen la Ley Orgánica 3/2007, de 22 de marzo, para la igualdad efectiva de mujeres y hombres, el Estatuto de los Trabajadores o el convenio colectivo que sea de aplicación. STSJ de Galicia, rec. 5377/2017, de 6 de marzo de 2018, ECLI:ES:TSJGAL:2018:1857
- La formalización de nuevas contrataciones laborales incumpliendo la prohibición establecida en el artículo 47.7.d) del Estatuto de los Trabajadores. Se considerará una infracción por cada persona trabajadora contratada (con efectos de 31/12/2021).

3. **Infracciones muy graves**. Son infracciones muy graves (art. 8 de la LISOS):
   - El impago y los retrasos reiterados en el pago del salario debido.
   - La cesión de trabajadores en los términos prohibidos por la legislación vigente.
   - Proceder al despido colectivo de trabajadores o a la aplicación de medidas de suspensión de contratos o reducción de jornada por causas económicas, técnicas, organizativas o de producción o derivadas de fuerza mayor o del Mecanismo RED en cualquiera de sus modalidades, sin acudir a los procedimientos establecidos en los artículos 51, 47 y 47 bis del Estatuto de los Trabajadores.

- La transgresión de las normas sobre trabajo de menores contempladas en la legislación laboral.
- Las acciones u omisiones que impidan el ejercicio del derecho de reunión de los trabajadores, de sus representantes y de las secciones sindicales, en los términos en que legal o convencionalmente estuvieran establecidos.
- La vulneración del derecho de asistencia y acceso a los centros de trabajo, en los términos establecidos por el artículo 9.1.c) de la Ley Orgánica 11/1985, de 2 de agosto, de Libertad Sindical, de quienes ostenten cargos electivos a nivel provincial, autonómico o estatal en las organizaciones sindicales más representativas.
- La transgresión de los deberes materiales de colaboración que impongan al empresario las normas reguladoras de los procesos electorales a representantes de los trabajadores.
- La transgresión de las cláusulas normativas sobre materia sindical establecidas en los convenios colectivos.
- La negativa del empresario a la reapertura del centro de trabajo en el plazo establecido, cuando fuera requerida por la autoridad laboral competente en los casos de cierre patronal.
- Los actos del empresario lesivos del derecho de huelga de los trabajadores consistentes en la sustitución de los trabajadores en huelga por otros no vinculados al centro de trabajo al tiempo de su ejercicio, salvo en los casos justificados por el ordenamiento. STS n.º 482/2021, de 5 de mayo de 2021, ECLI:ES:TS:2021:1761.
- Los actos del empresario que fueren contrarios al respeto de la intimidad y consideración debida a la dignidad de los trabajadores.
- Las decisiones unilaterales del empresario que impliquen discriminaciones directas o indirectas desfavorables por razón de edad o cuando contengan discriminaciones favorables o adversas en materia de retribuciones, jornadas, formación, promoción y demás condiciones de trabajo, por circunstancias de sexo, origen, estado civil, raza, condición social, ideas religiosas o políticas, adhesión o no a sindicatos y a sus acuerdos, vínculos de parentesco con otros trabajadores en la empresa, lengua dentro del Estado español, así como las decisiones del empresario que supongan un trato desfavorable de los trabajadores como reacción ante una reclamación efectuada a la empresa o ante una actuación administrativa o judicial destinada a exigir el cumplimiento del principio de igualdad de trato y no discriminación.
- El acoso sexual, cuando se produzca dentro del ámbito a que alcanzan las facultades de dirección empresarial, cualquiera que sea el sujeto activo de la misma.
- El acoso por razón de origen racial o étnico, religión o convicciones, discapacidad, edad y orientación sexual, cuando se produzcan dentro del ámbito a que alcanzan las facultades de dirección em-

presarial, cualquiera que sea el sujeto activo del mismo, siempre que, conocido por el empresario, este no hubiera adoptado las medidas necesarias para impedirlo.

- El incumplimiento por el empresario de la obligación establecida en el apartado 10 del artículo 51 del Estatuto de los Trabajadores o de las medidas sociales de acompañamiento asumidas por el empresario en el marco de los procedimientos de despido colectivo. STSJ de la Comunidad Valenciana n.º 531/2015, de 3 de marzo, ECLI:ES:TSJCV:2015:2203
- El incumplimiento por la empresa de la obligación de instrumentar los compromisos por pensiones con el personal de la empresa en los términos establecidos en la normativa reguladora de los planes y fondos de pensiones.
- El incumplimiento de la normativa sobre limitación de la proporción mínima de trabajadores contratados con carácter indefinido contenida en la Ley reguladora de la subcontratación en el sector de la construcción y en su reglamento de aplicación.
- No elaborar o no aplicar el plan de igualdad, o hacerlo incumpliendo manifiestamente los términos legalmente (art. 46.bis.2, de la LISOS y Ley Orgánica 3/2007, de 22 de marzo).
- No presentar, en tiempo y forma, ante la Autoridad laboral competente el certificado de aportaciones económicas por despidos que afecten a trabajadores de cincuenta o más años en empresas con beneficios (D.A. 16.ª.7 de la Ley 27/2011, de 1 de agosto), así como presentar información que resulte falsa o inexacta.
- Incumplir las obligaciones al respecto establecidas en el artículo 57.3 de la Ley Orgánica de Protección Integral de la Infancia y la Adolescencia frente a la Violencia, donde se establece la prohibición de que las empresas y entidades den ocupación en cualesquiera profesiones, oficios y actividades que impliquen contacto habitual con personas menores de edad a quienes tengan antecedentes en el Registro Central de Delincuentes Sexuales y de Trata de Seres Humanos.
- Establecer nuevas externalizaciones de actividad incumpliendo la prohibición establecida en el artículo 47.7.d) del Estatuto de los Trabajadores (con efectos de 31/12/2021).

JURISPRUDENCIA

STS n.º 514/2020, de 24 de junio de 2020, ECLI:ES:TS:2020:2344

Garantía de indemnidad: «basta con mencionar, además del derecho de los trabajadores «al ejercicio individual de las acciones derivadas de su contrato de trabajo» (artículo 4.2.g) del ET, indiscutiblemente derivado y conectado con el derecho fundamental a obtener la tutela judicial efectiva reconocido en el artículo 24.1 de la CE), que, si bien ceñido a «exigir el cumplimiento del principio de igualdad y no discriminación», el artículo 17.1 del ET establece expresamente que serán «nulas» las decisiones del empresario que supongan un trato «desfavorable» a los trabajadores como «reacción ante una reclamación efectuada en la empresa o ante una acción administrativa o judicial». «Estas decisiones empresariales suponen la comisión de una infracción muy grave (artículo 8.12 de la LISOS)».

CUESTIÓN

¿Qué consecuencias tiene la realización de un ERE extintivo encubierto?

Respecto al despido del trabajador afectado: el despido sería considerado nulo por eludir la tramitación colectiva en los casos exigidos por el artículo 51.1 del ET. El trabajador deberá ser readmitido y la empresa tendrá que abonar los salarios y cotizaciones no abonados.

Sanción: el art. 8.3 de la LISOS considera infracción muy grave en materia de relaciones laborales: «3. Proceder al despido colectivo de trabajadores o a la aplicación de medidas de suspensión de contratos o reducción de jornada por causas económicas, técnicas, organizativas o de producción o derivadas de fuerza mayor o del Mecanismo RED en cualquiera de sus modalidades, sin acudir a los procedimientos establecidos en los artículos 51, 47 y 47 bis del Estatuto de los Trabajadores». Esto implicaría una posible sanción [art. 40.1 c) de la LISOS] que va desde: «Las muy graves con multa, en su grado mínimo, de 7.501 a 30.000 euros; en su grado medio de 30.001 a 120.005 euros; y en su grado máximo de 120.006 euros a 225.018 euros».

Infracciones en materia de derechos de información y consulta de los trabajadores en las empresas y grupos de empresas de dimensión comunitaria

En cada **empresa de dimensión comunitaria y en cada grupo de empresas de dimensión comunitaria**, con el fin de regular los derechos de información y consulta de sus personas trabajadoras, se deberá constituir un comité de empresa europeo o establecer un procedimiento alternativo de información y consulta a los trabajadores, en los términos previstos en la Ley 10/1997, de 24 de abril.

No obstante, cuando un grupo de empresas de dimensión comunitaria incluya una o más empresas o grupos de empresas que sean a su vez empresas o grupos de empresas de dimensión comunitaria, la constitución del **comité de empresa europeo** o el establecimiento del procedimiento alternativo de información y consulta deberá realizarse al nivel del citado grupo (art. 1 de la Ley 10/1997, de 24 de abril).

La dirección central de las empresas y grupos de empresas de dimensión comunitaria y los miembros del comité de empresa europeo o, en su caso, los representantes de los trabajadores en el marco de un procedimiento alternativo de información y consulta colaborarán entre sí de buena fe para respetar los derechos y obligaciones recíprocos.

CUESTIONES

1. ¿Qué se considera empresa de dimensión comunitaria?

Se considerará empresa de dimensión comunitaria a aquella en la que concurran las siguientes condiciones (art. 3 de la Ley 10/1997, de 24 de abril):

a) Que emplee 1.000 trabajadores o más en el conjunto de los Estados miembros.

b) Que emplee en, al menos, dos Estados miembros diferentes 150 trabajadores o más en cada uno de ellos.

2. ¿Qué se considera Grupo de empresas de dimensión comunitaria?

Se considera grupo de empresas de dimensión comunitaria, aquel en que concurran las siguientes condiciones (art. 3 de la Ley 10/1997, de 24 de abril):

- Que emplee 1.000 trabajadores o más en el conjunto de los Estados miembros.
- Que comprenda, al menos, dos empresas del grupo en Estados miembros diferentes.
- Que, al menos, una empresa del grupo emplee 150 trabajadores o más en un Estado miembro y que, al menos, otra de las empresas del grupo emplee 150 trabajadores o más en otro Estado miembro.

Se establecen, en concreto, las siguientes infracciones:

1. **Infracciones graves**. Son infracciones graves (art. 9.1 de la LISOS):
   - No facilitar la información solicitada sobre el número de trabajadores a efectos de definir la existencia de una empresa o grupo de empresas de dimensión comunitaria con el fin de constituir un comité de empresa europeo o de establecer un procedimiento alternativo de información y consulta a los trabajadores.
   - No dar traslado a la dirección central de la petición de inicio de las negociaciones para la constitución de un comité de empresa europeo o el establecimiento de un procedimiento alternativo de información y consulta.
   - La transgresión de los derechos de reunión de la comisión negociadora, del comité de empresa europeo, y, en su caso, de los representantes de los trabajadores en el marco de un procedimiento alternativo de información y consulta, así como de su derecho a ser asistidos por expertos de su elección.
   - La transgresión de los derechos de la comisión negociadora, del comité de empresa europeo y, en su caso, de los representantes de los trabajadores en el marco de un procedimiento alternativo de información y consulta, en materia de recursos financieros y materiales para el adecuado funcionamiento y desarrollo de sus actividades.
   - La falta de convocatoria, en tiempo y forma, de las reuniones, ordinarias y extraordinarias, del comité de empresa europeo con la dirección central.
   - La transgresión de los derechos y garantías de los miembros de la comisión negociadora, del comité de empresa europeo y de los representantes de los trabajadores en el marco de un procedimiento alternativo de información y consulta, en los términos legal o convencionalmente establecidos.

2. **Infracciones muy graves**. Son infracciones muy graves (art. 9.2 de la LISOS):
   - Las acciones u omisiones que impidan el inicio y desarrollo de la negociación para la constitución de un comité de empresa europeo o el establecimiento de un procedimiento alternativo de información y consulta a los trabajadores.

- Las acciones u omisiones que impidan el funcionamiento de la comisión negociadora, del comité de empresa europeo y del procedimiento alternativo de información y consulta, en los términos legal o convencionalmente establecidos.
- Las acciones u omisiones que impidan el ejercicio efectivo de los derechos de información y consulta de los representantes de los trabajadores, incluido el abuso en el establecimiento de la obligación de confidencialidad en la información proporcionada o en el recurso a la dispensa de la obligación de comunicar aquellas informaciones de carácter secreto.
- Las decisiones adoptadas en aplicación de la Ley 10/1997, de 24 de abril, sobre derechos de información y consulta de los trabajadores en las empresas y grupos de empresas de dimensión comunitaria, que contengan o supongan cualquier tipo de discriminación, favorable o adversa, por razón del sexo, nacionalidad, lengua, estado civil, condición social, ideas religiosas o políticas y adhesión o no a un sindicato, a sus acuerdos o al ejercicio, en general, de las actividades sindicales.

Infracciones en materia de derechos de información, consulta y participación de los trabajadores en las sociedades anónimas y sociedades cooperativas europeas

Son infracciones laborales en materia de derechos de implicación de los trabajadores en las sociedades europeas las acciones u omisiones de los distintos sujetos responsables contrarias a la Ley 31/2006, de 18 de octubre, sobre implicación de los trabajadores en las sociedades anónimas y cooperativas europeas, o a sus normas reglamentarias de desarrollo, a las disposiciones de otros Estados miembros con eficacia en España, a los acuerdos celebrados conforme a la Ley o a las disposiciones citadas, y a las cláusulas normativas de los convenios colectivos que complementan los derechos reconocidos en las mismas, tipificadas y sancionadas de conformidad con la Ley sobre Infracciones y Sanciones en el Orden Social.

Mediante el Texto Refundido de la Ley sobre infracciones y sanciones en el orden social, se tipifican sancionan las infracciones en materia de derechos de implicación de los trabajadores en las sociedades europeas:

1. **Infracciones graves**. Son infracciones graves, salvo que proceda su calificación como muy graves de conformidad con lo dispuesto en el apartado siguiente (art. 10 bis de la LISOS):
   - No facilitar a los representantes de los trabajadores las informaciones necesarias para la adecuada constitución de la comisión negociadora, en particular en lo relativo a la identidad de las sociedades o entidades jurídicas y, en su caso, personas físicas, participantes y de sus centros de trabajo y empresas filiales, el número de sus trabajadores, el domicilio social propuesto, así como sobre los sistemas de participación existentes en las sociedades o entidades jurídicas participantes, en los términos legalmente establecidos.

- La trasgresión de los derechos de reunión de la comisión negociadora, del órgano de representación de los trabajadores de la SE o de la SCE o de los representantes de los trabajadores en el marco de un procedimiento de información y consulta, así como de su derecho a ser asistido por expertos de su elección.
- La trasgresión de los derechos de la comisión negociadora, del órgano de representación y, en su caso, de los representantes de los trabajadores en el marco de un procedimiento de información y consulta, en materia de recursos financieros y materiales para el adecuado funcionamiento y desarrollo de sus actividades.
- La falta de convocatoria, en tiempo y forma, de la comisión negociadora y de las reuniones, ordinarias y extraordinarias, del órgano de representación de los trabajadores con el órgano competente de la sociedad europea o de la sociedad cooperativa europea.
- La trasgresión de los derechos y garantías de los miembros de la comisión negociadora, de los miembros del órgano de representación, de los representantes de los trabajadores que ejerzan sus funciones en el marco de un procedimiento de información y consulta y de los representantes de los trabajadores que formen parte del órgano de control o de administración de una sociedad europea, o de una sociedad cooperativa europea, en los términos legal o convencionalmente establecidos.

2. **Infracciones muy graves**. Son infracciones **muy** graves (art. 10 bis de la LISOS):
   - Las acciones u omisiones que impidan el inicio y desarrollo de la negociación con los representantes de los trabajadores sobre las disposiciones relativas a la implicación de los trabajadores en la sociedad europea o en la sociedad cooperativa europea.
   - Las acciones u omisiones que impidan el funcionamiento de la comisión negociadora, del órgano de representación de los trabajadores o, en su caso, del procedimiento de información y consulta acordado, en los términos legal o convencionalmente establecidos.
   - Las acciones u omisiones que impidan el ejercicio efectivo de los derechos de información, consulta y participación de los trabajadores en la sociedad europea, o en la sociedad cooperativa europea, incluido el abuso en el establecimiento de la obligación de confidencialidad en la información proporcionada o en el recurso a la dispensa de la obligación de comunicar aquellas informaciones de carácter secreto.
   - Las decisiones adoptadas en aplicación de la Ley sobre implicación de los trabajadores en las sociedades anónimas y cooperativas europeas, que contengan o supongan cualquier tipo de discriminaciones directas o indirectas desfavorables por razón de edad o discapacidad o favorables o adversas por razón de sexo, nacionalidad, origen, incluido el racial o étnico, estado civil, religión o convicciones, ideas políticas, orientación sexual, adhesión o no a un sindicato, a sus acuerdos o al ejercicio, en general, de las actividades sindicales, o lengua.

– El recurso indebido a la constitución de una sociedad europea o de una sociedad cooperativa europea con el propósito de privar a los trabajadores de los derechos de información, consulta y participación que tuviesen, o de hacerlos ineficaces.

Infracciones de las obligaciones establecidas en la normativa que regula el desplazamiento a España de trabajadores en el marco de una prestación de servicios transnacional

La Ley 45/1999, de 29 de noviembre, sobre el desplazamiento de trabajadores en el marco de una prestación de servicios transnacional, tiene por objeto establecer las condiciones mínimas de trabajo que los empresarios deben garantizar a sus trabajadores desplazados temporalmente a España en el marco de una prestación de servicios transnacional, cualquiera que sea la legislación aplicable al contrato de trabajo. Atendiendo al citado texto normativo, las empresas (dentro del ámbito de aplicación de la Ley 45/1999) que desplacen a España a sus trabajadores en el marco de una prestación de servicios transnacional **deberán garantizar las condiciones de trabajo previstas por la legislación laboral española relativas a** (art. 3 de la Ley 45/1999, de 29 de noviembre, junto a otras precisiones en la matera y sin perjuicio del cumplimiento de otras obligaciones derivadas de la legislación de la Unión Europea):

- El tiempo de trabajo, en los términos previstos en los arts. 34 a 38 de la Ley del Estatuto de los Trabajadores.
- La cuantía mínima del salario de los trabajadores desplazados, en los términos previstos en el art. 4 de la Ley 5/1999, de 29 de noviembre.
- La igualdad de trato y la no discriminación directa o indirecta por razón de sexo, origen, incluido el racial o étnico, estado civil, edad dentro de los límites legalmente marcados, condición social, religión o convicciones, ideas políticas, orientación sexual, afiliación o no a un sindicato y a sus acuerdos, vínculos de parentesco con otros trabajadores en la empresa, lengua o discapacidad, siempre que los trabajadores se hallasen en condiciones de aptitud para desempeñar el trabajo o empleo de que se trate.
- El trabajo de menores (art. 6 del Estatuto de los Trabajadores).
- La prevención de riesgos laborales, incluidas las normas sobre protección de la maternidad y de los menores.
- La no discriminación de los trabajadores temporales y a tiempo parcial.
- El respeto de la intimidad y la consideración debida a la dignidad de los trabajadores, comprendida la protección frente a ofensas verbales o físicas de naturaleza sexual.
- La libre sindicación y los derechos de huelga y de reunión.
- Las condiciones de cesión de personas trabajadoras (incluidas las previstas en los apdos. 2 y 7 del art. 3 de la Ley 5/1999, de 29 de noviembre).

- Las condiciones de alojamiento de las personas trabajadoras, cuando el empleador se lo proporcione a personas trabajadoras que se encuentren fuera de su lugar de trabajo habitual.
- Las dietas o los reembolsos para cubrir los gastos de viaje, alojamiento y manutención en que incurran las personas trabajadoras desplazadas a España cuando, durante su estancia, deban viajar a y desde su lugar habitual de trabajo situado en España a otro lugar fuera de su residencia temporal en España por motivos profesionales o cuando su persona empleadora los envíe temporalmente desde dicho lugar habitual de trabajo a otro lugar de trabajo en España o en el extranjero.
- En los desplazamientos de un trabajador por parte de una empresa de trabajo temporal (ETT) para su puesta a disposición de una empresa usuaria que esté establecida o que ejerza su actividad en España [art. 2.1.c) de la Ley 45/1999, de 29 de noviembre] las ETT, además de garantizar a sus trabajadores desplazados, cualquiera que sea la legislación aplicable al contrato de trabajo, las condiciones de trabajo a que se refiere el apartado anterior previstas por la legislación laboral española, deberán cumplir las condiciones de regulación para las empresas de trabajo temporal, en lo referente a la cesión de trabajadores a empresas usuarias (Ley 14/1994, de 1 de junio).

CUESTIÓN

La Ley 45/1999, de 29 de noviembre, sobre el desplazamiento de trabajadores en el marco de una prestación de servicios transnacional, ¿a qué empresas será de aplicación?

Esta Ley será de aplicación a las empresas establecidas en un Estado miembro de la Unión Europea o en un Estado signatario del Acuerdo sobre el Espacio Económico Europeo que desplacen temporalmente a sus trabajadores a España en el marco de una prestación de servicios transnacional, con exclusión de las empresas de la marina mercante respecto de su personal navegante. Por el contrario, no será de aplicación a los desplazamientos realizados con motivo del desarrollo de actividades formativas que no respondan a una prestación de servicios de carácter transnacional.

Conociendo esto, la Ley sobre Infracciones y Sanciones en el Orden Social (art. 10 de la LISOS), considera **infracciones de las obligaciones relativas a las condiciones de trabajo de los trabajadores desplazados temporalmente a España en el marco de una prestación transnacional**, las siguientes:

1. **Infracciones leves**:
   - Los defectos formales de la comunicación de desplazamiento de trabajadores a España en el marco de una prestación de servicios transnacional, en los términos legalmente establecidos.
   - No dar cuenta, en tiempo y forma, a la autoridad laboral competente, conforme a las disposiciones vigentes, de los accidentes de trabajo ocurridos y de las enfermedades profesionales declaradas, cuando tengan la calificación de leves.

2. **Infracciones graves**:
   - La presentación de la comunicación de desplazamiento con posterioridad a su inicio o sin designar ya sea al representante de la empresa que sirva de enlace con las autoridades competentes españolas y para envío y recepción de documentos o notificaciones, ya sea a una persona que pueda actuar en España en representación de la empresa prestadora de servicios en los procedimientos de información y consulta de las personas trabajadoras, y negociación, que afecten a las personas trabajadoras desplazadas a España, así como dar cuenta a las autoridades competentes de los motivos de la ampliación del desplazamiento alegando hechos y circunstancias que se demuestre que son falsos o inexactos.
   - No tener disponible en España, durante el desplazamiento, la documentación relativa al mismo, en los términos legalmente establecidos.
   - No dar cuenta, en tiempo y forma, a la autoridad laboral competente, conforme a las disposiciones vigentes, de los accidentes de trabajo ocurridos y de las enfermedades profesionales declaradas, cuando tengan la calificación de graves, muy graves o mortales.
   - No presentar la documentación requerida por la Inspección de Trabajo y Seguridad Social o presentar alguno de los documentos sin traducir.
3. **Infracciones muy graves**:
   - La ausencia de comunicación de desplazamiento, así como la falsedad o la ocultación de los datos contenidos en la misma.
   - El desplazamiento fraudulento de personas trabajadoras por empresas que no desarrollan actividades sustantivas en su Estado de establecimiento, así como el desplazamiento fraudulento de personas trabajadoras que no desempeñen normalmente su trabajo en el Estado Miembro de origen según lo dispuesto en el artículo 8 bis de la Ley 45/1999, de 29 de noviembre, sobre el desplazamiento de los trabajadores en el marco de una prestación de servicios transnacional.

CUESTIONES

1. ¿Qué supuso la incorporación al derecho interno de la Directiva 2014/67/UE?

El Real Decreto-ley 9/2017, de 26 de mayo, por el que se transponen directivas de la Unión Europea en los ámbitos financiero, mercantil y sanitario, y sobre el desplazamiento de trabajadores, supuso la incorporación a nuestro derecho interno de la Directiva 2014/67/UE del Parlamento Europeo y del Consejo, de 15 de mayo de 2014, relativa a la garantía de cumplimiento de la Directiva 96/71/CE, sobre el desplazamiento de trabajadores efectuado en el marco de una prestación de servicios. Esta transposición supuso:

a) La responsabilidad de los empresarios en el ámbito desplazamiento a España de trabajadores en el marco de una prestación de servicios transnacional pasa, de referirse a las condiciones de trabajo de los trabajadores desplazados, a englobar todas las obligaciones establecidas en la normativa que regula tales desplazamientos.

b) La obligación de las empresas desplazadas de otros países de notificar a la autoridad laboral española, tanto los accidentes de trabajo que se hubieran producido como las enfermedades profesionales que se hubieran contraído con ocasión o por consecuencia del trabajo que se ejecute en España.

c) Se añade como infracciones graves:

» No tener disponible en España la documentación requerida relativa al desplazamiento.

» Presentar la comunicación de desplazamiento sin designar al representante-enlace con las autoridades españolas y al representante de la empresa en los procedimientos de información y consulta de los trabajadores, y negociación.

» No dar cuenta en tiempo y forma a la autoridad laboral competente, de los accidentes de trabajo y de las enfermedades profesionales graves, muy graves o mortales.

» No presentar la documentación requerida por la Inspección de Trabajo y Seguridad Social o presentar alguno de los documentos sin traducir.

2. En materia de desplazamiento en el marco de una prestación de servicios transnacional en el ámbito de la UE y el espacio económico europeo, ¿qué infracciones pueden producirse?

Constituye infracción administrativa no garantizar a los trabajadores desplazados a España, cualquiera que sea la legislación aplicable al contrato de trabajo, las condiciones de trabajo previstas por la legislación laboral española en los términos definidos por el art. 3 de la Ley 45/1999, de 29 de noviembre, disposiciones reglamentarias para su aplicación, y en los convenios colectivos y laudos arbitrales aplicables en el lugar y en el sector o rama de la actividad de que se trate, así como el incumplimiento de las obligaciones derivadas de la legislación de la Unión Europea (D.A. 8.ª de la Ley 45/1999, de 29 de noviembre).

Teniendo en cuenta las obligaciones establecidas en la normativa tanto nacional como europea [art. 3.1 de la Directiva 96/71/CE (desplazamiento de trabajadores efectuado en el marco de una prestación de servicios) y art. 3 de la Ley 45/1999, de 29 de noviembre], dentro de los distintos ámbitos de las relaciones laborales resultan de interés:

a) Sobre salarios y remuneraciones:

» Infracciones por falta de pago de salarios (art. 8.1 de la LISOS).

» Infracciones por abono de salarios inferiores a los legalmente establecidos (art. 7.10 de la LISOS).

» Infracciones por recibos de salarios incompletos (art. 7.3 de la LISOS).

» Infracciones por falta de recibo de salarios [art. 6.2.b) de la Ley 45/1999, de 29 de noviembre y arts. 6.2 y 10.2.b) de la LISOS].

b) Sobre jornada laboral, vacaciones y tiempo de trabajo:

» Incumplimientos en estas materias (art. 7.5 de la LISOS).

c) Sobre seguridad y salud en el trabajo:

» Infracciones relacionadas con el incumplimiento de las obligaciones de gestión preventiva [art. 12.1.b) y 12.6 de la LISOS]:

i. Infracciones relacionadas con los reconocimientos médicos preventiva (art. 12.2 y 13.5 de la LISOS).

ii. Infracciones relacionadas con la comunicación e investigación de accidentes de trabajo y enfermedades profesionales.

» Infracciones por adscribir trabajadores a puestos que sean incompatibles con su estado de salud (arts. 12.7 y 13.10 de la LISOS).

» Infracciones por la exposición a sustancias y agentes nocivos y peligrosos [arts. 12.16.a), 12.16.c), 12.16.d), 12.16.g), 12.16.i) y 13.6 de la LISOS].

» Infracciones por la falta de medidas ante situaciones de emergencia (art. 12.10 de la LISOS).

» Infracciones por deficientes condiciones de los lugares de trabajo, herramientas, maquinaria y equipos [art. 12.16.b) de la LISOS].

» Infracciones por la falta de protecciones colectivas o individuales [art. 12.16.f) de la LISOS].

» Infracciones por la falta de servicios o medidas de higiene personal y de limpieza [art. 12.16.h) y 12.17 de la LISOS].

» Infracciones por la falta de protección de mujeres embarazadas y lactantes y de menores (art.13.1. y 13.2 de la LISOS).

» Infracciones por no paralizar ni suspender la actividad ante situaciones de riesgo grave e inminente (art. 13.3, 13.9 y 13.10 de la LISOS y art. 21 de la LPRL).

» Infracciones por falta de coordinación en actividades preventivas (arts. 24.4 de la LPRL y 12.13 de la LISOS).

» Infracciones por falta de vigilantes en las condiciones de seguridad y salud (falta de presencia de los recursos preventivos cuando ello sea preceptivo) [arts. 12.1.b), 12.6, 12.8, 12.15. b) y 12.23.a) de la LISOS].

d) Infracciones por incumplimientos de la Ley 32/2006, de 18 de octubre, reguladora de la subcontratación en el Sector de la Construcción:

» Incumplimientos de los subcontratistas (art. 12.27 y 13.15 de la LISOS).

» Incumplimientos de los contratistas [arts. 11.6, 11.7, 12.28 y 13.16.a) de la LISOS y art. 8 de la Ley 32/2006, de 18 de octubre].

» Incumplimientos de los promotores de obra (12.29 y 13.17 de la LISOS).

e) Infracciones en cesión de trabajadores y empresas de trabajo temporal:

» Infracción por cesión ilegal de trabajadores (art. 8.2 de la LISOS).

» Infracciones de las empresas de trabajo temporal (ETT) establecidas en otros Estados de la UE o del EEE, así como de las empresas usuarias (arts. 19 bis, 19 ter y 19 quater de la LISOS).

» Infracciones de las empresas usuarias establecidas o que ejerzan su actividad en España (art. 6.2, 16.1 y 17 de la Ley 14/1994, de 1 de junio).

f) Infracciones sobre alojamiento de trabajadores (art. 11.4 y 12.16 de la LISOS).

g) Infracciones en materia de igualdad de trato y no discriminación (arts. 7.10 y 8.12 de la LISOS).

h) Infracciones en materia de trabajo de menores (art. 8.4 la LISOS).

i) Infracciones por falta de respeto de la intimidad y consideración debida a la dignidad de los trabajadores (arts. 7.10 y 8.11 la LISOS).

j) Infracciones en materia de libre sindicación, derecho de huelga y reunión (arts. 7 y 8 de la LISOS).

k) Infracciones por incumplimiento de las obligaciones de comunicación del desplazamiento a las autoridades laborales (art. 5.2 y 5.3 de la Ley 45/1999, de 29 de noviembre, y 10.1, 10.2 y 10.3 de la LISOS).

l) Infracciones por incumplimiento de la comunicación de un accidente de trabajo o enfermedades profesionales [Orden de 16 de diciembre de 1987 y arts. 10.2 y 11.1.b) de la LISOS].

m) Infracciones por obstrucción de la labor inspectora (art. 50 de la LISOS).

Fuente: Ministerio de Trabajo y Economía Social. Desplazamiento de trabajadores en el marco de una prestación de servicios transnacional.

3. Cuando el trabajador esté o haya estado desplazado temporalmente en España, ¿los órganos jurisdiccionales españoles del orden social serán competentes para conocer de los litigios que se susciten?

Atendiendo a los arts. 15-17 de la Ley 45/1999, de 29 de noviembre, los órganos jurisdiccionales del orden social conocerán de cuantas cuestiones litigiosas se susciten en aplicación de la citada ley, de conformidad con lo establecido en los artículos 2.n) y 2.t) de la Ley 36/2011, de 10 de octubre, reguladora de la jurisdicción social.

Igualmente, los órganos jurisdiccionales españoles del orden social serán competentes para conocer de los litigios cuando el trabajador esté o haya estado desplazado temporalmente en España (art. 25 de la Ley Orgánica 6/1985, de 1 de julio, del Poder Judicial), y sin perjuicio de la plena vigencia de los criterios de competencia que establecen el artículo 21 del Reglamento (UE) n.° 1215/2012 del Parlamento Europeo y del Consejo, de 12 de diciembre de 2012, relativo a la competencia judicial, el reconocimiento y la ejecución de resoluciones judiciales en materia civil y mercantil, y el artículo 5.1 del Convenio relativo a la competencia judicial y a la ejecución de resoluciones judiciales en materia civil y mercantil, firmado en Lugano el 16 de septiembre de 1988.

2.1.2. Infracciones en materia de prevención de riesgos laborales

Conforme al art. 5 de la LISOS, son infracciones laborales en materia de prevención de riesgos laborales las acciones u omisiones de los diferentes sujetos responsables que incumplan las normas legales, reglamentarias y cláusulas normativas de los convenios colectivos en materia de seguridad y salud en el trabajo sujetas a responsabilidad conforme a la Ley sobre Infracciones y Sanciones en el Orden Social.

Las infracciones en materia de prevención de riesgos laborales se establecen con los siguientes fines (Ley 54/2003, de 12 de diciembre):

- Combatir de manera activa la siniestralidad laboral.
- Fomentar una cultura de la prevención de los riesgos en el trabajo, que asegure el cumplimiento efectivo y real de las obligaciones establecidas y proscriba el cumplimiento meramente formal o documental de tales obligaciones.
- Reforzar la necesidad de integrar la prevención de los riesgos laborales en los sistemas de gestión de la empresa.

- Mejorar el control del cumplimiento de la normativa de prevención de riesgos laborales, mediante la adecuación de la norma sancionadora a la norma sustantiva y el reforzamiento de la función de vigilancia y control, en el marco de las comisiones territoriales de la Inspección de Trabajo y Seguridad Social.

Se diferencian tres tipos de sanciones: **leves, graves y muy graves** desarrolladas en los arts. 11-13 de la LISOS:

1. **Infracciones leves**. El art. 11 de la LISOS considera infracción leve en materia de PRL:
   - La falta de limpieza del centro de trabajo de la que no se derive riesgo para la integridad física o salud de los trabajadores.
   - No dar cuenta, en tiempo y forma, a la autoridad laboral competente, conforme a las disposiciones vigentes, de los accidentes de trabajo ocurridos y de las enfermedades profesionales declaradas cuando tengan la calificación de leves.
   - No comunicar a la autoridad laboral competente la apertura del centro de trabajo o la reanudación o continuación de los trabajos después de efectuar alteraciones o ampliaciones de importancia, o consignar con inexactitud los datos que debe declarar o cumplimentar, siempre que no se trate de industria calificada por la normativa vigente como peligrosa, insalubre o nociva por los elementos, procesos o sustancias que se manipulen.
   - Las que supongan incumplimientos de la normativa de prevención de riesgos laborales, siempre que carezcan de trascendencia grave para la integridad física o la salud de los trabajadores.
   - Cualesquiera que afecten a obligaciones de carácter formal o documental exigidas en la normativa de prevención de riesgos laborales y que no estén tipificadas como graves o muy graves.
   - No disponer el contratista en la obra de construcción del libro de subcontratación exigido la Ley Reguladora de la subcontratación en el sector de la construcción.
   - No disponer el contratista o subcontratista de la documentación o título que acredite la posesión de la maquinaria que utiliza, y de cuanta documentación sea exigida por las disposiciones legales vigentes.
2. **Infracciones graves**. El art. 12 de la LISOS considera infracción grave en materia de PRL:
   - Incumplir la obligación de integrar la prevención de riesgos laborales en la empresa a través de la implantación y aplicación de un plan de prevención, con el alcance y contenido establecidos en la normativa de prevención de riesgos laborales.
   - No llevar a cabo las evaluaciones de riesgos y, en su caso, sus actualizaciones y revisiones, así como los controles periódicos de las condiciones de trabajo y de la actividad de los trabajadores que

procedan, o no realizar aquellas actividades de prevención que hicieran necesarias los resultados de las evaluaciones, con el alcance y contenido establecidos en la normativa sobre prevención de riesgos laborales.

- No realizar los reconocimientos médicos y pruebas de vigilancia periódica del estado de salud de los trabajadores que procedan conforme a la normativa sobre prevención de riesgos laborales, o no comunicar su resultado a los trabajadores afectados.
- No dar cuenta en tiempo y forma a la autoridad laboral, conforme a las disposiciones vigentes, de los accidentes de trabajo ocurridos y de las enfermedades profesionales declaradas cuando tengan la calificación de graves, muy graves o mortales, o no llevar a cabo una investigación en caso de producirse daños a la salud de los trabajadores o de tener indicios de que las medidas preventivas son insuficientes.
- No registrar y archivar los datos obtenidos en las evaluaciones, controles, reconocimientos, investigaciones o informes a que se refieren los artículos 16, 22 y 23 de la Ley 31/1995, de 8 de noviembre, de Prevención de Riesgos Laborales.
- No comunicar a la autoridad laboral competente la apertura del centro de trabajo o la reanudación o continuación de los trabajos después de efectuar alteraciones o ampliaciones de importancia, o consignar con inexactitud los datos que debe declarar o cumplimentar, siempre que se trate de industria calificada por la normativa vigente como peligrosa, insalubre o nociva por los elementos, procesos o sustancias que se manipulen.
- Incumplir la obligación de efectuar la planificación de la actividad preventiva que derive como necesaria de la evaluación de riesgos, o no realizar el seguimiento de la misma, con el alcance y contenido establecidos en la normativa de prevención de riesgos laborales.
- La adscripción de trabajadores a puestos de trabajo cuyas condiciones fuesen incompatibles con sus características personales o de quienes se encuentren manifiestamente en estados o situaciones transitorias que no respondan a las exigencias psicofísicas de los respectivos puestos de trabajo, así como la dedicación de aquellos a la realización de tareas sin tomar en consideración sus capacidades profesionales en materia de seguridad y salud en el trabajo (salvo que se trate de infracción muy grave conforme al artículo 13 de la LISOS).
- El incumplimiento de las obligaciones en materia de formación e información suficiente y adecuada a los trabajadores acerca de los riesgos del puesto de trabajo susceptibles de provocar daños para la seguridad y salud y sobre las medidas preventivas aplicables (salvo que se trate de infracción muy grave conforme al artículo 13 de la LISOS).

- La superación de los límites de exposición a los agentes nocivos que, conforme a la normativa sobre prevención de riesgos laborales, origine riesgo de daños graves para la seguridad y salud de los trabajadores, sin adoptar las medidas preventivas adecuadas (salvo que se trate de infracción muy grave conforme al artículo 13 de la LISOS).
- No adoptar medidas en materia de primeros auxilios, lucha contra incendios y evacuación de los trabajadores.
- El incumplimiento de los derechos de información, consulta y participación de los trabajadores reconocidos en la normativa sobre prevención de riesgos laborales.
- No proporcionar la formación o los medios adecuados para el desarrollo de sus funciones a los trabajadores designados para las actividades de prevención y a los delegados de prevención.
- No adoptar los empresarios y los trabajadores por cuenta propia que desarrollen actividades en un mismo centro de trabajo, o los empresarios a que se refiere el artículo 24.4 de la Ley de Prevención de Riesgos Laborales, las medidas de cooperación y coordinación necesarias para la protección y prevención de riesgos laborales.
- No adoptar el empresario titular del centro de trabajo las medidas necesarias para garantizar que aquellos otros que desarrollen actividades en el mismo reciban la información y las instrucciones adecuadas sobre los riesgos existentes y las medidas de protección, prevención y emergencia, en la forma y con el contenido establecidos en la normativa de prevención de riesgos laborales.
- No designar a uno o varios trabajadores para ocuparse de las actividades de protección y prevención en la empresa o no organizar o concertar un servicio de prevención cuando ello sea preceptivo, o no dotar a los recursos preventivos de los medios que sean necesarios para el desarrollo de las actividades preventivas.
- La falta de presencia de los recursos preventivos cuando ello sea preceptivo o el incumplimiento de las obligaciones derivadas de su presencia.
- Las que supongan incumplimiento de la normativa de prevención de riesgos laborales, siempre que dicho incumplimiento cree un riesgo grave para la integridad física o la salud de los trabajadores afectados y especialmente en materia de:
  - » Comunicación a la autoridad laboral, cuando legalmente proceda, de las sustancias, agentes físicos, químicos y biológicos, o procesos utilizados en las empresas.
  - » Diseño, elección, instalación, disposición, utilización y mantenimiento de los lugares de trabajo, herramientas, maquinaria y equipos.
  - » Prohibiciones o limitaciones respecto de operaciones, procesos y uso de agentes físicos, químicos y biológicos en los lugares de trabajo.

» Limitaciones respecto del número de trabajadores que puedan quedar expuestos a determinados agentes físicos, químicos y biológicos.

» Utilización de modalidades determinadas de muestreo, medición y evaluación de resultados.

» Medidas de protección colectiva o individual.

» Señalización de seguridad y etiquetado y envasado de sustancias peligrosas, en cuanto estas se manipulen o empleen en el proceso productivo.

» Servicios o medidas de higiene personal.

» Registro de los niveles de exposición a agentes físicos, químicos y biológicos, listas de trabajadores expuestos y expedientes médicos.

- La falta de limpieza del centro o lugar de trabajo, cuando sea habitual o cuando de ello se deriven riesgos para la integridad física y salud de los trabajadores.
- El incumplimiento del deber de información a los trabajadores designados para ocuparse de las actividades de prevención o, en su caso, al servicio de prevención de la incorporación a la empresa de trabajadores con relaciones de trabajo temporales, de duración determinada o proporcionados por empresas de trabajo temporal.
- No facilitar a los trabajadores designados o al servicio de prevención el acceso a la información y documentación señaladas en la Ley de Prevención de Riesgos Laborales.
- No someter, en los términos reglamentariamente establecidos, el sistema de prevención de la empresa al control de una auditoría o evaluación externa cuando no se hubiera concertado el servicio de prevención con una entidad especializada ajena a la empresa.
- Facilitar a la autoridad laboral competente, las entidades especializadas que actúen como servicios de prevención ajenos a las empresas, las personas o entidades que desarrollen la actividad de auditoría del sistema de prevención de las empresas o las entidades acreditadas para desarrollar y certificar la formación en materia de prevención de riesgos laborales, datos de forma o con contenido inexactos, omitir los que hubiera debido consignar, así como no comunicar cualquier modificación de sus condiciones de acreditación o autorización.
- Incumplir las obligaciones derivadas de actividades correspondientes a servicios de prevención ajenos respecto de sus empresarios concertados, de acuerdo con la normativa aplicable.
- En el ámbito de aplicación del Real Decreto 1627/1997, de 24 de octubre, por el que se establecen las disposiciones mínimas de seguridad y salud en las obras de construcción:

- Incumplir la obligación de elaborar el plan de seguridad y salud en el trabajo con el alcance y contenido establecidos en la normativa de prevención de riesgos laborales, en particular por carecer de un contenido real y adecuado a los riesgos específicos para la seguridad y la salud de los trabajadores de la obra o por no adaptarse a las características particulares de las actividades o los procedimientos desarrollados o del entorno de los puestos de trabajo.
- Incumplir la obligación de realizar el seguimiento del plan de seguridad y salud en el trabajo, con el alcance y contenido establecidos en la normativa de prevención de riesgos laborales.
- Incumplir las obligaciones derivadas de actividades correspondientes a las personas o entidades que desarrollen la actividad de auditoría del sistema de prevención de las empresas, de acuerdo con la normativa aplicable.
- Incumplir las obligaciones derivadas de actividades correspondientes a entidades acreditadas para desarrollar y certificar la formación en materia de prevención de riesgos laborales, de acuerdo con la normativa aplicable.
- En el ámbito de aplicación del Real Decreto 1627/1997, de 24 de octubre, por el que se establecen las disposiciones mínimas de seguridad y salud en las obras de construcción, el incumplimiento de las siguientes obligaciones correspondientes al promotor:
  - » No designar los coordinadores en materia de seguridad y salud cuando ello sea preceptivo.
  - » Incumplir la obligación de que se elabore el estudio o, en su caso, el estudio básico de seguridad y salud, cuando ello sea preceptivo, con el alcance y contenido establecidos en la normativa de prevención de riesgos laborales, o cuando tales estudios presenten deficiencias o carencias significativas y graves en relación con la seguridad y la salud en la obra.
  - » No adoptar las medidas necesarias para garantizar, en la forma y con el alcance y contenido previstos en la normativa de prevención, que los empresarios que desarrollan actividades en la obra reciban la información y las instrucciones adecuadas sobre los riesgos y las medidas de protección, prevención y emergencia.
  - » No cumplir los coordinadores en materia de seguridad y salud las obligaciones establecidas en el artículo 9 del Real Decreto 1627/1997, de 24 de octubre, como consecuencia de su falta de presencia, dedicación o actividad en la obra.
  - » No cumplir los coordinadores en materia de seguridad y salud las obligaciones, distintas de las citadas en los párrafos anteriores, establecidas en la normativa de prevención de riesgos laborales cuando tales incumplimientos tengan o puedan tener repercusión grave en relación con la seguridad y salud en la obra.

3. **Infracciones muy graves**. El art. 13 de la LISOS considera infracción muy grave en materia de PRL:

   - No observar las normas específicas en materia de protección de la seguridad y la salud de las trabajadoras durante los períodos de embarazo y lactancia.
   - No observar las normas específicas en materia de protección de la seguridad y la salud de los menores.
   - No paralizar ni suspender de forma inmediata, a requerimiento de la Inspección de Trabajo y Seguridad Social, los trabajos que se realicen sin observar la normativa sobre prevención de riesgos laborales y que, a juicio de la Inspección, impliquen la existencia de un riesgo grave e inminente para la seguridad y salud de los trabajadores, o reanudar los trabajos sin haber subsanado previamente las causas que motivaron la paralización.
   - La adscripción de los trabajadores a puestos de trabajo cuyas condiciones fuesen incompatibles con sus características personales conocidas o que se encuentren manifiestamente en estados o situaciones transitorias que no respondan a las exigencias psicofísicas de los respectivos puestos de trabajo, así como la dedicación de aquellos a la realización de tareas sin tomar en consideración sus capacidades profesionales en materia de seguridad y salud en el trabajo, cuando de ello se derive un riesgo grave e inminente para la seguridad y salud de los trabajadores.
   - Incumplir el deber de confidencialidad en el uso de los datos relativos a la vigilancia de la salud de los trabajadores.
   - Superar los límites de exposición a los agentes nocivos que, conforme a la normativa sobre prevención de riesgos laborales, originen riesgos de daños para la salud de los trabajadores sin adoptar las medidas preventivas adecuadas, cuando se trate de riesgos graves e inminentes.
   - No adoptar, los empresarios y los trabajadores por cuenta propia que desarrollen actividades en un mismo centro de trabajo, las medidas de cooperación y coordinación necesarias para la protección y prevención de riesgos laborales, cuando se trate de actividades reglamentariamente consideradas como peligrosas o con riesgos especiales.
   - No adoptar el promotor o el empresario titular del centro de trabajo, las medidas necesarias para garantizar que aquellos otros que desarrollen actividades en el mismo reciban la información y las instrucciones adecuadas, en la forma y con el contenido y alcance establecidos en la normativa de prevención de riesgos laborales, sobre los riesgos y las medidas de protección, prevención y emergencia cuando se trate de actividades reglamentariamente consideradas como peligrosas o con riesgos especiales.

- La falta de presencia de los recursos preventivos cuando ello sea preceptivo o el incumplimiento de las obligaciones derivadas de su presencia, cuando se trate de actividades reglamentariamente consideradas como peligrosas o con riesgos especiales.
- Las acciones u omisiones que impidan el ejercicio del derecho de los trabajadores a paralizar su actividad en los casos de riesgo grave e inminente.
- No adoptar cualesquiera otras medidas preventivas aplicables a las condiciones de trabajo en ejecución de la normativa sobre prevención de riesgos laborales de las que se derive un riesgo grave e inminente para la seguridad y salud de los trabajadores. (STSJ de Asturias n.º 2730/2016, de 20 de diciembre, ECLI:ES:TSJAS:2016:3496).
- Ejercer sus actividades las entidades especializadas que actúen como servicios de prevención ajenos a las empresas, las personas o entidades que desarrollen la actividad de auditoría del sistema de prevención de las empresas o las que desarrollen y certifiquen la formación en materia de prevención de riesgos laborales, sin contar con la preceptiva acreditación o autorización, cuando esta hubiera sido suspendida o extinguida, cuando hubiera caducado la autorización provisional, así como cuando se excedan en su actuación del alcance de la misma.
- Mantener las entidades especializadas que actúen como servicios de prevención ajenos a las empresas o las personas o entidades que desarrollen la actividad de auditoría del sistema de prevención de las empresas, vinculaciones comerciales, financieras o de cualquier otro tipo, con las empresas auditadas o concertadas, distintas a las propias de su actuación como tales, así como certificar, las entidades que desarrollen o certifiquen la formación preventiva, actividades no desarrolladas en su totalidad.
- La alteración o el falseamiento, por las personas o entidades que desarrollen la actividad de auditoría del sistema de prevención de las empresas, del contenido del informe de la empresa auditada.
- La suscripción de pactos que tengan por objeto la elusión, en fraude de ley, de las responsabilidades establecidas en el apartado 3 del artículo 42 de la LISOS.

Especificaciones sobre infracciones en materia de prevención de riesgos laborales para subcontratación en el sector de la construcción

En el ámbito de la **Ley 32/2006, de 18 de octubre, reguladora de la subcontratación en el Sector de la Construcción** (en adelante, Ley 32/2006, de 18 de octubre), es importante diferenciar entre contratista, subcontratista y promotor de la obra, ya que la norma distingue entre uno y otro a la hora de determinar los incumplimientos y sus consiguientes infracciones.

Infracciones graves y muy graves del contratista en materia de PRL (disposición adicional primera)

1. **Infracciones graves del contratista**, de conformidad con la mencionada ley:

   - No llevar en orden y al día el libro de subcontratación exigido, o no hacerlo en los términos establecidos reglamentariamente.

   - Permitir que, en el ámbito de ejecución de su contrato, intervengan empresas subcontratistas o trabajadores autónomos superando los niveles de subcontratación permitidos legalmente, sin disponer de la expresa aprobación de la dirección facultativa, y sin que concurran las circunstancias previstas en el art. 13.15.c) de la LISOS (salvo que proceda su calificación como infracción muy grave).

   - El incumplimiento del deber de acreditar, en la forma establecida legal o reglamentariamente, que dispone de recursos humanos, tanto en su nivel directivo como productivo, que cuentan con la formación necesaria en prevención de riesgos laborales, y que dispone de una organización preventiva adecuada, y la inscripción en el registro correspondiente, o del deber de verificar dicha acreditación y registro por los subcontratistas con los que contrate, y salvo que proceda su calificación como infracción muy grave, de acuerdo con el artículo siguiente.

   - La vulneración de los derechos de información de los representantes de los trabajadores sobre las contrataciones y subcontrataciones que se realicen en la obra, y de acceso al libro de subcontratación, en los términos establecidos en la Ley Reguladora de la subcontratación en el sector de la construcción.

2. **Infracciones muy graves del contratista**, de conformidad con la mencionada ley:

   - Permitir que, en el ámbito de ejecución de su contrato, intervengan subcontratistas o trabajadores autónomos superando los niveles de subcontratación permitidos legalmente, sin que se disponga de la expresa aprobación de la dirección facultativa.

   - El incumplimiento del deber de acreditar, en la forma establecida legal o reglamentariamente, que dispone de recursos humanos, tanto en su nivel directivo como productivo, que cuentan con la formación necesaria en prevención de riesgos laborales, y que dispone de una organización preventiva adecuada, y la inscripción en el registro correspondiente, o del deber de verificar dicha acreditación y registro por los subcontratistas con los que contrate, cuando se trate de trabajos con riesgos especiales conforme a la regulación reglamentaria de los mismos para las obras de construcción.

Infracciones graves y muy graves del subcontratista en materia de PRL

1. Son **infracciones graves** por los siguientes **incumplimientos del subcontratista** (art. 12.27 de la LISOS):

   - El incumplimiento del deber de acreditar, en la forma establecida legal o reglamentariamente, que dispone de recursos humanos, tanto en su nivel directivo como productivo, que cuentan con la formación necesaria en prevención de riesgos laborales, y que dispone de una organización preventiva adecuada, y la inscripción en el registro correspondiente, o del deber de verificar dicha acreditación y registro por los subcontratistas con los que contrate, salvo que proceda su calificación como infracción muy grave, de acuerdo con el artículo siguiente.
   - No comunicar los datos que permitan al contratista llevar en orden y al día el libro de subcontratación exigido en la ley reguladora de la subcontratación en el sector de la construcción.
   - Proceder a subcontratar con otro u otros subcontratistas o trabajadores autónomos superando los niveles de subcontratación permitidos legalmente, sin disponer de la expresa aprobación de la dirección facultativa.

2. Se considerarán **muy graves** los siguientes incumplimientos del **subcontratista** (art. 13.15 de la LISOS):

   - El incumplimiento del deber de acreditar, en la forma establecida legal o reglamentariamente, que dispone de recursos humanos, tanto en su nivel directivo como productivo, que cuentan con la formación necesaria en prevención de riesgos laborales, y que dispone de una organización preventiva adecuada, y la inscripción en el registro correspondiente, o del deber de verificar dicha acreditación y registro por los subcontratistas con los que contrate, cuando se trate de trabajos con riesgos especiales conforme a la regulación reglamentaria de los mismos para las obras de construcción.
   - Proceder a subcontratar con otro u otros subcontratistas o trabajadores autónomos superando los niveles de subcontratación permitidos legalmente, sin que disponga de la expresa aprobación de la dirección facultativa.
   - El falseamiento en los datos comunicados al contratista o a su subcontratista comitente, que dé lugar al ejercicio de actividades de construcción incumpliendo el régimen de la subcontratación o los requisitos legalmente establecidos.

Infracciones graves y muy graves del promotor de la obra en materia de PRL

Asimismo, en el ámbito de la Ley 32/2006, de 18 de octubre, es infracción grave del promotor de la obra permitir, a través de la actuación de la dirección facultativa, la aprobación de la ampliación excepcional de la cadena de subcontratación cuando manifiestamente no concurran las causas motivadoras de la misma prevista en dicha ley, salvo que proceda su calificación como infracción muy grave.

Es infracción **muy grave** del **promotor de la obra** permitir, a través de la actuación de la dirección facultativa, la aprobación de la ampliación excepcional de la cadena de subcontratación cuando manifiestamente no concurran las causas motivadoras de la misma previstas en dicha ley, cuando se trate de trabajos con riesgos especiales conforme a la regulación reglamentaria de los mismos para las obras de construcción.

Tipos de responsabilidades e indemnizaciones asociadas al accidente de trabajo o enfermedad profesional

La normativa establece para los distintos sujetos existentes en la relación laboral, dentro de sus respectivos ámbitos, una serie de obligaciones tendentes a garantizar la seguridad y la salud en el trabajo. La cuestión de la responsabilidad en caso de accidente laboral resulta controvertida en todos sus aspectos, desde el nacimiento de la misma, la influencia de acciones u omisiones de empresa o persona trabajadora, la cuantificación de la indemnización, la delimitación de la vía jurisdiccional competente, el plazo de prescripción, o la posible compatibilidad entre las distintas responsabilidades en ámbitos laboral, administrativo, civil o penal.

Parece conveniente recordar dos preceptos normativos y su incidencia sobre la responsabilidad empresarial:

1. El art. 42.1 de la LPRL señala que «el incumplimiento por los empresarios de sus obligaciones en materia de prevención de riesgos laborales dará lugar a responsabilidades administrativas, así como, en su caso, a responsabilidades penales y a las civiles por los daños y perjuicios que puedan derivarse de dicho incumplimiento». El apartado 3 de este artículo dispone que «las responsabilidades administrativas que se deriven del procedimiento sancionador serán compatibles con las indemnizaciones por los daños y perjuicios causados y de recargo de prestaciones económicas del sistema de la Seguridad Social que puedan ser fijadas por el órgano competente de conformidad con lo previsto en la normativa reguladora de dicho sistema». Estos dos apartados constituyen un resumen descriptivo de las distintas clases de responsabilidad (civil, penal, administrativa y laboral-prestacional) que pueden surgir del incumplimiento de los deberes preventivos, especialmente en cuanto a los empresarios o empleadores.
2. El art. 96.2 de la LJS dispone: «En los procesos sobre responsabilidades derivadas de accidentes de trabajo y enfermedades profesionales corresponderá a los deudores de seguridad y a los concurrentes en la producción del resultado lesivo probar la adopción de las medidas necesarias para prevenir o evitar el riesgo, así como cualquier factor excluyente o minorador de su responsabilidad».

CUESTIÓN

¿Qué requisitos deben cumplirse para que exista responsabilidad del empresario frente al trabajador que ha sufrido un accidente laboral?

Para que haya lugar a la responsabilidad del empresario frente al trabajador que ha sufrido un accidente laboral, deben concurrir los siguientes requisitos:

1. La existencia real de una situación generadora de daños y perjuicios, es decir, la producción de un daño que ha de ser cierto, realmente existente y evaluable económicamente.
2. Su acreditación en el proceso que se inicie instando su resarcimiento.
3. Un incumplimiento probado por parte del empresario, determinante de aquella situación.
4. Existencia de una relación o nexo causal entre el comportamiento y el daño, valorando, en cada caso concreto, si el antecedente se presenta como causa necesaria del efecto lesivo producido, de tal manera que el cómo y el por qué se produjo este constituyen elementos definitorios del contenido de aquella relación causal.
5. Existencia de un criterio que permita imputar la responsabilidad al empresario. El criterio normal de imputación es la culpabilidad. Sobre este último aspecto, el artículo 1.902 del CC consagra un principio de responsabilidad subjetiva, conforme al cual solo surge la obligación de reparar el daño causado cuando ha intervenido culpa o negligencia. Sin embargo, la jurisprudencia ha evolucionado progresivamente hacia una objetivación de la culpa, dando lugar a la denominada responsabilidad por riesgo, que conlleva una inversión de la carga de la prueba, de forma que es el autor de los daños quien ostenta la carga de probar que en el ejercicio de sus actos lícitos obró con toda la prudencia y diligencia precisa para evitarlos. (STSJ de Castilla y León, n.º 693/2021, de 21 de diciembre de 2021, ECLI:ES:TSJCL:2021:4656).

Responsabilidad administrativa

La responsabilidad empresarial en este punto queda vinculada al incumplimiento de las obligaciones legales y reglamentarias, por lo que la responsabilidad a nivel administrativo surge de las acciones u omisiones de los empresarios al incumplir las normas, pudiendo diferenciar dentro de este bloque dos niveles diferentes, pero asociados, como son la responsabilidad administrativa en materia de prevención de riesgos laborales y la responsabilidad en el pago de prestaciones o prestacional derivada directamente de la omisión de los deberes de afiliación, alta y cotización en su dimensión administrativa.

Como hemos visto, en la sección 2.ª del capítulo I de la LISOS, bajo el epígrafe «Infracciones en materia de prevención de riesgos laborales», se tipifican como infracciones, las acciones u omisiones de los empresarios que incumplan la normativa. Estas sanciones se aplican tras la instrucción de un expediente a propuesta de la Inspección de Trabajo y, sin perjuicio del resto de responsabilidades.

Las sanciones económicas en materia de PRL, oscilan según se trate de infracciones leves, graves o muy graves (art. 40.2 de la LISOS) entre las siguientes cuantías:

- Las leves, en su grado mínimo, con multa de 45 a 485 euros; en su grado medio, de 486 a 975 euros; y en su grado máximo, de 976 a 2.450 euros.

- Las graves con multa, en su grado mínimo, de 2.451 a 9.830 euros; en su grado medio, de 9.831 a 24.585 euros; y en su grado máximo, de 24.586 a 49.180 euros.
- Las muy graves con multa, en su grado mínimo, de 49.181 a 196.745 euros; en su grado medio, de 196.746 a 491.865 euros; y en su grado máximo, de 491.866 a 983.736 euros.

Si se diese una circunstancia de excepcional gravedad, la sanción puede consistir, además, en:

- Una suspensión de las actividades laborales por un tiempo determinado o cierre del centro de trabajo (art. 53 de la LPRL).
- Una limitación en la facultad de contratar con la Administración cuando se hayan cometido infracciones administrativas muy graves en materia de seguridad y salud en el trabajo, o constitutivas de delito (art. 54 de la LPRL).

Responsabilidad laboral-prestacional: recargo de prestaciones en caso de accidente de trabajo (AT) y enfermedad profesional (EP)

En la vertiente «laboral-prestacional» de la responsabilidad, encontramos otra sanción de naturaleza administrativa, regulada en el art. 164 de la LGSS:

> «1. Todas las prestaciones económicas que tengan su causa en accidente de trabajo o enfermedad profesional se aumentarán, según la gravedad de la falta, de un 30 a un 50 por ciento, cuando la lesión se produzca por equipos de trabajo o en instalaciones, centros o lugares de trabajo que carezcan de los medios de protección reglamentarios, los tengan inutilizados o en malas condiciones, o cuando no se hayan observado las medidas generales o particulares de seguridad y salud en el trabajo, o las de adecuación personal a cada trabajo, habida cuenta de sus características y de la edad, sexo y demás condiciones del trabajador.
>
> 2. La responsabilidad del pago del recargo establecido en el apartado anterior recaerá directamente sobre el empresario infractor y no podrá ser objeto de seguro alguno, siendo nulo de pleno derecho cualquier pacto o contrato que se realice para cubrirla, compensarla o trasmitirla.
>
> 3. La responsabilidad que regula este artículo es independiente y compatible con las de todo orden, incluso penal, que puedan derivarse de la infracción».

JURISPRUDENCIA

STS, rec. 1535/2011, de 14 de febrero de 2012, ECLI:ES:TS:2012:1554

Respecto al recargo de prestaciones se afirma:

«(...) el referido recargo tiene, entre otras, las siguientes características:

a) Un carácter sancionador y por esa razón el precepto legal regulador de este aumento porcentual ha de ser interpretado restrictivamente.

b) El recargo "es una pena o sanción que se añade a una propia prestación, previamente establecida y cuya imputación solo es atribuible, en forma exclusiva, a la empresa incumplidora de sus deberes en materia de seguridad e higiene en el trabajo".

c) Se trata de responsabilidad empresarial cuasi-objetiva con escasa incidencia de la conducta del trabajador.

d) En orden a su abono, está exento de responsabilidad el INSS como sucesor del Fondo de Garantía de Accidentes de Trabajo, recayendo la responsabilidad directa y exclusivamente sobre el empresario, lo que se fundamenta como una consecuencia de su carácter sancionatorio.

e) En la vía jurisdiccional cabe modular la cuantía porcentual del recargo fijada por Juez de instancia, pudiendo la Sala de suplicación moderar ese porcentaje cuando el recargo impuesto no guarde manifiestamente proporción con la directriz legal de fijarse en atención a la "gravedad de la falta", con independencia del daño causado al trabajador».

STS n.º 149/2019, de 28 de febrero, ECLI:ES:TS:2019:983

Analizando la exoneración de la responsabilidad cuando no hubiese una conducta culposa del empresario.

|| Responsabilidad penal

Es habitual que, ante un accidente de trabajo grave, se abran diligencias previas por los juzgados de instrucción a fin de determinar si existen responsabilidades penales. De esta forma, el Código Penal concreta diversos delitos penales en los que el empresario puede incurrir ante el incumplimiento de su deber de protección de la seguridad y salud de los trabajadores, que clasificamos en:

- **Infracción de las normas de prevención con peligro para la vida o integridad física de los trabajadores** (art. 316 del CP). En este supuesto, no es necesario que se produzcan daños, es suficiente el hecho de haber creado y aceptado la situación de peligro.
- **Infracción de las normas de prevención por imprudencia grave** con peligro para la vida o integridad física de los trabajadores (art. 317 del CP).

Junto a este tipo de penas, la autoridad laboral podría instar el cierre temporal o definitivo de la empresa o sus locales e incluso la disolución de la empresa.

En relación con la atribución del delito a las **personas jurídicas**, el art. 318 del Código Penal indica:

> «Cuando los hechos previstos en los artículos de este título se atribuyeran a personas jurídicas, se impondrá la pena señalada a los administradores o encargados del servicio que hayan sido responsables de los mismos y a quienes, conociéndolos y pudiendo remediarlo, no hubieran adoptado medidas para ello. En estos supuestos la autoridad judicial podrá decretar, además, alguna o algunas de las medidas previstas en el artículo 129 de este Código».

Lo anterior, teniendo presente lo establecido en el art. 31 del Código Penal sobre **la responsabilidad solidaria** en las penas de multa de la persona jurídica:

> «El que actúe como administrador de hecho o de derecho de una persona jurídica, o en nombre o representación legal o voluntaria de otro, responderá personalmente, aunque no concurran en él las condiciones, cualidades o relaciones que la correspondiente figura de delito requiera para poder ser sujeto activo del mismo, si tales circunstancias se dan en la entidad o persona en cuyo nombre o representación obre».

|| Responsabilidad civil

La obligación civil de indemnizar al trabajador por los daños y perjuicios dimanantes de un accidente de trabajo solo puede imponerse al empresario, de conformidad con el art. 1902 del Código civil, cuando haya incurrido en una conducta culposa o negligente, no siendo posible acudir a criterios de responsabilidad objetiva ni erigir al riesgo en fundamento único de la obligación de resarcir.

La responsabilidad civil es compatible con la administrativa, la penal y con la derivada del recargo en las prestaciones.

En cuanto a la cuantificación de los daños, es necesario acudir al art. 219 de la LEC, que determina que, «cuando se reclame en juicio el pago de una cantidad de dinero determinada o de frutos, rentas, utilidades o productos de cualquier clase, no podrá limitarse la demanda a pretender una sentencia meramente declarativa del derecho a percibirlos, sino que deberá solicitarse también la condena a su pago, cuantificando exactamente su importe, sin que pueda solicitarse su determinación en ejecución de sentencia, o fijando claramente las bases con arreglo a las cuales se deba efectuar la liquidación, de forma que esta consista en una pura operación aritmética. (...) la sentencia de condena establecerá el importe exacto de las cantidades respectivas, o fijará con claridad y precisión las bases para su liquidación, que deberá consistir en una simple operación aritmética que se efectuará en la ejecución».

En este sentido, es preciso considerar la STS, n.º 993/2006, de 4 de octubre de 2006, ECLI:ES:TS:2006:5695, que se pronuncia acerca de la cuantificación de la indemnización ante el resarcimiento de un daño moral, matiza que «la determinación de la cuantía por indemnización por daños morales, como es la que se impugna en el recurso, debe ser objeto de una actividad de apreciación por parte del juzgador, habida cuenta de la inexistencia de parámetros que permitan con precisión traducir en términos económicos el sufrimiento en que el daño moral esencialmente consiste. En efecto, se viene manteniendo que la reparación del daño o sufrimiento moral, que no atiende a la reintegración de un patrimonio, va dirigida, principalmente, a proporcionar en la medida de lo humanamente posible una satisfacción como compensación al sufrimiento que se ha causado, lo que conlleva la determinación de la cuantía de la indemnización apreciando las circunstancias concurrentes».

Del mismo modo, cuando en la producción del daño intervienen varios autores, se produce una obligación de carácter solidario. En este sentido, la STS, n.º 1340/2007, de 2 de enero de 2007, ECLI:ES:TS:2007:172, precisa que «el reconocimiento de esta responsabilidad *in solidum* (con carácter solidario), responde a razones de seguridad e interés social, en cuanto constituye un medio de protección de los perjudicados adecuado para garantizar la efectividad de la exigencia de la responsabilidad extracontractual, pero exige para su aplicación que no sea posible individualizar los respectivos comportamientos ni establecer las distintas responsabilidades».

2.1.3. Infracciones en materia de empleo

Las **infracciones en materia de empleo comprenden, por un lado, las infracciones de los empresarios, de las agencias de colocación, de las entidades de formación o aquellas que asuman la organización de las acciones de formación profesional para el empleo programada por las empresas y de los beneficiarios de ayudas y subvenciones en materia de empleo y ayudas al fomento del empleo en general** y, por el otro, **las infracciones de los trabajadores por cuenta ajena y propia** (arts. 14-16 de la LISOS).

Infracciones de los empresarios, de las agencias de colocación, de las entidades de formación o aquellas que asuman la organización de las acciones de formación profesional para el empleo programada por las empresas y de los beneficiarios de ayudas y subvenciones en materia de empleo y ayudas al fomento del empleo en general

1. **Infracciones leves**. Son infracciones leves (art. 14 de la LISOS):
   - No comunicar a la oficina de empleo las contrataciones realizadas en los supuestos en que estuviere establecida esa obligación.
   - No comunicar a la oficina de empleo la terminación de los contratos de trabajo, en los supuestos en que estuviere prevista tal obligación.
   - La falta de registro en la oficina de empleo del contrato de trabajo y de sus prórrogas en los casos en que estuviere establecida la obligación de registro.
   - Incumplir, los empresarios, las entidades de formación o aquellas que asuman la organización de las acciones formativas programadas por las empresas y los solicitantes y beneficiarios de las ayudas y subvenciones públicas, las obligaciones de carácter formal o documental exigidas en la normativa específica sobre formación profesional para el empleo, siempre que no estén tipificadas como graves o muy graves.
2. **Infracciones graves**. Son infracciones graves (art. 15 de la LISOS):
   - No informar las empresas de selección de sus tareas al servicio público de empleo.
   - El incumplimiento de las medidas de reserva, duración o preferencia en el empleo dictadas en virtud de la no discriminación en las relaciones laborales (art. 17 del ET).
   - El incumplimiento en materia de integración laboral de personas con discapacidad de la obligación legal de reserva de puestos de trabajo para personas con discapacidad, o de la aplicación de sus medidas alternativas de carácter excepcional.

- No notificar a los representantes legales de los trabajadores las contrataciones de duración determinada que se celebren, o no entregarles en plazo la copia básica de los contratos cuando exista dicha obligación.
- La publicidad por cualquier medio de difusión de ofertas de empleo que no respondan a las reales condiciones del puesto ofertado, o que contengan condiciones contrarias a la normativa de aplicación, sin perjuicio de lo establecido en el artículo siguiente.
- No ejecutar las Acciones Formativas en los términos, forma y plazos previamente preavisados cuando no se hubiera notificado en tiempo y forma su cancelación o modificación al órgano competente.
- No establecer el debido control de asistencia de los participantes en las acciones formativas, o establecerlo de manera inadecuada.
- Realizar subcontrataciones indebidas con otras entidades, tanto en lo que respecta a la gestión como a la ejecución de las Acciones Formativas.
- Expedir certificaciones de asistencia o diplomas que no se ajusten a las acciones formativas aprobadas y/o realizadas o cuando no se hayan impartido dichas acciones, así como negar su entrega a los participantes en las acciones impartidas, a pesar de haber sido requerido en tal sentido por los órganos de vigilancia y control.
- Incumplir, los empresarios, las entidades de formación o aquellas que asuman la organización de las acciones formativas programadas por las empresas y los beneficiarios de ayudas y subvenciones públicas, las obligaciones establecidas en la normativa específica sobre formación profesional para el empleo, salvo que haya dado lugar al disfrute indebido de bonificaciones en el pago de las cuotas sociales, mediante cualquiera de las acciones siguientes:

  a) Ejecutar acciones formativas en los términos, forma y contenido distintos a los previamente preavisados, cuando no se hubiera notificado en tiempo y forma su cancelación o modificación al órgano competente.

  b) Ejecutar acciones formativas que no respondan a las necesidades formativas reales, inmediatas y específicas de las empresas y sus trabajadores.

  c) Incumplir las obligaciones en materia de control de asistencia de los participantes en las acciones formativas, así como incumplir la obligación de seguimiento de la participación de los alumnos, su aprendizaje y evaluación.

  d) Expedir certificaciones de asistencia o diplomas sin el contenido mínimo exigido, que no se ajusten a las acciones formativas, aprobadas y/o realizadas o cuando no se hayan impartido las mismas, así como negar su entrega o realizar su remisión fuera de plazo, a pesar de haber sido requerido en tal sentido por los órganos de vigilancia y control.

e) Incumplir las obligaciones relativas a la comunicación del inicio y finalización de cada acción formativa en los plazos, forma o contenidos previstos en su normativa aplicable así como no comunicar las transformaciones, fusiones, escisiones o cambios de titularidad que se produzcan en la empresa.

f) No identificar en cuenta separada o epígrafe específico de su contabilidad todos los gastos de ejecución de las acciones formativas, así como las bonificaciones que se apliquen y la cofinanciación, en su caso, del Fondo Social Europeo u otras ayudas e iniciativas europeas, bajo la denominación de Formación profesional para el Empleo.

g) Incumplir las obligaciones relativas a la custodia y entrega de la documentación relacionada con la organización, gestión e impartición de las acciones formativas.

h) Imputar como coste objeto de financiación pública los bienes, productos, materiales o servicios que sean entregados, puestos a disposición o prestados por las entidades de formación o las entidades organizadoras de la formación y que no resulten estrictamente necesarios para la impartición de la actividad formativa.

i) Incumplir las obligaciones relativas al derecho de información y consulta de la representación legal de los trabajadores.

> **A TENER EN CUENTA.** Se entenderá una infracción por cada empresa y por cada acción formativa para los supuestos previstos en las letras a), b) y c) del art. 15.6 de la LISOS.

3. **Infracciones muy graves**. Son infracciones muy graves (art. 16 de la LISOS):

   - Ejercer actividades de intermediación laboral, de cualquier clase y ámbito funcional, que tengan por objeto la colocación de trabajadores sin haber presentado, con carácter previo a la actuación como agencia de colocación, una declaración responsable, incumplir los requisitos establecidos en la Ley de Empleo, y su normativa de desarrollo, o exigir a los trabajadores precio o contraprestación por los servicios prestados.
   - En el caso de las empresas de trabajo temporal que hubieran presentado una declaración responsable para actuar como agencias de colocación según lo dispuesto en la disposición transitoria primera del Real Decreto-ley 3/2012, de 10 de febrero, de medidas urgentes para la reforma del mercado laboral, incumplir los requisitos establecidos en la Ley de Empleo, y su normativa de desarrollo.
   - Solicitar datos de carácter personal en los procesos de selección o establecer condiciones, mediante la publicidad, difusión o por cualquier otro medio, que constituyan discriminaciones para el acceso al empleo por motivos de sexo, origen, incluido el racial o étnico,

edad, estado civil, discapacidad, religión o convicciones, opinión política, orientación sexual, afiliación sindical, condición social y lengua dentro del Estado.

- Obtener o disfrutar indebidamente de subvenciones, ayudas de fomento del empleo o cualesquiera establecidas en programas de apoyo a la creación de empleo o formación profesional para el empleo concedidas, financiadas o garantizadas, en todo o en parte, por el Estado, las comunidades autónomas o el Fondo Social Europeo u otras ayudas e iniciativas europeas, en el marco de la ejecución de la legislación laboral, ajenas al régimen económico de la Seguridad Social.
- La no aplicación o las desviaciones en la aplicación de las ayudas o subvenciones de fomento del empleo, de reinserción de demandantes de empleo, de la formación profesional para el empleo, concedidas, financiadas o garantizadas, en todo o en parte, por el Estado, las comunidades autónomas o el Fondo Social Europeo u otras ayudas e iniciativas europeas, en el marco de la ejecución de la legislación laboral, ajenas al régimen económico de la Seguridad Social.
- Incumplir los empresarios, las entidades de formación o aquellas que asuman la organización de las acciones formativas programadas por las empresas y los beneficiarios de ayudas y subvenciones públicas, las obligaciones establecidas en la normativa específica sobre formación profesional para el empleo, salvo que haya dado lugar al disfrute indebido de bonificaciones en el pago de cuotas sociales, mediante cualquiera de las acciones siguientes:
    - » Solicitar cantidades a los participantes para pagar total o parcialmente las iniciativas de formación profesional para el empleo, cuando las acciones formativas sean financiables con fondos públicos y gratuitas para los mismos.
    - » Simular la contratación laboral con la finalidad de que los trabajadores participen en acciones formativas.
    - » El falseamiento de documentos, así como la simulación de la ejecución de la acción formativa, incluida la teleformación, para la obtención o disfrute indebido de ayudas o subvenciones públicas para sí o para un tercero en materia de formación profesional para el empleo.
    - » Impartir formación sin estar acreditadas o, en su caso, sin haber presentado la declaración responsable de acuerdo con la normativa específica.
    - » Realizar subcontrataciones indebidas, tanto en lo que respecta a la impartición como a la organización de las acciones formativas
- La aplicación indebida o la no aplicación a los fines previstos legal o reglamentariamente de las donaciones y acciones de patrocinio recibidas de las empresas por fundaciones y asociaciones de utilidad pública, como medida alternativa al cumplimiento de la obligación de reserva de empleo a favor de las personas con discapacidad.

A TENER EN CUENTA. El art. 16 de la LISOS especifica: *«En las infracciones señaladas en los párrafos 2.º, 3.º, 4.º y 5.º de la letra f), las entidades que asuman la organización de las acciones formativas programadas por las empresas, las entidades que impartan formación, y los beneficiarios de ayudas y subvenciones públicas, responderán solidariamente de la devolución de las cantidades indebidamente obtenidas por cada empresa y acción formativa. Se entenderá una infracción por cada empresa y acción formativa para los supuestos previstos en las letras d), e) y párrafos 2.º, 3.º, 4.º y 5.º de la letra f)»*.

Infracciones de los trabajadores por cuenta ajena y propia

Las **infracciones de los trabajadores por cuenta ajena y propia**, se encuentran reguladas en el art. 17 de LISOS.

1. Infracciones leves:
   - No comparecer, previo requerimiento, ante los servicios públicos de empleo o las agencias de colocación cuando desarrollen actividades en el ámbito de la colaboración con aquellos y así se recoja en el convenio de colaboración, o no renovar la demanda de empleo en la forma y fechas que se determinen en el documento de renovación de la demanda, salvo causa justificada. Las citaciones o comunicaciones efectuadas por el Servicio Público de Empleo Estatal y los Servicios Públicos de Empleo autonómicos por medios electrónicos para el cumplimiento del compromiso de actividad, se entenderán validas, a efectos de notificación, siempre que los solicitantes o beneficiarios de las prestaciones por desempleo hayan expresado previamente su consentimiento.
   - No devolver en plazo, salvo causa justificada, a los servicios públicos de empleo o, en su caso, a las agencias de colocación cuando desarrollen actividades en el ámbito de la colaboración con aquellos y así se recoja en el convenio de colaboración, el correspondiente justificante de haber comparecido en el lugar y fecha indicados para cubrir las ofertas de empleo facilitadas por aquellos.
   - No cumplir las exigencias del Acuerdo Personal de Empleo, salvo causa justificada, siempre que la conducta no esté tipificada como otra infracción leve o grave que se especifica a continuación.

2. Infracciones graves:
   - Rechazar una oferta de empleo adecuada, ya sea ofrecida por los servicios públicos de empleo o por las agencias de colocación cuando desarrollen actividades en el ámbito de la colaboración con aquellos, o negarse a participar en programas de empleo, incluidos los de inserción profesional, o en acciones de promoción, formación o reconversión profesional, salvo causa justificada, ofrecidos por los servicios públicos de empleo.

CUESTIÓN

¿Qué se entiende por colocación adecuada a efectos de la LISOS?

A los efectos previstos en la LISOS, se entenderá por colocación adecuada la que reúna los requisitos establecidos en la Ley General de la Seguridad Social, en aquellos aspectos en los que sea de aplicación a los demandantes de empleo no solicitantes ni beneficiarios de prestaciones por desempleo.

3. Infracciones muy graves:
   - La no aplicación, o la desviación en la aplicación de las ayudas, en general, de fomento del empleo percibidas por los trabajadores, así como la connivencia con los empresarios y los beneficiarios de ayudas y subvenciones, para la acreditación o justificación de acciones formativas inexistentes o no realizadas.

2.1.4. Infracciones de las empresas de trabajo temporal y empresas usuarias

Las infracciones en materia de empresas de trabajo temporal y empresas usuarias, tienen una regulación específica en los artículos 18 y siguientes de la LISOS.

Infracciones en materia de empresas de trabajo temporal

1. **Infracciones leves**. Son infracciones leves (arts. 18.1 de la LISOS y 10 de la LETT):
   - No cumplimentar, en los términos que reglamentariamente se determine, los contratos a que se refiere el art. 10 de la Ley 14/1994, de 1 de junio, que regula las empresas de trabajo temporal y los contratos de puesta a disposición.
   - No incluir en la publicidad de sus actividades u ofertas de empleo su identificación como empresa de trabajo temporal y el número de autorización.
   - No entregar a la empresa usuaria la copia básica del contrato de trabajo o la orden de servicio de los trabajadores puestos a disposición de la misma; así como la restante documentación que esté obligada a suministrarle.
2. **Infracciones graves**. Son infracciones graves (arts. 18.2 de la LISOS y 10 de la LETT):
   - No formalizar por escrito los contratos de trabajo o contratos de puesta a disposición, previstos en la Ley por la que se regulan las empresas de trabajo temporal.
   - No remitir a la autoridad laboral competente, en los términos que reglamentariamente se establezcan, la información a que se refiere el art. 5 de la LETT, o no comunicar la actualización anual de la garantía financiera.

- Formalizar contratos de puesta a disposición para supuestos distintos de los previstos en el apartado 2 del artículo 6 de la Ley por la que se regulan las empresas de trabajo temporal. A estos efectos, se considerará una infracción por cada persona trabajadora afectada. No destinar a la formación de los trabajadores temporales las cantidades a que se refiere el art. 12.2 de la LETT (gasto de formación en materia preventiva).
- Cobrar al trabajador cualquier cantidad en concepto de selección, formación o contratación.
- Formalizar contratos de puesta a disposición para la cobertura de puestos de trabajo respecto de los que no se haya realizado previamente la preceptiva evaluación de riesgos.

3. **Infracciones muy graves**. Son infracciones muy graves (arts. 18.3 de la LISOS y 10 de la LETT):
   - No actualizar el valor de la garantía financiera, cuando se haya obtenido una autorización administrativa indefinida.
   - Formalizar contratos de puesta a disposición para la realización de trabajos u ocupaciones de especial peligrosidad para la seguridad o la salud en el trabajo determinados legal o convencionalmente.
   - No dedicarse exclusivamente a la actividad constitutiva de la Empresa de Trabajo Temporal.
   - La falsedad documental u ocultación de la información facilitada a la Autoridad Laboral sobre sus actividades.
   - Ceder trabajadores con contrato temporal a otra Empresa de Trabajo Temporal o a otras empresas para su posterior cesión a terceros.

Infracciones en materia de empresas usuarias

Se prevén las siguientes infracciones:

1. **Infracciones leves**. Son infracciones leves (art. 19.1 de la LISOS):
   - No cumplimentar, en los términos que reglamentariamente se determine, el contrato de puesta a disposición.
   - No facilitar los datos relativos a la retribución total establecida en el convenio colectivo aplicable para el puesto de trabajo en cuestión, a efectos de su consignación en el contrato de puesta a disposición.
2. **Infracciones graves**. Son infracciones graves (art. 19.2 de la LISOS):
   - No formalizar por escrito el contrato de puesta a disposición.
   - Formalizar contratos de puesta a disposición para supuestos distintos de los previstos en el art. 6.2. de la LETT. A estos efectos, se considerará una infracción por cada persona trabajadora afectada.
   - Las acciones u omisiones que impidan el ejercicio por los trabajadores puestos a su disposición de los derechos establecidos en el art. 17 de la LETT.

- La falta de información al trabajador temporal en los términos previstos en el art. 16.1 de la LETT, y en la normativa de prevención de riesgos laborales.
- Formalizar contratos de puesta a disposición para la cobertura de puestos o funciones que, en los doce meses anteriores, hayan sido objeto de amortización por despido improcedente, despido colectivo o por causas objetivas, o para la cobertura de puestos que en los dieciocho meses anteriores hubieran estado ya cubiertos por más de doce meses, de forma continua o discontinua, por trabajadores puestos a disposición por empresas de trabajo temporal, entendiéndose en ambos casos cometida una infracción por cada trabajador afectado.
- Permitir el inicio de la prestación de servicios de los trabajadores puestos a disposición sin tener constancia documental de que han recibido las informaciones relativas a los riesgos y medidas preventivas, poseen la formación específica necesaria y cuentan con un estado de salud compatible con el puesto de trabajo a desempeñar.
- Formalizar contratos de puesta a disposición para la cobertura de puestos de trabajo respecto de los que no se haya realizado previamente la preceptiva evaluación de riesgos.

3. **Infracciones muy graves**. Son infracciones muy graves (art. 19.3 de la LISOS):
   - Los actos del empresario lesivos del derecho de huelga, consistentes en la sustitución de trabajadores en huelga por otros puestos a su disposición por una empresa de trabajo temporal.
   - La formalización de contratos de puesta a disposición para la realización de trabajos u ocupaciones de especial peligrosidad para la seguridad o la salud en el trabajo o formalizarlos sin haber cumplido los requisitos previstos para ello conforme a lo establecido legal o convencionalmente, entendiéndose cometida una infracción por cada contrato en estas circunstancias.

Infracciones de las ETT y empresas usuarias establecidas en otros Estados miembros de la Unión Europea

Las infracciones de las empresas de trabajo temporal establecidas en otros Estados miembros de la Unión Europea o en Estados signatarios del Acuerdo sobre el Espacio Económico Europeo, así como de las empresas usuarias, se regulan en los arts. 19 bis - 19 quarter de la LISOS.

Infracciones de las empresas de trabajo temporal establecidas en otros estados miembros de la Unión Europea o en Estados signatarios del Acuerdo sobre el Espacio Económico Europeo

1. Constituyen **infracciones graves** de las empresas de trabajo temporal (art. 19 bis de la LISOS):
   - No formalizar por escrito el contrato de puesta a disposición.

- Formalizar contratos de puesta a disposición para supuestos distintos de los previstos en el artículo 6.2 de la Ley 14/1994, de 1 de junio. A estos efectos, se considerará una infracción por cada persona trabajadora afectada (con efectos de 30/12/2021).

2. Constituyen **infracciones muy graves** de las empresas de trabajo temporal:
   - Formalizar contratos de puesta a disposición sin estar válidamente constituidas como empresa de trabajo temporal según la legislación del Estado de establecimiento o sin reunir los requisitos exigidos por la citada legislación para poner a disposición de empresas usuarias, con carácter temporal, personas trabajadoras por ella contratadas.
   - Formalizar contratos de puesta a disposición para la realización de actividades y trabajos que por su especial peligrosidad para la seguridad o la salud se determinen reglamentariamente.
   - Ceder personas trabajadoras con contrato temporal a otra empresa de trabajo temporal o a otras empresas para su posterior cesión a terceros.

Infracciones de las empresas usuarias establecidas o que ejerzan su actividad en España

Constituye **infracción leve** no facilitar a la empresa de trabajo temporal los datos relativos a la retribución total establecida en el convenio colectivo aplicable para el puesto de trabajo en cuestión, a efectos de su consignación en el contrato de puesta a disposición (art. 19 ter de la LISOS):

1. **Infracciones graves**:
   - No formalizar por escrito el contrato de puesta a disposición.
   - Formalizar contratos de puesta a disposición para supuestos distintos de los previstos en el art. 6.2 de la Ley 14/1994, de 1 de junio, o para la cobertura de puestos de trabajo respecto de los que no se haya realizado previamente la preceptiva evaluación de riesgos. A estos efectos, se considerará una infracción por cada persona trabajadora afectada.
   - Las acciones u omisiones que impidan el ejercicio por las personas trabajadoras puestas a su disposición de los derechos establecidos en el artículo 17 de la Ley 14/1994, de 1 de junio.
   - La falta de información a la persona trabajadora temporal en los términos previstos en el art. 16.1 de la Ley 14/1994, de 1 de junio.
   - Formalizar contratos de puesta a disposición para la cobertura de puestos o funciones que, en los doce meses anteriores, hayan sido objeto de amortización por despido improcedente, despido colectivo o por causas objetivas, o para la cobertura de puestos que en los dieciocho meses anteriores hubieran estado ya cubiertos por más de trece meses y medio, de forma continua o discontinua, por per-

sonas trabajadoras puestas a disposición por empresas de trabajo temporal, entendiéndose en ambos casos cometida una infracción por cada persona trabajadora afectado.

- Permitir el inicio de la prestación de servicios de las personas trabajadoras puestas a disposición sin tener constancia documental de que han recibido las informaciones relativas a los riesgos y medidas preventivas, poseen la formación específica necesaria y cuentan con un estado de salud compatible con el puesto de trabajo a desempeñar.
- La ausencia de información de la empresa usuaria a la empresa de trabajo temporal con la antelación suficiente sobre el inicio de un envío temporal de una persona trabajadora desplazada a otro Estado miembro de la Unión Europea o signatario del Acuerdo del Espacio Económico Europeo en los términos previstos legalmente.
- Formalizar contratos de puesta a disposición para la cobertura de puestos de trabajo respecto de los que no se haya realizado previamente la preceptiva evaluación de riesgos.

2. **Infracciones muy graves**:
   - Los actos de la empresa lesivos del derecho de huelga, consistentes en la sustitución de personas trabajadoras en huelga por otros puestos a su disposición por una empresa de trabajo temporal.
   - La formalización de contratos de puesta a disposición para la realización de aquellas actividades y trabajos que por su especial peligrosidad para la seguridad o la salud se determinen reglamentariamente, entendiéndose cometida una infracción por cada contrato en tales circunstancias.
   - Formalizar contratos de puesta a disposición con empresas de trabajo temporal que no estén válidamente constituidas como tales según la legislación del Estado de establecimiento o que no reúnan los requisitos exigidos por la citada legislación para poner a disposición de empresas usuarias, con carácter temporal, personas trabajadoras por ellas contratadas.

Infracciones de las empresas usuarias establecidas en otro Estado miembro de la Unión Europea o signatario del Acuerdo sobre el Espacio Económico Europeo

Constituye **infracción grave** la ausencia de información de la empresa usuaria a la empresa de trabajo temporal establecida en otro Estado miembro de la Unión Europea o signatario del Acuerdo sobre el Espacio Económico Europeo sobre el inicio del envío temporal de una persona trabajadora desplazada a España, con la antelación suficiente para que dicha empresa pueda comunicar el desplazamiento a las autoridades españolas (art. 19 quater de la LISOS).

2.1.5. Infracciones de las empresas de inserción

Tendrá la consideración de empresa de inserción aquella sociedad mercantil o sociedad cooperativa legalmente constituida que, debidamente calificada por los organismos autonómicos competentes en la materia, realice cualquier actividad económica de producción de bienes y servicios, cuyo objeto social tenga como fin la integración y formación sociolaboral de personas en situación de exclusión social como tránsito al empleo ordinario.

Las acciones u omisiones de los empresarios titulares de una empresa de inserción que incumplan las obligaciones que se establecen y tipifican en esta Ley, constituirán infracción administrativa en el orden social y serán objeto de sanción conforme a lo establecido en las disposiciones generales y comunes de la LISOS. La D.F. 1.ª de la Ley 44/2007, de 13 de diciembre, para la regulación del régimen de las empresas de inserción, introdujo, en su momento, el actual **art. 19 quinquies de la LISOS**.

Las infracciones de las empresas de inserción se clasifican en:

1. **Infracciones graves**. Son infracciones graves:
   - El incumplimiento de cualquiera de los requisitos establecidos para la creación de las empresas de inserción en la normativa aplicable.
   - Ocultar o falsear la documentación acreditativa de las modificaciones estatutarias que afectan a la calificación como empresa de inserción.
   - No facilitar el plan de actividades y el presupuesto de cada año, así como las cuentas anuales, el informe de gestión y el balance social correspondientes al cierre de cada ejercicio económico.
   - No facilitar a los Servicios Sociales Públicos competentes y a los Servicios Públicos de Empleo la información a que se refieren los arts. 12, 13, 14 y 15 de la Ley 44/2007, de 13 de diciembre.
   - Incumplir las obligaciones asumidas en el contrato de trabajo en relación con el proceso personal de inserción de cada trabajador o no poner en práctica las medidas concretas previstas en dicho proceso.
2. **Infracciones muy graves**. Son infracciones muy graves:
   - Desarrollar las actividades sin cumplir el fin primordial de las empresas de inserción de integración sociolaboral de las personas en situación de exclusión social.
   - Obtener o disfrutar indebidamente subvenciones o ayudas establecidas en los programas de apoyo a la inserción sociolaboral, financiadas o garantizadas en todo o en parte por el Estado o por las Comunidades Autónomas en el marco de la ejecución de la legislación laboral ajenas al régimen económico de la Seguridad Social.

2.1.6. Infracciones en materia de Seguridad Social

Son infracciones en materia de Seguridad Social las acciones y omisiones de los distintos sujetos responsables (art. 2.2 de la LISOS), contrarias a las disposiciones legales y reglamentarias que regulan el sistema de la Seguridad Social, tipificadas y sancionadas como tales en la LISOS. Igualmente se asimilarán a las infracciones y sanciones en materia de Seguridad Social las producidas respecto a otras cotizaciones que recaude el sistema de Seguridad Social (art. 20 de la LISOS).

Estas sanciones se encuentran tipificadas y sancionadas de conformidad con la Ley sobre Infracciones y Sanciones de Orden Social, mediante grupos (art. 20-32 de la LISOS):

- Infracciones de los empresarios, entidades de formación, entidades que asuman la organización de las acciones de formación profesional para el empleo programada por las empresas, trabajadores por cuenta propia y asimilados.
- Infracciones de los trabajadores o asimilados, beneficiarios y solicitantes de prestaciones.
- Infracciones de las mutuas de accidentes de trabajo y enfermedades profesionales de la Seguridad Social.
- Infracciones de las empresas que colaboran voluntariamente en la gestión.

Como hemos reiterado a lo largo de la obra, las sanciones que pueden imponerse a los distintos sujetos responsables son impuestas por las autoridades laborales competentes a propuesta de la Inspección de Trabajo y Seguridad Social, previa instrucción del oportuno expediente y conforme a un procedimiento administrativo especial.

El art. 3 del Real Decreto 928/1998, de 14 de mayo, considera sujetos responsables, en materia de deudas por cuotas a la Seguridad Social y demás conceptos asimilados, a «los que resulten obligados a la cotización e ingreso de cuotas en aplicación de lo establecido en la correspondiente normativa específica reguladora de la materia».

Las sanciones pueden ser de diversos tipos:

- Multa pecuniaria de distinta cuantía dependiendo de su gravedad.
- Devolución de las cantidades indebidamente percibidas o no aplicadas correctamente por las empresas (subvenciones o ayudas de fomento del empleo).
- Exclusión de los programas de empleo por un periodo máximo de un año.
- Pérdida temporal de la pensión o prestación percibida.
- Extinción de la prestación o subsidio por desempleo o por incapacidad temporal, en el caso de trabajadores, solicitante o beneficiarios de pensiones o prestaciones de la Seguridad Social

- Aquellos trabajadores que incurran en infracciones en materia de empleo, formación profesional, ayudas para fomento de empleo y prestaciones por desempleo de nivel contributivo o asistencial perderán los derechos que como demandantes de empleo tuvieran reconocidos, quedando sin efecto su inscripción como desempleados.
- Las específicas en relación a determinados sujetos responsables como Mutuas de Accidentes de Trabajo y Enfermedades Profesionales de la Seguridad Social, Empresas que colaboran voluntariamente en la gestión o Empresas de Trabajo Temporal.

CUESTIONES

1. Las infracciones en materia de Seguridad Social, ¿se reclaman ante la jurisdicción social o ante la jurisdicción contencioso-administrativa?

Todas las sanciones impuestas por la Administración en materia laboral o de Seguridad Social y no tramitadas conjuntamente junto con actas de liquidación al amparo del art. 34.4 de la LGSS han de impugnarse en vía jurisdiccional social y no contencioso-administrativa. (STSJ Andalucía n.º 1964/2019, de 17 de julio de 2019, ECLI:ES:TSJAND:2019:8622).

Quedan sometidas a las mismas reglas procesales y, en concreto, al procedimiento del artículo 151 de la Ley de la Jurisdicción Social, todas las impugnaciones de sanciones administrativas en el orden social competencia del orden jurisdiccional social, incluso aquellas impuestas por las entidades gestoras a los beneficiarios y trabajadores por infracciones leves y graves en materia de Seguridad Social o de empleo.

2. ¿Existe responsabilidad solidaria o subsidiaria sobre la cotización?

El art. 168 de la Ley General de la Seguridad Social, junto con el art. 42 del ET y la Ley 14/1994, de 1 de junio, por la que se regulan las empresas de trabajo temporal, establecen supuestos especiales de responsabilidad en orden a la obligación de cotizar.

Son responsables del cumplimiento de la obligación de cotizar las personas físicas o jurídicas o entidades sin personalidad a las que las normas reguladoras de cada régimen y recurso impongan directamente la obligación de su ingreso y, además, los que resulten ***responsables solidarios, subsidiarios o sucesores mortis causa de aquellos, por concurrir hechos, omisiones, negocios o actos jurídicos que determinen esas responsabilidades, en aplicación de cualquier norma con rango de ley que se refiera o no excluya expresamente las obligaciones de Seguridad Social, o de pactos o convenios no contrarios a las leyes*** (art. 18.3 de la LGSS).

Infracciones de los empresarios, entidades de formación, entidades que asuman la organización de las acciones de formación profesional para el empleo programada por las empresas, trabajadores por cuenta propia y asimilados

Las infracciones de los empresarios, entidades de formación, entidades que asuman la organización de las acciones de formación profesional para el empleo programada por las empresas, trabajadores por cuenta propia y asimilados, se regulan en los arts. 21 a 23 de la LISOS

Podemos clasificar las infracciones en esta materia en las siguientes:

1. **Infracciones leves**. Son infracciones leves (art. 21 de la LISOS):

   - No conservar, durante cuatro años, la documentación o los registros o soportes informáticos en que se hayan transmitido los correspondientes datos que acrediten el cumplimiento de las obligaciones en materia de afiliación, altas, bajas o variaciones que, en su caso, se produjeran en relación con dichas materias, así como los documentos de cotización y los recibos justificativos del pago de salarios y del pago delegado de prestaciones.
   - No exponer, en lugar destacado del centro de trabajo, o no poner a disposición de los trabajadores, dentro del mes siguiente al que corresponda el ingreso de las cuotas, el ejemplar del documento de cotización o copia autorizada del mismo en el que conste la cotización efectuada correspondiente a aquellos o, en su caso, no facilitar la documentación aludida a los delegados de personal o comités de empresa, en los términos legal y reglamentariamente establecidos.
   - No comunicar en tiempo y forma las bajas de los trabajadores que cesen en el servicio de la empresa así como las demás variaciones que les afecten o su no transmisión por los obligados o acogidos a la utilización de sistema de presentación por medios informáticos, electrónicos o telemáticos.
   - No facilitar o comunicar fuera de plazo a las entidades correspondientes los datos, certificaciones y declaraciones que estén obligados a proporcionar, u omitirlos, o consignarlos inexactamente.
   - No comunicar a la entidad correspondiente cualquier cambio en los documentos de asociación o de adhesión para la cobertura de las contingencias de accidentes de trabajo y enfermedades profesionales, o en su caso, para las contingencias comunes.
   - No facilitar a las entidades correspondientes los datos, certificaciones y declaraciones que estén obligados a proporcionar, u omitirlos, o consignarlos inexactamente.
   - No comunicar a la entidad correspondiente cualquier cambio en los documentos de asociación o de adhesión para la cobertura de las contingencias de accidentes de trabajo y enfermedades profesionales.
   - No remitir a la Entidad correspondiente las copias de los partes médicos de baja, confirmación de la baja o alta de incapacidad temporal facilitadas por los trabajadores, o su no transmisión por los obligados o acogidos a la utilización del sistema de presentación de tales copias, por medios informáticos, electrónicos o telemáticos.

2. **Infracciones graves**. Son infracciones graves (art. 22 de la LISOS):

   - Iniciar su actividad sin haber solicitado su inscripción en la Seguridad Social; no comunicar la apertura y cese de actividad de los centros de trabajo a efectos de su identificación; no comunicar las variaciones de datos u otras obligaciones establecidas legal o reglamentariamente en materia de inscripción de empresas, incluida la sucesión en la titularidad de la misma, e identificación de centros de trabajo, así como en materia de comunicación en tiempo y forma de los conceptos retributivos abonados a sus trabajadores, o su no transmisión por los obligados o acogidos al uso de sistemas de presentación por medios informáticos, electrónicos o telemáticos.

- No solicitar la afiliación inicial o el alta de los trabajadores que ingresen a su servicio, o solicitar la misma, como consecuencia de actuación inspectora, fuera del plazo establecido. A estos efectos se considerará una infracción por cada uno de los trabajadores afectados.
- No ingresar, en la forma y plazos reglamentarios, las cuotas correspondientes que por todos los conceptos recauda la Tesorería General de la Seguridad Social o no efectuar el ingreso en la cuantía debida, habiendo cumplido dentro de plazo las obligaciones establecidas en los apartados 1 y 2 del art. 26 de la LGSS, siempre que la falta de ingreso no obedezca a una declaración concursal de la empresa, ni a un supuesto de fuerza mayor, ni se haya solicitado aplazamiento para el pago de las cuotas con carácter previo al inicio de la actuación inspectora, salvo que haya recaído resolución denegatoria.
- Incumplir las obligaciones económicas derivadas de su colaboración obligatoria en la gestión de la Seguridad Social.
- Formalizar la protección por accidentes de trabajo y enfermedades profesionales, y en su caso, de la incapacidad temporal del personal a su servicio, así como los trabajadores autónomos la protección por cese de actividad en entidad distinta de la que legalmente corresponda.
- No entregar al trabajador en tiempo y forma, cuantos documentos sean precisos para la solicitud y tramitación de cualesquiera prestaciones, incluido el certificado de empresa, o la no transmisión de dicho certificado, en el caso de sujetos obligados o acogidos a la utilización de sistemas de presentación por medios electrónicos, informáticos o telemáticos, conforme al procedimiento establecido.
- No solicitar los trabajadores por cuenta propia:
  a) Su afiliación y hasta tres altas dentro de cada año natural, en el correspondiente régimen especial de la Seguridad Social, o solicitar las mismas fuera del plazo establecido, como consecuencia de actuación inspectora.
  b) Su afiliación y hasta tres altas dentro de cada año natural, en el correspondiente régimen especial de la Seguridad Social, o solicitar las mismas fuera del plazo establecido, sin que medie actuación inspectora.
  c) El resto de las altas que, en su caso, se produzcan dentro de cada año natural o solicitarlo fuera de plazo, cuando la omisión genere impago de la cotización que corresponda.

- No abonar a las entidades correspondientes las prestaciones satisfechas por estas a los trabajadores cuando la empresa hubiera sido declarada responsable de la obligación.
- Obtener o disfrutar indebidamente cualquier tipo de reducciones, bonificaciones o incentivos en relación con el importe de las cuotas sociales que correspondía, entendiendo producida una infracción por cada trabajador afectado, salvo que se trate de bonificaciones de formación profesional para el empleo y reducciones de las cotizaciones por contingencias profesionales a las empresas que hayan contribuido especialmente a la disminución y prevención de la siniestralidad laboral, en la que se entenderá producida una infracción por cada empresa y acción formativa.
- La solicitud de afiliación o del alta de los trabajadores que ingresen a su servicio fuera del plazo establecido al efecto, cuando no mediare actuación inspectora, o su no transmisión por los obligados o acogidos a la utilización de sistemas de presentación por medios informáticos, electrónicos o telemáticos.
- No comprobar por los empresarios que contraten o subcontraten con otros la realización de obras o servicios correspondientes a la propia actividad de aquellos o que se presten de forma continuada en sus centros de trabajo, con carácter previo al inicio de la prestación de la actividad contratada o subcontratada, la afiliación o alta en la Seguridad Social de cada uno de los trabajadores que estos ocupen en los mismos durante el periodo de ejecución de la contrata o subcontrata, considerándose una infracción por cada uno de los trabajadores afectados.
- No proceder dentro del plazo reglamentario al alta y cotización por los salarios de tramitación y por las vacaciones devengadas y no disfrutadas antes de la extinción de la relación laboral. A estos efectos se considerará una infracción por cada uno de los trabajadores afectados.
- El incumplimiento de la obligación de comunicar a la entidad gestora de la prestación por desempleo, con carácter previo a su efectividad, las medidas de despido colectivo o de suspensión o reducción de jornada, en la forma y con el contenido establecido reglamentariamente, así como la no comunicación, con antelación a que se produzcan, de las variaciones que se originen sobre el calendario inicialmente dispuesto, en relación con la concreción e individualización por trabajador de los días de suspensión o reducción de jornada, así como en este último caso, el horario de trabajo afectado por la reducción, se considerará infracción grave de los empresarios, trabajadores por cuenta propia y asimilados.
- Dar ocupación, habiendo comunicado el alta en la Seguridad Social, a trabajadores, solicitantes o beneficiarios de pensiones u otras prestaciones periódicas de Seguridad Social, cuyo disfrute sea incompatible con el trabajo por cuenta ajena.

- Incumplir, las entidades de formación o aquellas que asuman la organización de las acciones formativas programadas por las empresas, los requisitos de cada acción formativa establecidos por la normativa específica sobre formación profesional para el empleo, cuando haya dado lugar al disfrute indebido de bonificaciones en el pago de cuotas, salvo cuando la infracción sea calificada como muy grave de acuerdo con el artículo siguiente. Dichas entidades responderán solidariamente de la devolución de las cantidades indebidamente bonificadas por cada empresa y acción formativa (se entenderá una infracción por cada empresa y por cada acción formativa).
- Comunicar la baja en un régimen de la Seguridad Social de trabajadores por cuenta ajena pese a que continúen la misma actividad laboral o mantengan idéntica prestación de servicios, sirviéndose de un alta indebida en un régimen de trabajadores por cuenta propia. A estos efectos se considerará una infracción por cada uno de los trabajadores afectados.

A TENER EN CUENTA. Con efectos de 01/10/2021 las infracciones graves señaladas en los artículos 22.2, 22.7.a) de la LISOS relativas a los trabajadores autónomos se sancionará con la multa siguiente: en su grado mínimo, de 3.750 a 7.500 euros; en su grado medio, de 7.501 a 9.600 euros y, en su grado máximo, de 9.601 a 12.000 euros [art. 40.e) de la LISOS].

4. **Infracciones muy graves**. Son infracciones muy graves (art. 23 de la LISOS):
   - Dar ocupación como trabajadores a beneficiarios o solicitantes de pensiones u otras prestaciones periódicas de la Seguridad Social, cuyo disfrute sea incompatible con el trabajo por cuenta ajena, cuando no se les haya dado de alta en la Seguridad Social con carácter previo al inicio de su actividad.
   - No ingresar, en la forma y plazos reglamentarios, las cuotas correspondientes que por todos los conceptos recauda la Tesorería General de la Seguridad Social, no habiendo cumplido dentro de plazo las obligaciones establecidas en el art. 26.1 y 2 de la LGSS, así como actuar fraudulentamente al objeto de eludir la responsabilidad solidaria, subsidiaria o mortis causa en el cumplimiento de la obligación de cotizar o en el pago de los demás recursos de la Seguridad Social.
   - Efectuar declaraciones, o facilitar, comunicar o consignar datos falsos o inexactos que den lugar a que las personas trabajadoras obtengan o disfruten indebidamente prestaciones, así como la connivencia con sus trabajadores/as o con las demás personas beneficiarias para la obtención de prestaciones indebidas o superiores a las que procedan en cada caso, o para eludir el cumplimiento de las obligaciones que a cualquiera de ellos corresponda en materia de prestaciones.

- Pactar con sus trabajadores de forma individual o colectiva la obligación por parte de ellos de pagar total o parcialmente la prima o parte de cuotas a cargo del empresario, o bien su renuncia a los derechos que les confiere el sistema de la Seguridad Social.
- Incrementar indebidamente la base de cotización del trabajador de forma que provoque un aumento en las prestaciones que procedan, así como la simulación de la contratación laboral para la obtención indebida de prestaciones.
- Efectuar declaraciones o facilitar, comunicar o consignar datos falsos o inexactos, que ocasionen liquidaciones, deducciones o compensaciones fraudulentas en las cuotas a satisfacer a la Seguridad Social, o incentivos relacionados con las mismas.
- No facilitar al Organismo público correspondiente, en tiempo y forma, los datos identificativos de titulares de prestaciones sociales económicas, así como, en cuanto determinen o condicionen el derecho a percibirlas, los de los beneficiarios, cónyuges y otros miembros de la unidad familiar, o los de sus importes, clase de las prestaciones y fecha de efectos de su concesión.
- El falseamiento de documentos para la obtención o disfrute fraudulentos de bonificaciones en materia de formación continua.
- Incurrir los empresarios, las entidades de formación o aquellas que asuman la organización de las acciones formativas programadas por las empresas, en el falseamiento de documentos o en la simulación de la ejecución de la acción formativa, incluida la teleformación, para la obtención o disfrute indebido de bonificaciones en materia de formación profesional para el empleo (se entenderá una infracción por cada empresa y por cada acción formativa).
- Dar ocupación a los trabajadores afectados por la suspensión de contratos o reducción de jornada, en el período de aplicación de las medidas de suspensión de contratos o en el horario de reducción de jornada comunicado a la autoridad laboral o a la entidad gestora de las prestaciones por desempleo, en su caso.
- Retener indebidamente, no ingresándola dentro de plazo, la parte de cuota de Seguridad Social descontada a sus trabajadores o efectuar descuentos superiores a los legalmente establecidos, no ingresándolos en el plazo reglamentario.
- Incumplir lo dispuesto en los Reglamentos de la Unión Europea sobre Coordinación de Sistemas de Seguridad Social, respecto a la determinación de la legislación de seguridad social aplicable, cuando dicho incumplimiento dé lugar a la inscripción o alta en el sistema de seguridad social español de empresas, trabajadores por cuenta ajena o por cuenta propia.
- Incumplir lo dispuesto en los Reglamentos de la Unión Europea sobre Coordinación de Sistemas de Seguridad Social, respecto a la determinación de la legislación de seguridad social aplicable, cuan-

do dicho incumplimiento dé lugar a la falta de alta y cotización en el sistema de seguridad social español de personas desplazadas a España desde otro Estado Miembro de la Unión Europea, ya se trate de una empresa que desplace trabajadores para prestar servicios por cuenta ajena o de personas que se desplacen para prestar servicios por cuenta propia.

A TENER EN CUENTA:

- Con efectos de 01/10/2021 la infracción muy grave señalada en el artículo 23.1.a) de la LISOS relativas a los trabajadores autónomos se sancionará con la multa siguiente: en su grado mínimo, de 12.001 a 30.000 euros; en su grado medio, de 30.001 a 120.005 euros y, en su grado máximo, de 120.006 a 225.018 euros [art. 40.e) de la LISOS].
- Las infracciones de este apartado, además de a las sanciones que correspondan por aplicación del Capítulo VI de la LISOS, darán lugar a las sanciones accesorias previstas en el art. 46 de la LISOS.
- Se entenderá que la empresa incurre en una infracción por cada una de las personas trabajadoras que hayan solicitado, obtenido o disfruten fraudulentamente de las prestaciones de Seguridad Social.
- La empresa responderá solidariamente de la devolución de las cantidades indebidamente percibidas por la persona trabajadora.
- Las empresas que contraten o subcontraten la realización de obras o servicios correspondientes a la propia actividad, responderán solidariamente de las infracciones en caso de dar ocupación como trabajadores a beneficiarios o solicitantes de pensiones u otras prestaciones periódicas de la Seguridad Social [art. 23.1.a) de la LISOS], cometidas por la empresa contratista o subcontratista durante todo el período de vigencia de la contrata.

SENTENCIA RELEVANTE

STSJ de Madrid nº 229/2019, de 27 de febrero de 2019, ECLI:ES:TSJM:2019:9844

La letra f) del art. 23.1 de II TRLISOS, fue redactada por el apartado tres del artículo 2 de la Ley 34/2014, de 26 de diciembre, de medidas en materia de liquidación e ingreso de cuotas de la Seguridad Social que establece un nuevo modelo de liquidación de cuotas que corresponde efectuar a los empresarios y demás sujetos responsables del cumplimiento de la obligación de cotizar. Su preámbulo especifica que el artículo segundo aborda la reforma de determinados apartados de los arts. 21, 22, 23, 39 y 50 de la LISOS, «relativos todos ellos a infracciones en materia de Seguridad Social, tanto a efectos de su adaptación al nuevo sistema de liquidación directa de cuotas implantado por esta ley como para tipificar como infracción grave el incumplimiento de la obligación empresarial de comunicar a la Tesorería General de la Seguridad Social el importe de todos los conceptos retributivos abonados a los trabajadores, contenida en el artículo 109.3 del texto refundido de la Ley General de la Seguridad Social, y como infracción muy grave la ocultación o falseamiento de los hechos determinantes de la responsabilidad derivada en el pago de cuotas».

STSJ de Asturias n.º 1411/2017, de 7 de junio de 2017, ECLI:ES:TSJAS: 2017:1867

«Una atenta lectura del texto que antecede [art. 23 de la LISOS] pone de manifiesto que las únicas acciones o conductas susceptibles de ser tipificadas como falta muy grave en las que pueden incurrir las entidades de formación o aquellas que asumen la organización de las acciones formativas programadas por las empresas son las descritas en su apartado 1.h), esto es, "en el falseamiento de documentos o en la simulación de la ejecución de la acción formativa, incluida la teleformación, para la obtención o disfrute indebido de bonificaciones en materia de formación profesional para el empleo", quedando limitada a las empresas, exclusivamente, la autoría no solo del proceder detallado en el apartado 1.f), "Efectuar declaraciones o facilitar, comunicar o consignar datos falsos o inexactos, que ocasionen liquidaciones, deducciones o compensaciones fraudulentas en las cuotas a satisfacer a la Seguridad Social, o incentivos relacionados con las mismas", sino de la del resto de las conductas en el precepto tipificadas. Así cabe interpretarlo, con razonable convicción, tanto de su propia literalidad cuanto de su sistemática, pudiendo observarse como en la descripción de las faltas o bien aparece el término trabajador o trabajadores, letras a), c), d), e), i), j) y k), lo que evidencia su conexión con una empresa, o bien se describen incumplimientos de obligaciones que solo a ésta incumben, letras b) y g), mencionándose únicamente en la letra h) a las entidades de formación o a las que asumen la organización de las acciones formativas programadas por las empresas.

Refuerza la conclusión expuesta el hecho de que en el nº 2 del reiterado artículo se establece, para el supuesto de infracciones muy graves, que se entenderá que el empresario incurre en una infracción por cada uno de los trabajadores que hayan solicitado, obtenido o disfruten fraudulentamente de las prestaciones de Seguridad Social, y que solo en el caso de las infracciones señaladas en el apartado 1 h), se imputa a las entidades de formación o aquellas que asumen la organización de las acciones formativas programadas por las empresas la responsabilidad solidaria de la devolución de las cantidades disfrutadas de forma indebida por cada acción formativa».

Infracciones de los trabajadores o asimilados, beneficiarios y solicitantes de prestaciones

Las infracciones de los trabajadores o asimilados, beneficiarios y solicitantes de prestaciones, se regulan en los arts. 24-26 de la LISOS.

Podemos clasificar las infracciones en las siguientes:

1. **Infracciones leves**. Son infracciones leves (art. 24 de la LISOS):
   - No facilitar a la entidad correspondiente o a la empresa, cuando le sean requeridos, los datos necesarios para su afiliación o su alta en la Seguridad Social y, en su caso, las alteraciones que en ellos se produjeran, los de la situación de pluriempleo, y, en general, el incumplimiento de los deberes de carácter informativo.
   - No comparecer, previo requerimiento, ante la entidad gestora de las prestaciones en la forma y fecha que se determinen, salvo causa justificada.

- En el caso de los solicitantes o beneficiarios de prestaciones por desempleo de nivel contributivo o asistencial, o de trabajadores por cuenta propia solicitantes o beneficiarios de la prestación por cese de actividad:

  a) No comparecer, previo requerimiento, ante los servicios públicos de empleo o las agencias de colocación cuando desarrollen actividades en el ámbito de la colaboración con aquellos, salvo causa justificada.

  b) No devolver en plazo, salvo causa justificada, al servicio público de empleo o, en su caso, a las agencias de colocación sin fines lucrativos el correspondiente justificante de haber comparecido en el lugar y fecha indicados para cubrir las ofertas de empleo facilitadas por aquellos.

  c) No cumplir las exigencias del compromiso de actividad (a los efectos previstos en la LISOS, se entenderá por compromiso de actividad el que reúna los requisitos establecidos en el art. 301 de la Ley General de la Seguridad Social), salvo causa justificada, siempre que la conducta no esté tipificada como otra infracción leve o grave en los apartados siguientes.

  d) No facilitar a los servicios públicos de empleo, la información necesaria para garantizar la recepción de sus notificaciones y comunicaciones. Las citaciones o comunicaciones efectuadas por medios electrónicos se entenderán validas a efectos de notificaciones siempre que los trabajadores hayan expresado previamente su consentimiento.

- En el caso de solicitantes o beneficiarios de prestaciones por desempleo de nivel contributivo o asistencial, los siguientes incumplimientos ante la entidad gestora de dichas prestaciones:

  a) No facilitar la información necesaria para garantizar la recepción de sus notificaciones y comunicaciones. Las citaciones o comunicaciones efectuadas por medios electrónicos se entenderán validas a efectos de notificaciones siempre que los trabajadores hayan expresado previamente su consentimiento.

  b) No cumplir el requisito, exigido para la conservación de la percepción de la prestación, de estar inscrito como demandante de empleo, salvo causa justificada (art. 268 de la LGSS).

CUESTIÓN

1. ¿Cómo se sancionan las infracciones leves tipificadas en los apdos. 2, 3 y 4 del art. 24 de la LISOS? ¿Cómo se sanciona la infracción leve tipificada en el art. 24.3 de la LISOS?

Las sanciones leves se sancionarán con pérdida de la pensión o prestación durante un mes. En el caso de las prestaciones por desempleo de nivel contributivo o asistencial, las infracciones leves tipificadas en los apartados 2, 3 y 4 del artículo 24 se sancionarán conforme a la siguiente escala [art. 47.1.a) de la LISOS]:

1.ª Infracción: pérdida de un mes de prestaciones.

2.ª Infracción: pérdida de tres meses de prestaciones.

3.ª Infracción: pérdida de seis meses de prestaciones.

4.ª Infracción: extinción de prestaciones.

En el caso de la prestación por cese de actividad de los trabajadores autónomos, la infracción leve del artículo 24.3 se sancionará conforme a la siguiente escala [art. 47.1.a) de la LISOS]:

1.ª Infracción: pérdida de 15 días de prestación.

2.ª Infracción: pérdida de 1 mes y 15 días de prestación.

3.ª Infracción: pérdida de 3 meses de prestación.

4.ª Infracción: extinción de la prestación.

Se aplicarán estas escalas a partir de la primera infracción y cuando entre la comisión de una infracción leve y la anterior no hayan transcurrido más de los 365 días (art. 41.1 de la LISOS), con independencia del tipo de infracción.

3. **Infracciones graves**. Son infracciones graves (art. 25 de la LISOS):

   - Efectuar trabajos por cuenta propia o ajena durante la percepción de prestaciones, cuando exista incompatibilidad legal o reglamentariamente establecida, sin perjuicio de la posible compatibilización del percibo de prestaciones o subsidio por desempleo con el trabajo por cuenta propia o ajena, salvo en el caso del trabajo a tiempo parcial en los términos previstos en la normativa correspondiente (en el supuesto de subsidio por desempleo de los trabajadores eventuales agrarios, se entenderá que el trabajador ha compatibilizado el percibo de la prestación con el trabajo por cuenta ajena o propia cuando los días trabajados no hayan sido declarados en la forma prevista en su normativa específica de aplicación).
   - No comparecer, salvo causa justificada, a los reconocimientos médicos ordenados por las entidades gestoras o colaboradoras, en los supuestos así establecidos, así como no presentar ante las mismas los antecedentes, justificantes o datos que no obren en la entidad, cuando a ello sean requeridos y afecten al derecho a la continuidad en la percepción de la prestación.
   - No comunicar, salvo causa justificada, las bajas en las prestaciones en el momento en que se produzcan situaciones determinantes de la suspensión o extinción del derecho, o cuando se dejen de reunir los requisitos para el derecho a su percepción cuando por cualquiera de dichas causas se haya percibido indebidamente la prestación, siempre que la conducta no esté tipificada como infracción leve [art. 24.4.b) de la LISOS].
   - En el caso de solicitantes o beneficiarios de prestaciones por desempleo de nivel contributivo o asistencial, o de trabajadores por cuenta propia solicitantes o beneficiarios de la prestación por cese de actividad:
     - » Rechazar una oferta de empleo adecuada, ya sea ofrecida por los servicios públicos de empleo o por las agencias de colocación cuando desarrollen actividades en el ámbito de la colaboración con aquellos, salvo causa justificada.

» Negarse a participar en los trabajos de colaboración social, programas de empleo, incluidos los de inserción profesional, o en acciones de promoción, formación o reconversión profesional, salvo causa justificada, ofrecidos por los servicios públicos de empleo o en las acciones de orientación e información profesional ofrecidas por las agencias de colocación cuando desarrollen actividades en el ámbito de la colaboración con aquellos (a los efectos previstos en la LISOS, se entenderá por colocación adecuada y por trabajos de colaboración social, los que reúnan los requisitos establecidos, respectivamente, en el art. 301 de la LGSS).

CUESTIÓN

En el caso de la prestación por cese de actividad de los trabajadores autónomos, la infracción grave tipificada en el art. 25.4 b) de la LISOS, ¿cómo se sancionará?

En el caso de la prestación por cese de actividad de los trabajadores autónomos, la infracción grave tipificada en el artículo 25.4 b) se sancionará conforme a la siguiente escala [art. 47.1.b) de la LISOS]:

1.ª Infracción: pérdida de 1 mes y 15 días de prestación.

2.ª Infracción: pérdida de 3 meses de prestación.

3.ª Infracción: extinción de la prestación.

4. **Infracciones muy graves**. Son infracciones muy graves (art. 26 de la LISOS):

- Actuar fraudulentamente con el fin de obtener prestaciones indebidas o superiores a las que correspondan, o prolongar indebidamente su disfrute mediante la aportación de datos o documentos falsos; la simulación de la relación laboral; y la omisión de declaraciones legalmente obligatorias u otros incumplimientos que puedan ocasionar percepciones fraudulentas.
- Compatibilizar la solicitud o el percibo de prestaciones o subsidio por desempleo, así como la prestación por cese de actividad de los trabajadores autónomos con el trabajo por cuenta propia o ajena, salvo en el caso del trabajo a tiempo parcial en los términos previstos en la normativa correspondiente.
- La connivencia con el empresario para la obtención indebida de cualesquiera prestaciones de la Seguridad Social.
- La no aplicación o la desviación en la aplicación de las prestaciones por desempleo, que se perciban según lo que establezcan programas de fomento de empleo.

JURISPRUDENCIA

STS, rec. 1905/2000, de 20 de marzo de 2001, ECLI:ES:TS:2001:2237

La entidad gestora no puede reclamar de oficio el exceso indebidamente percibido como consecuencia de haberse disfrutado pensiones por encima de los topes permitidos, «si no que debe acudir al órgano judicial correspondiente».

Infracciones de las mutuas de accidentes de trabajo y enfermedades profesionales y mutualidades de previsión social

Las **infracciones de las mutuas de accidentes de trabajo y enfermedades profesionales** se regulan en los art. 27-29 de la LISOS.

Las **infracciones de las empresas que colaboran voluntariamente en la gestión de la Seguridad Social** se regulan en los art. 30-32 de la LISOS.

Las **infracciones de las mutualidades de previsión social** se regulan en el art. 32 bis de la LISOS.

La LISOS considera a las mutuas como sujetos responsables frente posibles sanciones en distintos ámbitos:

- En materia de seguridad social, cuando intervienen como entidades colaboradoras en su gestión (art. 2.2 de la LISOS y art. 175.3 de la LGSS).
- En materia de prevención de riesgos laborales, cuando actúan como servicio de prevención ajeno a las empresas asociadas, constituyendo para ello una organización específica con medios propios, distintos de los medios empleados para realizar sus funciones como entidades colaboradoras de la Seguridad Social (art. 2.9 de la LISOS y arts. 22, 23 y 32 de la LPRL).

La falta de concreción de la LISOS a la hora de fijar los incumplimientos por parte de las mutuas obliga al análisis del Real Decreto 1993/1995, de 7 de diciembre, por el que se aprueba el Reglamento sobre colaboración de las Mutuas de Accidentes de Trabajo y Enfermedades Profesionales de la Seguridad Social (RMAT), la reglamentación en materia de prevención de riesgos, o incluso la LGSS para conocer las características de los posibles ilícitos imputables (art. 55 del RMAT).

Podemos clasificar las infracciones en las siguientes:

1. **Infracciones leves**. Son infracciones leves (art. 27 de la LISOS).
   - No cumplir las obligaciones formales relativas a diligencia, remisión y conservación de libros, registros, documentos y relaciones de trabajadores, así como de los boletines estadísticos.
   - Incumplir las obligaciones formales establecidas sobre inscripción, registro y conservación de documentos y certificados, en materia de reconocimientos médicos obligatorios.
   - No remitir al organismo competente, dentro del plazo y debidamente cumplimentados, los partes de accidentes de trabajo cuando estos tengan carácter leve.
   - No informar a los empresarios asociados, trabajadores y órganos de representación del personal, y a las personas que acrediten un interés personal y directo, acerca de los datos a ellos referentes que **obren en la entidad**.

Incumplimientos	Especificaciones normativas fijando criterios a respetar
Obligaciones de carácter formal o informativo.	Arts. 27.1 de la LISOS y 21.3 del RMAT.
Conservación de los documentos.	Arts. 27.2 de la LISOS y 16 del RMAT.
Control actualizado y pormenorizado por provincias, de asociados y adheridos, cotizaciones y prestaciones satisfechas, así como de los gastos e ingresos.	Arts. 27.1 de la LISOS y 21.5 del RMAT.
Irregularidades documentales en accidentes leves por parte de las Mutuas.	Arts. 27.3 y 28.4 de la LISOS; 23.3 de la LPRL y Orden TAS/2926/2002, de 19 de noviembre.
Incumplimientos formales sobre reconocimientos médicos por parte de las Mutuas.	Arts. 11.5, 20.1, 27.2 de la LISOS; 4.2.d) del ET; 14.1.4° y 22.1.1° de la LPRL; 196-197 de la LGSS; 2.4 RD 1146/2006, de 6 de octubre; Real Decreto 1696/2007, de 14 de diciembre y Real Decreto 1299/2006, de 10 de noviembre.
Obstrucción informativa por parte de las Mutuas.	Arts. 27.4 de la LISOS; 15.2 y 15.4 del RMAT; STC 202/1999, de 8 de noviembre y LOPDGDD.

2. **Infracciones graves**. Son infracciones graves (art. 28 de la LISOS):

- No llevar al día y en la forma establecida los libros obligatorios, así como los libros oficiales de contabilidad o sistema contable autorizado, de conformidad con el plan general de contabilidad y normas presupuestarias de la Seguridad Social.
- Aceptar la asociación de empresas no incluidas en el ámbito territorial o funcional de la entidad sin estar autorizadas; no aceptar toda proposición de asociación que formulen las empresas comprendidas en su ámbito de actuación; concertar convenios de asociación de duración superior a un año; y no proteger a la totalidad de los trabajadores de una empresa asociada correspondientes a centros de trabajo situados en la misma provincia.
- No observar las normas relativas a la denominación y su utilización, y a la constitución y funcionamiento de sus órganos de gobierno y de participación.
- No remitir al organismo competente, dentro del plazo y debidamente cumplimentados, los partes de accidentes de trabajo y enfermedad profesional, cuando tengan carácter grave, muy grave o produzcan la muerte del trabajador.

- No cumplir la normativa establecida respecto de constitución y cuantía en materia de fianza, gastos de administración, reservas obligatorias, así como la falta de remisión dentro de plazo al organismo competente del balance anual, memoria y cuenta de resultados, y presupuesto de ingresos y gastos debidamente aprobados y confeccionados.
- No facilitar al organismo competente y, en todo caso, a los Servicios comunes y Entidades gestoras, cuantos datos soliciten en materia de colaboración, ni coordinar la actuación de la entidad con dichos organismos y con las Administraciones competentes en materia de gestión de servicios sociales u otras materias en las que colaboren las Mutuas de Accidentes de Trabajo y Enfermedades Profesionales, así como la negativa a expedir a los empresarios asociados los certificados del cese de la asociación.
- Dar publicidad o difundir públicamente informaciones y datos referentes a su actuación, sin la previa autorización del órgano superior de vigilancia y tutela, cuando la misma se requiera.
- No solicitar en tiempo y forma establecidos las autorizaciones preceptivas en materia de inversiones, contratación con terceros, revalorización de activos y actualización de balances, y cualesquiera otras en materia económico-financiera en que así lo exijan las disposiciones en vigor.
- No cumplir con la normativa relativa al reconocimiento, suspensión, extinción y reanudación derivada de la gestión de la prestación por cese de actividad de los trabajadores autónomos.
- Incumplir la normativa de la prestación por cese de actividad de los trabajadores autónomos respecto a la gestión del desarrollo de convocatorias y acciones específicas de formación, orientación profesional, información, motivación, reconversión o inserción profesional del trabajador autónomo que se determinen.
- La declaración o denegación de la fuerza mayor como situación legal del cese de actividad de los trabajadores autónomos sin tener en consideración la documentación aportada por el solicitante.

3. **Infracciones muy graves**. Son infracciones muy graves (art. 29 de la LISOS).
   - Llevar a cabo operaciones distintas a aquellas a las que deben limitar su actividad o insertar en los convenios de asociación condiciones que se opongan a las normas de la Seguridad Social y de las que regulan la colaboración en la gestión de las Mutuas de Accidentes de Trabajo y Enfermedades Profesionales.
   - No contribuir en la medida que proceda al sostenimiento económico de los Servicios comunes de la Seguridad Social y no cumplir las obligaciones que procedan en materia de reaseguro o del sistema establecido de compensación de resultados.
   - Aplicar epígrafes de la tarifa de primas o, en su caso, las adicionales que procedan, distintas de las que sean perceptivamente

obligatorias, según las actividades y trabajos de cada empresa, así como promover u obtener el ingreso de cantidades equivalentes o sustitutorias de las cuotas de la Seguridad Social por procedimientos diferentes a los reglamentarios.

- Concertar, utilizar o establecer servicios sanitarios, de prevención de accidentes, de recuperación o de rehabilitación propios o de terceros, sin la previa autorización del organismo competente.
- Exigir a las empresas asociadas, al convenir la asociación, el ingreso de cantidades superiores al importe anticipado de un trimestre de las correspondientes cuotas en concepto de garantía, o bien exigir dicho ingreso más de una vez.
- Ejercer la colaboración en la gestión con ánimo de lucro; no aplicar el patrimonio estrictamente al fin social de la entidad; distribuir beneficios económicos entre los asociados, con independencia de su naturaleza afectar los excedentes anuales a fines distintos de los reglamentarios; continuar en el ejercicio de la colaboración cuando concurran causas de disolución obligatoria sin comunicarlo al órgano competente; y no diferenciar las actividades desarrolladas como servicios de prevención, o no imputar a las mismas los costes derivados de tales actividades.
- Incumplir el régimen de incompatibilidades y prohibiciones establecido en la Ley General de la Seguridad Social.
- Falta de diligencia suficiente en la supervisión de la gestión de la prestación, de forma reiterada y prolongada en el tiempo.

Incumplimientos	Especificaciones normativas
Obligaciones de carácter formal o informativo	Arts. 28.1 de la LISOS y 21.3 RMAT.
Deficiente llevanza de los Libros	Arts. 22.1, 22.2 22.3 del RMAT y 121 de la Ley 47/2003, de 26 de noviembre (Aplicación de los principios contables).
Alteración de las reglas asociativas legalmente establecidas	Arts. 28.2 de la LISOS; 70.2 de la LGSS.
Irregulares en la denominación o el funcionamiento interno	Arts. 28.3 de la LISOS; 11, 12.2 y 20.1.1°, 32-37 y 67 del RMAT.
Irregularidades documentales en accidentes o enfermedades	Arts. 27.3 28.4 de la LISOS; 2, 4 y 6 de la Orden TAS/1/2007, de 2 de enero

Irregularidades contables y económicas particulares	Arts. 28.5 de la LISOS; 9.3ª, 31, 65 y 19 del RMAT; D.A. 50.ª de la Ley 51/2007, de 26 de diciembre y Orden de 2 de abril de 1984 sobre colaboración de las Mutuas Patronales de Accidentes de Trabajo en la gestión de la Seguridad Social.
Entorpecimiento administrativo	Arts. 27.4 y 28.6 de la LISOS y 15.1 del RMAT.

Infracciones de las empresas que colaboran voluntariamente en la gestión

Siguiendo lo previsto en el art. 102 de la LGSS, con efectos de 1 de enero de 2019, las empresas, individualmente consideradas y en relación con su propio personal, podrán colaborar en la gestión de la Seguridad Social exclusivamente en alguna o algunas de las formas siguientes:

- Asumiendo directamente el pago, a su cargo, de las prestaciones por incapacidad temporal derivada de accidente de trabajo y enfermedad profesional y las prestaciones de asistencia sanitaria y recuperación profesional, incluido el subsidio consiguiente que corresponda durante la indicada situación.
- Pagando a sus trabajadores, a cargo de la entidad gestora o mutua obligada, las prestaciones económicas por incapacidad temporal, así como las demás que puedan determinarse reglamentariamente.

Podemos clasificar las infracciones en las siguientes:

1. **Infracciones leves**. Son infracciones leves (art. 30 de la LISOS):
   - No llevar en orden y al día la documentación reglamentariamente exigida.
   - No dar cuenta, semestralmente, al comité de empresa de la aplicación de las cantidades percibidas para el ejercicio de la colaboración.
2. **Infracciones graves**. Son infracciones graves (art. 31 de la LISOS):
   - No mantener las instalaciones sanitarias propias en las condiciones exigidas para la prestación de la asistencia.
   - No coordinar la prestación de asistencia sanitaria con los servicios sanitarios de la Seguridad Social.
   - Prestar la asistencia sanitaria con personal ajeno a los servicios de la Seguridad Social, salvo autorización al efecto.
   - Conceder prestaciones en tiempo, cuantía o forma distintos a los reglamentariamente establecidos.

- No ingresar las aportaciones establecidas para el sostenimiento de los Servicios comunes.
- No llevar en su contabilidad una cuenta específica que recoja todas las operaciones relativas a la colaboración.

3. **Infracciones muy graves**. Son infracciones muy graves (art. 32 de la LISOS):
   - Ejercer las funciones propias del objeto de la colaboración sin previa autorización.
   - Continuar en el ejercicio de la colaboración después de la pérdida de los requisitos mínimos exigibles.
   - Destinar los excedentes de la colaboración a fines distintos de la mejora de las prestaciones.
   - No aplicar a los fines exclusivos de la colaboración, incluyendo en ella la mejora de las prestaciones, las cantidades deducidas de la cuota reglamentaria.

Completando el elenco de posibles sanciones, el artículo 45 de la LISOS se refiere a las sanciones a los empresarios que colaboren voluntariamente en la gestión de la Seguridad Social, fijando, con independencia de las sanciones que correspondan de acuerdo con el art. 40.1 del citado texto, y siempre que las circunstancias del caso lo requieran, en beneficio de la corrección de deficiencias observadas en la propuesta elevada al órgano directivo responsable de la vigilancia, dirección y tutela de la Seguridad Social, se podrán aplicar, además, las siguientes sanciones:

a) Suspensión temporal de la autorización para colaborar por plazo de hasta cinco años.

b) Retirada definitiva de la autorización para colaborar con la pérdida de la condición de Entidad colaboradora.

Infracciones de las mutualidades de previsión social autorizadas para actuar como alternativas al régimen especial de los trabajadores por cuenta propia o autónomos

La modificación legislativa realizada por la D.F. 38.ª (Cinco) de la Ley 11/2020, de 30 de diciembre, de Presupuestos Generales del Estado para el año 2021, supuso añadir, con efectos de 1 de enero del mismo año, un apartado 4 a la D.A. 18.ª de la LGSS con el siguiente literal:

> «4. Las mutualidades de previsión social autorizadas para actuar como alternativas al Régimen Especial de la Seguridad Social de los Trabajadores por Cuenta Propia o Autónomos, desde el 1 de marzo de 2021, deberán poner a disposición de la Tesorería General de la Seguridad Social antes de finalizar el mes natural siguiente a la situación de alta o de baja, de forma telemática, una relación de los profesionales colegiados integrados en las mismas como alternativas al citado régimen especial en la que se indique

expresamente la fecha en que quedó incluido cada uno de ellos, cuál es su actividad profesional y, en su caso, la fecha de baja en la mutualidad por cese de actividad».

En paralelo, el art. 32 bis de la LISOS, considera infracción grave por parte de las mutualidades: «No poner a disposición de la Tesorería General de la Seguridad Social la relación telemática de los profesionales colegiados integrados en las mismas a la que se refiere el apartado 4 de la disposición adicional decimoctava del texto refundido de la Ley General de la Seguridad Social, aprobado por Real Decreto legislativo 8/2015, de 30 de octubre, en el plazo y con el contenido establecido en dicha disposición».

2.1.7. Infracciones en materia de movimientos migratorios laborales

Como hemos tratado, la principal finalidad perseguida por la LISOS en este campo es la de proteger la situación de emigrante. Con el objetivo de reforzar las garantías y desplazar sobre los sujetos que intervienen en los movimientos migratorios la técnica sancionadora administrativa, los arts. 36-38 de la LISOS, tipifican las infracciones atendiendo a una doble intención:

- Proteger a las personas trabajadoras emigrantes, especialmente en lo relativo a su reclutamiento y contratación, condiciones de trabajo u ofertadas para emigrar.
- Un control público de la emigración, mediante la sanción de la difusión de ofertas de trabajo para el extranjero sin la preceptiva autorización administrativa.

Infracciones en materia de movimientos migratorios

Son infracciones en materia de movimientos migratorios laborales las acciones u omisiones de los transportistas, agentes, consignatarios, representantes, trabajadores y, en general, las personas físicas o jurídicas que intervengan en operaciones de emigración o movimientos migratorios (arts. 2.4 y 33 de la LISOS). Se clasifican en:

1. **Infracciones leves**. Constituye infracción leve la modificación de las condiciones de la oferta de trabajo para desplazarse al exterior, si no causa perjuicio grave para el trabajador (art. 34 de la LISOS):
2. **Infracciones graves**. Son infracciones graves (art. 35 de la LISOS):
   - La modificación de las condiciones de la oferta de trabajo para desplazarse al exterior, si causa perjuicio grave para el trabajador.
   - La ocultación, falsificación o rectificación de cláusulas sustanciales de un contrato de trabajo para desplazarse al exterior.
   - El desplazamiento del trabajador al país de acogida sin la documentación necesaria o la retención injustificada por la empresa de dicha documentación.

- La contratación de marinos españoles por cuenta de empresas armadoras extranjeras realizada por personas o entidades no autorizadas por la autoridad laboral para realizar ese cometido.

3. **Infracciones muy graves**. Son infracciones muy graves (art. 36 de la LISOS):
   - El establecimiento de cualquier tipo de agencias de reclutamiento.
   - La simulación o engaño en la contratación de los trabajadores que se desplazan al exterior.
   - El abandono de trabajadores desplazados por parte del empresario contratante o de sus representantes autorizados.
   - El cobro a los trabajadores de comisión o precio por su contratación.
   - La obtención fraudulenta de ayudas a los movimientos migratorios, ya sean individuales o de reagrupación familiar, o la no aplicación o aplicación indebida de dichas ayudas.

Infracciones en materia de permisos de trabajo de extranjeros

Bajo la denominación «Infracciones en materia de permisos de trabajo de extranjeros» la sección segunda del Capítulo IV de la LISOS se relaciona directamente con la Ley de Extranjería, al englobar la utilización de personas trabajadoras extranjeras sin los correspondientes permisos, el desarrollo de actividades por cuenta propia sin las debidas autorizaciones, y actividades de mediación o promoción del trabajo de extranjeros sin el preceptivo permiso de trabajo constitutivas de **infracción muy grave**, como son (art. 37 de la LISOS):

- Los empresarios que utilicen trabajadores extranjeros sin haber obtenido con carácter previo el preceptivo permiso de trabajo, o su renovación, incurriendo en una infracción por cada uno de los trabajadores extranjeros que hayan ocupado.
- Los extranjeros que ejerzan en España cualquier actividad lucrativa, laboral o profesional, por cuenta propia, sin haber obtenido el preceptivo permiso de trabajo, o no haberlo renovado.
- Las de las personas físicas o jurídicas que promuevan, medien o amparen el trabajo de los extranjeros en España sin el preceptivo permiso de trabajo.

Dada la interacción de lo especificado en este punto con la Ley Orgánica 4/2000, de 11 de enero, sobre derechos y libertades de los extranjeros en España y su integración social, merece la pena aclarar determinados aspectos:

1. El art. 54.1.d) de la Ley Orgánica 4/2000, de 11 de enero, tipifica como infracción muy grave la **conducta de contratar a trabajadores extranjeros sin haber obtenido con carácter previo la autorización de residencia y trabajo**, y el art. 37.1 de la LISOS como infracción muy grave que **los empresarios utilicen trabajadores extranjeros sin ha-**

ber obtenido con carácter previo el preceptivo permiso de trabajo, o su renovación. De esta forma se hace necesario, por su similitud, distinguir la tipificación realizada:

- La LOEX, distingue en sus artículos 37 y 38 la autorización de residencia y trabajo por cuenta propia y ajena, de forma que el extranjero que en España quiera trabajar por cuenta propia o ajena deberá obtener una u otra autorización, y la primera tendrá efectos inicialmente limitados al ámbito geográfico no superior al de una Comunidad Autónoma. Lo que sería trasladable al artículo 54.1.d) de la LOEX.
- La mención del art. 37.1 de la LISOS al término «preceptivo» debe interpretarse como lo que es ordenado por un precepto, y por lo tanto deber entenderse, tal y como concreta la **SJS -Zaragoza n.° 95/2018, de 20 de marzo de 2018, ECLI:ES:JSO:2018:1774**, que el permiso preceptivo es el que corresponde a la actividad para la que se obtiene la autorización.

> «El art. 37.1 sanciona la contratación del trabajador extranjero que no dispone del permiso de trabajo correspondiente, que es el permiso de trabajo por cuenta ajena. Si la Ley ha querido distinguir entre autorizaciones para trabajar por cuenta ajena o propia y se contrata a un trabajador con un permiso o autorización no válido (no preceptivo) se incurre en la infracción del art. 37.1 de la LISOS . Existe tipicidad en el comportamiento del empresario que contrató al sr. Higinio cuando contrató para trabajar por cuenta ajena, sin el permiso preceptivo, sin que desaparezca la tipicidad por el hecho de contar con un permiso para trabajar por cuenta propia. En consecuencia, esta argumentación no puede prosperar».

2. La LISOS considera muy grave la conducta de los extranjeros que ejerzan en España cualquier actividad lucrativa, laboral o profesional, por cuenta propia, sin haber obtenido el preceptivo permiso de trabajo, o no haberlo renovado, en su art. 37.2. Esto conecta con los arts. 52. c), 53. b) y 54.1.b) de la LOEX:

   - **Son infracciones leves:** encontrarse trabajando en España sin haber solicitado autorización administrativa para trabajar por cuenta propia, cuando se cuente con permiso de residencia temporal
   - **Son infracciones graves:** encontrarse trabajando en España sin haber obtenido autorización de trabajo o autorización administrativa previa para trabajar, cuando no cuente con autorización de residencia válida.
   - **Son infracciones muy graves:** inducir, promover, favorecer o facilitar con ánimo de lucro, individualmente o formando parte de una organización, la inmigración clandestina de personas en tránsito o con destino al territorio español o su permanencia en el mismo, siempre que el hecho no constituya delito.

CUESTIÓN

En estos casos, ¿cuál sería el procedimiento sancionador, el impuesto por la LISOS o el impuesto por la LOEX?

Según doctrina constitucional, cuando las sanciones se imponen en virtud de dos normas diferentes y la normativa que la impone puede justificarse por contemplar la misma hechos desde la perspectiva de diferentes intereses jurídicamente protegidos no se infringe el principio *non bis in ídem*. No obstante, ***la concurrencia de estas dos leyes ha de terminar en la aplicación de la Ley de Extranjería***, tanto por su carácter de ley orgánica, tanto por haberse integrado el sistema de infracciones y sanciones en materia de trabajo de extranjeros, como por el principio de *lex posterior* y su especialidad. (Miguel Ángel Purcalla Bonilla. «La regulación de los derechos y libertades de los extranjeros en España y su integración social: la reforma de la Ley Orgánica 4/2000, de 11 de enero, a través de la Ley Orgánica 8/2000, de 22 de diciembre», en Tribuna social: Revista de seguridad social y laboral núm. 122 de febrero de 2001).

Para la Inspección de Trabajo (Instrucción 101/2001, dictada por la Dirección General de la Inspección de Trabajo. STSJ de Cantabria, n.º 472/2004, de 18 de junio de 2004, ECLI:ES:TSJCANT:2004:1107), a partir de la entrada en vigor de la Ley Orgánica 8/2000, de 22 de diciembre, de reforma de la Ley Orgánica 4/2000, de 11 de enero, sobre derechos y libertades de los extranjeros en España y su integración social, los inspectores aplicarán los tipos de los arts. 52.c) y 53.b) de la LOEX, cuando se trate de trabajadores por cuenta propia y el art. 54.1.d) del mismo texto legal cuando se trate de empresarios que contraten trabajadores por cuenta ajena sin permiso de trabajo. Es decir, ***desde el 23/01/2001, las infracciones en materia de trabajo de extranjero han de ser sancionadas económicamente no según la LISOS, sino en base la calificación que corresponda según la LOEX.***

Vigilancia laboral en materia de extranjería: tramitación de los expedientes sancionadores

La inspección en materia de trabajo de extranjeros se ejercerá a través de la Inspección de Trabajo y Seguridad Social en desarrollo de las funciones y competencias que tiene atribuidas en su normativa específica [art. 12.1.e) de la Ley 23/2015, de 21 de julio].

A TENER EN CUENTA. En aquellas Comunidades Autónomas a las que se les haya traspasado la competencia ejecutiva en materia de inspección, sin perjuicio de la unidad del sistema y de los acuerdos que puedan alcanzarse entre la Administración General del Estado y la de la Comunidad, la planificación y organización de las labores de inspección corresponderán a la administración autonómica en aquellos supuestos en los que le haya sido traspasada también la competencia en materia de autorizaciones iniciales de trabajo por cuenta propia o ajena de los extranjeros cuya relación laboral se desarrolle en el ámbito de la Comunidad Autónoma (art. 253 del Real Decreto 557/2011, de 20 de abril).

El art. 254 del Real Decreto 557/2011, de 20 de abril, contiene un **procedimiento especial sobre las infracciones y sanciones en el orden social en**

materia de trabajo de extranjeros (siguiendo el Real Decreto 928/1998, de 14 de mayo, la LOITSS, la LISOS y, en fin, la Ley 39/2015, de 1 de octubre):

a) Las infracciones leves tipificadas en los arts. 52.c), d) y e) de la LOEX; graves del artículo 53.1.b) y 53.2.a) de la LOEX; y muy graves del artículo 54.1.d) y f) de la LOEX, serán sancionadas de conformidad con el procedimiento para la imposición de sanciones por infracciones de orden social, y por lo dispuesto en art. 254 del Real Decreto 557/2011, de 20 de abril.

   En los casos de infracción prevista en los arts. 53.1.b) de la LOEX, cuando se trate de trabajadores por cuenta propia, y del artículo 54.1.d) y f) de la LOEX, cuando el empresario infractor sea extranjero, en el acta de infracción se hará constar expresamente que en virtud de lo establecido en el artículo 57.1 de la referida Ley Orgánica el órgano competente para resolver podrá aplicar la expulsión de territorio español en lugar de la sanción de multa.

b) La ordenación de la tramitación de los expedientes sancionadores corresponderá a las Jefaturas de la Inspección de Trabajo y Seguridad Social competentes por razón del territorio o, en el caso de Comunidades Autónomas a las que se les haya traspasado la competencia en materia de inspección, al órgano competente de acuerdo con la normativa autonómica de aplicación.

> **A TENER EN CUENTA.** La iniciación, el contenido de las actas, la notificación y las alegaciones se ajustarán a lo dispuesto en el Reglamento general sobre procedimientos para la imposición de sanciones por infracciones de orden social y para los expedientes liquidatorios de cuotas de la Seguridad Social (Real Decreto 928/1998, de 14 de mayo).

c) Las actas de infracción de extranjeros serán notificadas por las Jefaturas de Inspección de Trabajo y Seguridad Social, o en su caso por los órganos autonómicos competentes, al sujeto o sujetos responsables. En las actas se hará constar que se podrán formular alegaciones contra ellas en el plazo de quince días.

   Si no se formulase escrito de alegaciones: continuará la tramitación del procedimiento hasta dictar la resolución.

   Si se formulasen alegaciones: la Jefatura de la Inspección de Trabajo y Seguridad Social, o en su caso el órgano autonómico, podrá solicitar, a la vista de las mismas, el informe ampliatorio al inspector o subinspector que practicó el acta. Dicho informe se emitirá en el plazo de quince días. El citado informe será preceptivo si en las alegaciones se invocan hechos o circunstancias distintos a los consignados en el acta, insuficiencia del relato fáctico de esta o indefensión por cualquier causa.

d) Instruido el expediente, el Jefe de la Inspección de Trabajo y Seguridad Social, o en su caso el órgano autonómico competente, lo elevará con la **propuesta de resolución** al Delegado o Subdelegado del

Gobierno, o en su caso al órgano autonómico competente para resolver, de conformidad con lo establecido en el art. 55.2 de la LOEX (en la propuesta de resolución se fijarán de forma motivada los hechos probados, su calificación jurídica y la cuantía de la sanción que se propone imponer y, en el caso de que el acta de infracción incluyese la sanción accesoria a que se refiere el art. 55.6 de la LOEX, también se efectuará propuesta de resolución sobre aquella).

e) El órgano competente para resolver, previas las diligencias que estime necesarias, dictará la **resolución en el plazo de diez días** desde la finalización de la tramitación del expediente de conformidad con lo establecido para las resoluciones sancionadoras por el Reglamento regulador del procedimiento para la imposición de sanciones por infracciones de orden social, y para los expedientes liquidatorios de cuotas de la Seguridad Social, aprobado por el Real Decreto 928/1998, de 14 de mayo.

> **A TENER EN CUENTA.** En el caso de que el órgano competente para resolver decida aplicar la sanción de expulsión del territorio español en lugar de la sanción de multa, dictará resolución de expulsión con los requisitos y efectos establecidos en el art. 242 de la LOEX.

f) Contra las resoluciones sancionadoras en relación con este tipo de infracciones podrá seguirse el **régimen común de recursos** previsto en el Real Decreto 557/2011, de 20 de abril.

2.1.8. Infracciones en materia de cooperativas

Las infracciones de las sociedades cooperativas, cuando la legislación autonómica se remita al respecto a la legislación del Estado, cuando no se haya producido la referida legislación autonómica o cuando aquellas desarrollen su actividad cooperativizada en el territorio de varias Comunidades Autónomas, se sujetan a las prescripciones del art. 38 de la LISOS.

Del mismo modo, el art. 2.6 de la LISOS, considera **sujetos responsables** de la infracción en el orden social, a las cooperativas con respecto a sus socios trabajadores y socios de trabajo, conforme a la Ley 27/1999, de 16 de julio, de Cooperativas, cuando incurran en las acciones u omisiones tipificadas como infracción en la citada Ley.

Con el fin de colaborar para el cumplimiento de la Ley de Cooperativas, el Registro de Sociedades Cooperativas solicitará la actuación de la Inspección de Trabajo y Seguridad Social, cuando disponga de antecedentes sobre potenciales incumplimientos de lo dispuesto en la Ley de Cooperativas (art. 44 del Real Decreto 136/2002, de 1 de febrero).

Las infracciones en materia de cooperativas se clasifican en:

1. **Infracciones leves**. Son infracciones leves (art. 38.1 de la LISOS): el incumplimiento de las obligaciones o la vulneración de las prohibi-

ciones impuestas por la Ley de Cooperativas, que no supongan un conflicto entre partes, no interrumpan la actividad social y no puedan ser calificadas de graves o muy graves.

2. **Infracciones graves**. Son infracciones graves (art. 38.2 de la LISOS):
   - No convocar la Asamblea General ordinaria en tiempo y forma.
   - Incumplir la obligación de inscribir los actos que han de acceder obligatoriamente al Registro.
   - No efectuar las dotaciones, en los términos legalmente establecidos, a los fondos obligatorios o destinarlos a finalidades distintas a las previstas.
   - La falta de auditoría de cuentas, cuanto esta resulte obligatoria, legal o estatutariamente.
   - Incumplir, en su caso, la obligación de depositar las cuentas anuales.
   - La transgresión generalizada de los derechos de los socios.
3. **Infracciones muy graves**. Son infracciones muy graves (art. 38.3 de la LISOS):
   - La paralización de la actividad cooperativizada, o la inactividad de los órganos sociales durante dos años.
   - La transgresión de las disposiciones imperativas o prohibitivas de la Ley de Cooperativas, cuando se compruebe connivencia para lucrarse o para obtener ficticiamente subvenciones o bonificaciones fiscales.

2.2. Infracciones y sanciones laborales no codificadas

La LISOS ha dejado fuera algunas disposiciones sancionadoras de rango legal en materias relacionadas con el trabajo.

Pese al esfuerzo para contener la totalidad de infracciones y sanciones en el Orden Social, la LISOS ha dejado fuera algunas disposiciones sancionadoras de rango legal en materias como:

a) Infracciones y sanciones en materia de igualdad de oportunidades, no discriminación y accesibilidad universal de las personas con discapacidad.

b) Infracciones sobre la protección de datos personales de las personas trabajadoras.

c) Incumplimiento de normas tributarias (descuentos y retenciones a practicar en las retribuciones) o relacionadas con la previsión social (seguros) por parte de la empresa.

d) La protección de la seguridad y la salud de los trabajadores en ámbitos sectoriales.

2.2.1. Infracciones en materia de igualdad de oportunidades, no discriminación y accesibilidad de las personas con discapacidad

Los poderes públicos adoptarán medidas de acción positiva en beneficio de aquellas personas con discapacidad susceptibles de ser objeto de un mayor grado de discriminación, incluida la discriminación múltiple, o de un menor grado de igualdad de oportunidades, como son las mujeres, los niños y niñas, quienes precisan de mayor apoyo para el ejercicio de su autonomía o para la toma libre de decisiones y las que padecen una más acusada exclusión social, así como las personas con discapacidad que viven habitualmente en el medio rural.

El Texto Refundido de la Ley General de derechos de las personas con discapacidad y de su inclusión social establece la obligación de empresas públicas y privadas que empleen a un número de 50 o más trabajadores a reservar, al menos, el 2 por 100 de los puestos para personas trabajadoras con discapacidad (art. 42 del Real Decreto Legislativo 1/2013, de 29 de noviembre).

Fuera de la LISOS, el RD regulador instaura una serie **de infracciones y sanciones en materia de igualdad de oportunidades, no discriminación y accesibilidad universal de las personas con discapacidad**, considerando infracciones administrativas las acciones y omisiones que ocasionen vulneraciones del derecho a la igualdad de oportunidades, no discriminación y accesibilidad universal en los ámbitos a los que se refiere el art. 5 del Real Decreto Legislativo 1/2013, de 29 de noviembre, cuando se produzcan discriminaciones directas o indirectas, acosos, incumplimiento de las exigencias de accesibilidad y de realizar ajustes razonables, así como el incumplimiento de las medidas de acción positiva.

Las infracciones en esta materia se clasificarán en leves, graves o muy graves existiendo **normas específicas de aplicación por la Administración General del Estado y sujetas a legislación autonómica**.

1. **Infracciones leves**. Son infracciones leves (arts. 81 y 95 del Real Decreto Legislativo 1/2013, de 29 de noviembre):
   - Las conductas que incurran en cualquier incumplimiento que afecte a obligaciones meramente formales de lo establecido normativamente.
   - El incumplimiento de los deberes y obligaciones dispuestos en la sección 1.ª del capítulo V del Título I, y en el Título II de la norma de referencia, así como en sus normas de desarrollo, siempre que no tenga el carácter de infracción grave o muy grave.
   - El incumplimiento de las disposiciones que impongan la obligación de adoptar normas internas en las empresas, centros de trabajo u oficinas públicas, orientadas a promover y estimular la eliminación de desventajas o situaciones generales de discriminación a las personas con discapacidad, siempre que no constituyan infracciones graves o muy graves.
   - Obstaculizar la acción de los servicios de inspección.

2. **Infracciones graves**. Son infracciones graves (arts. 81 y 95 del Real Decreto Legislativo 1/2013, de 29 de noviembre):

- Los actos discriminatorios u omisiones que supongan directa o indirectamente un trato menos favorable a la persona con discapacidad en relación con otra persona que se encuentre en situación análoga o comparable.
- El incumplimiento de las exigencias de accesibilidad, así como la negativa a adoptar las medidas de ajuste razonable, a que se refiere el artículo 66 así como en sus normas de desarrollo.
- El incumplimiento de un requerimiento administrativo específico que formulen los órganos competentes para el ejercicio de las competencias necesarias para dar cumplimiento a las previsiones legales.
- Cualquier forma de presión ejercida sobre la persona con discapacidad o sobre otras personas físicas o jurídicas, que hayan entablado o pretendan entablar cualquier clase de acción legal.
- Los actos discriminatorios u omisiones que supongan directa o indirectamente un trato menos favorable a la persona con discapacidad en relación con otra persona que se encuentre en situación análoga o comparable.
- La imposición abusiva de cualquier forma de renuncia total o parcial a los derechos de las personas por motivo de o por razón de su discapacidad, basada en una posición de ventaja.
- El incumplimiento de los requerimientos específicos que formulen las autoridades.
- La obstrucción o negativa a facilitar la información solicitada por las autoridades competentes o sus agentes, que sea legalmente exigible, en orden al cumplimiento de las funciones de información, vigilancia, investigación, inspección, tramitación y ejecución.
- El incumplimiento por parte de las personas obligadas de las normas sobre accesibilidad de los entornos, instrumentos, equipos y tecnologías, medios de transporte, medios de comunicación y de los productos y servicios a disposición del público, así como los apoyos y medios asistenciales específicos para cada persona, que obstaculice o limite su acceso o utilización regulares por las personas con discapacidad.
- La negativa por parte de las personas obligadas a adoptar un ajuste razonable.
- El incumplimiento por parte de las personas obligadas de las previsiones efectuadas en la disposición adicional tercera, en lo referente a la elaboración de los planes especiales de actuación para la implantación de las exigencias de accesibilidad y la no discriminación en el ámbito de que se trate.

- La coacción, amenaza, represalia ejercida sobre la persona con discapacidad o sobre otras personas físicas o jurídicas, que hayan entablado o pretendan entablar cualquier clase de acción legal, reclamación, denuncia o participen en procedimientos ya iniciados para exigir el cumplimiento del principio de igualdad de oportunidades, así como la tentativa de ejercitar tales actos.
- Tendrá también la consideración de infracción grave la comisión, en el plazo de tres meses y por tres veces, de la misma infracción leve.

3. **Infracciones muy graves**. Son infracciones muy graves (arts. 81 y 95 del Real Decreto Legislativo 1/2013, de 29 de noviembre):
   - Toda conducta de acoso relacionada con la discapacidad en los términos del art. 66 del el Real Decreto Legislativo 1/2013, de 29 de noviembre y en sus normas de desarrollo.
   - El incumplimiento reiterado de los requerimientos administrativos específicos que formulen los órganos competentes para el ejercicio de las competencias necesarias para dar cumplimiento a las previsiones de esta ley, y en sus normas de desarrollo.
   - Cualquier forma de presión ejercida sobre las autoridades en el ejercicio de las potestades administrativas que se ejerzan para la ejecución de las medidas previstas en esta ley, y en sus normas de desarrollo.
   - Las vejaciones que padezcan las personas en sus derechos fundamentales por motivo de o por razón de su discapacidad.
   - Las acciones que deliberadamente generen un grave perjuicio económico o profesional para las personas con discapacidad.
   - Conculcar deliberadamente la dignidad de las personas con discapacidad imponiendo condiciones o cargas humillantes para el acceso a los bienes, productos y servicios a disposición del público.
   - Generar deliberadamente situaciones de riesgo o grave daño para la integridad física o psíquica o la salud de las personas con discapacidad.
   - Las conductas calificadas como graves cuando sus autores hayan actuado movidos, además, por odio o desprecio racial o étnico, de género, orientación sexual, edad, discapacidad severa o no posibilidad de representarse a sí mismo.
   - El incumplimiento por parte de las personas obligadas de las normas legales sobre accesibilidad en la planificación, diseño y urbanización de los entornos, productos y servicios a disposición del público que impida el libre acceso y utilización regulares por las personas con discapacidad.
   - El incumplimiento por parte de las personas obligadas de las normas legales sobre accesibilidad que impida o dificulte gravemente el ejercicio de derechos fundamentales y el disfrute de libertades públicas por parte de las personas con discapacidad.

- Tendrá también la consideración de infracción muy grave, la comisión de tres infracciones graves en el plazo de un año; así como las que reciban expresamente dicha calificación en las disposiciones normativas especiales aplicables en cada caso.

En paralelo, la **LISOS**, sanciona conductas empresariales contrarias a los derechos de los trabajadores discapacitados en el orden social:

- El incumplimiento en materia de integración laboral de personas con discapacidad de la obligación legal de reserva de puestos de trabajo para personas con discapacidad, o de la aplicación de sus medidas alternativas de carácter excepcional (art. 15.3 de la LISOS: infracción grave en materia de empleo).
- Las decisiones unilaterales de la empresa que impliquen discriminaciones directas o indirectas desfavorables por razón de edad o discapacidad o favorables o adversas en materia de retribuciones, jornadas, formación, promoción y demás condiciones de trabajo, por circunstancias de sexo, origen, incluido el racial o étnico, estado civil, condición social, religión o convicciones, ideas políticas, orientación sexual, adhesión o no a sindicatos y a sus acuerdos, vínculos de parentesco con otros trabajadores en la empresa o lengua dentro del Estado español, así como las decisiones del empresario que supongan un trato desfavorable de los trabajadores como reacción ante una reclamación efectuada en la empresa o ante una acción administrativa o judicial destinada a exigir el cumplimiento del principio de igualdad de trato y no discriminación (art. 8.12 de la LISOS: infracción muy grave en materia de relaciones laborales individuales y colectivas).
- Las decisiones adoptadas en aplicación de la Ley sobre implicación de los trabajadores en las sociedades anónimas y cooperativas europeas, que contengan o supongan cualquier tipo de discriminaciones directas o indirectas desfavorables por razón de discapacidad [art. 10.bis.2.d) de la LISOS].
- Solicitar datos de carácter personal en los procesos de selección o establecer condiciones, mediante la publicidad, difusión o por cualquier otro medio, que constituyan discriminaciones para el acceso al empleo por motivos de sexo, origen, incluido el racial o étnico, edad, estado civil, discapacidad, religión o convicciones, opinión política, orientación sexual, afiliación sindical, condición social y lengua dentro del Estado (art. 16.2 de la LISOS).
- El acoso por razón de discapacidad (art. 8.13 bis de la LISOS).

CUESTIÓN

Existiendo tipificaciones sancionables distintas, por parte de la LISOS y el Real Decreto Legislativo 1/2013, de 29 de noviembre, incluso a nivel de la Comunidades Autónomas, ¿a qué orden sancionador pertenece el incumplimiento social del empresario en estos casos?

Atendiendo a razones de especialidad o especificidad laboral debemos seguir la LISOS. En este mismo sentido se pronuncia la D.A. 7.ª del Real Decreto Legislativo 1/2013, cuando afirma: «Las infracciones y sanciones en el orden social en materia de igualdad de oportunidades, no discriminación y accesibilidad universal de las personas con discapacidad seguirán rigiéndose por el Texto Refundido de la Ley de Infracciones y Sanciones en el Orden Social, aprobado por el Real Decreto Legislativo 5/2000, de 4 de agosto». Aplicando las tipificaciones del RD Leg. 1/2013 en supuestos en los que existan conductas no fijadas por el Texto Refundido de Infracciones y Sanciones del Orden Social, como por ej. el incumplimiento de las exigencias de accesibilidad y la negativa a adoptar medidas de ajuste razonable para adaptar el entorno laboral al trabajador discapacitado [arts. 81.3.b), 95.2.a), 95.3.e), 95.3.f), 95.3.g), 95.4.f) y 95.4.g) del Real Decreto Legislativo 1/2013].

2.2.2. Infracciones sobre la protección de datos personales de las personas trabajadoras

Las personas trabajadoras por cuenta ajena poseen una serie de derechos o intereses específicos sobre sus datos personales recogidos tanto por el RGPD, como por la reciente LOPDGDD, y que van desde el momento anterior a la contratación (gestión de datos personales en el área de los recursos humanos) a derechos específicos durante la relación laboral (protección de datos sanitarios derivados de la prevención de los riesgos laborales, respeto a la intimidad y propia imagen, la desconexión digital, canales de denuncias internas o *whistleblowing*, en las relaciones con la representación legal de las personas trabajadoras, etc.).

En este contexto, la **LOPDGDD** es mucho más precisa y clara con respecto al régimen sancionador que la LISOS, toda vez que la Ley sobre Infracciones y Sanciones en el Orden Social solo contiene dos infracciones en las que encajar las conductas empresariales contrarias a las exigencias de intimidad y adecuado tratamiento de datos personales de las personas trabajadores:

a) Los actos del empresario que fueren contrarios al respeto de la intimidad y consideración debida a la dignidad de los trabajadores (art. 8.11 de la LISOS, infracción muy grave en materia de relaciones laborales individuales y colectivas).

b) Incumplir el deber de confidencialidad en el uso de los datos relativos a la vigilancia de la salud de los trabajadores, en los términos previstos en el art. 22.4 de la Ley de Prevención de Riesgos Laborales (art. 13.5 de la LISOS, infracción muy grave en materia de prevención de riesgos laborales).

Téngase en cuenta que la empresa, en este caso, será sancionada en virtud de su condición de responsable de los tratamientos de datos, dividiéndose las infracciones en: muy graves (art. 72 de la LOPDGDD), graves (art. 73 de la LOPDGDD) y leves (art. 74 de la LOPDGDD) que prescribirán a los 3, 2 y 1 años respectivamente, si bien la iniciación del procedimiento sancionador, con conocimiento del interesado, interrumpirá la prescripción, reiniciándose el plazo de prescripción si el expediente sancionador estuviere paralizado durante más de seis meses por causas no imputables al presunto infractor. A modo de resumen:

- Las **infracciones muy graves** son aquellas que suponen una vulneración sustancial del tratamiento, en función de lo establecido en el art.

83.5 del RGPD, y que tienen que ver con el uso de los datos para una finalidad diferente de la indicada, la omisión del deber de informar al interesado, la exigencia de un pago para poder acceder a los datos propios almacenados, la realización de transferencias internacionales sin garantía, o por ejemplo, entre muchas otras conductas, la vulneración del deber de confidencialidad del artículo 5 de la LOPDGDD.

- Las **infracciones graves** son aquellas que supongan una vulneración sustancial del tratamiento, en función de lo establecido en el art. 83.4 del RGPD, y que tengan que ver con datos de un menores recabados sin consentimiento, falta de adopción de medidas técnicas y organizativas necesarias para la efectiva protección de datos o, por ejemplo, entre muchas otras, la contratación por el responsable del tratamiento de un encargado de tratamiento que no ofrezca las garantías suficientes para aplicar las medidas técnicas y organizativas apropiadas.
- Las **infracciones leves** son aquellas de carácter meramente formal, es decir, el resto de infracciones que no estén contempladas en las dos anteriores, y entre ellas podemos encontrar supuestos tales como la no transparencia de la información o el derecho de información del afectado por no facilitar toda la información exigida por el RGPD, la exigencia del pago de un canon para facilitar al afectado la información obligatoria, disponer de un registro de actividades incompleto o, por ejemplo, entre muchas otras, no publicar los datos de contacto del Delegado de protección de datos cuando su nombramiento sea exigible.

Asimismo, en cuanto a las sanciones, se establecen plazos de prescripción en base al importe de la misma. Dichos plazos comenzarán a contarse desde el día siguiente a aquel en que sea ejecutable la resolución por la que se impone la sanción o haya transcurrido el plazo para recurrirla. La prescripción se interrumpirá por la iniciación, con conocimiento del interesado, del procedimiento de ejecución, volviendo a transcurrir el plazo si el mismo está paralizado durante más de seis meses por causa no imputable al infractor.

Dada la gran cantidad de infracciones tipificadas en la LOPDGDD a las que no encontrando acomodo en la LISOS, estas serán objeto de sanción a través de la normativa para la protección de datos personales.

SENTENCIA RELEVANTE

STSJ de Madrid n.º 893/2022, 5 de octubre de 2022, ECLI:ES:TSJM:2022:11427

La entrega de una carta de sanción a la RLT de la empresa principal (en caso de contratas y subcontratas) no implica «(...) una transmisión de informaciones sensibles relativas a ámbitos privados, íntimos o extralaborales, sino solamente a cuestiones organizativas del servicio contratado, la ponderación proporcionada de los intereses y derechos en juego lleva a la Sala a concluir que no se puede primar el derecho de la trabajadora individual sobre el derecho de acción colectiva de los trabajadores en un ámbito que afecta desde luego a los intereses globales de los mismos, como es la forma de ejercer por la empresa su potestad disciplinaria, razón por la cual incluso es obligado para la misma informar de las sanciones impuestas en determinados casos (artículo 64.4.c del Estatuto de los Trabajadores), sin que la norma legal que obliga a proporcionar determinadas informaciones a la representación colectiva de los trabajadores defina el alcance máximo de la información posible, sino solamente el mínimo legalmente obligatorio».

CUESTIÓN

¿Existe alguna exigencia en la recogida de datos personales de los candidatos en los procesos de selección de personal?

Existe una obligación empresarial de informar adecuadamente a los titulares de los datos personales del tratamiento que se realizará con los datos de su CV.

siempre que recibamos un currículum debemos pedir el consentimiento al candidato para poder tratar los datos personales incluidos en el mismo. Ese consentimiento debe otorgarse por escrito y de manera expresa, recayendo la carga probatoria sobre el receptor (en este caso la empresa).

Lo contrario supondría una infracción del art. 13 del RGPD (ej.: Resolución de la AEPD n.º PS/00237/2021).

En relación al derecho a **desconexión digital**, la LOPDGDD no ofrece elemento alguno que permita concretar las medidas en las que se traduce este nuevo derecho y tampoco establece las consecuencias de su incumplimiento. De esta forma, recae en las organizaciones la obligación de establecer políticas internas de desconexión, informando previamente sobre su contenido a los representantes legales de los Trabajadores, si los hay. Así, la ley únicamente exige que las políticas emitidas por las empresas se dirijan a trabajadores ordinarios y directivos, definiendo las modalidades de desconexión, así como las acciones de formación y sensibilización en materia de desconexión digital. (Helena Monzón Pérez. «Una desconexión digital descafeinada». *Diario «Cinco Días»*. 7 de diciembre de 2018).

En el **ámbito sancionador**, encontraríamos dos supuestos relacionados con la **desconexión digital**:

a) **Sanciones a las empresas por incumplimiento de las condiciones de trabajo y las obligaciones legales en materia de descanso de los trabajadores** basadas en los arts. 7.10 LISOS («Establecer condiciones de trabajo inferiores a las establecidas legalmente o por convenio colectivo, así como los actos u omisiones que fueren contrarios a los derechos de los trabajadores reconocidos en el artículo 4 de la Ley del Estatuto de los Trabajadores, salvo que proceda su calificación como muy graves, de acuerdo con el artículo siguiente») o art. 7.5 del LISOS («La transgresión de las normas y los límites legales o pactados en materia de jornada, trabajo nocturno, horas extraordinarias, horas complementarias, descansos, vacaciones, permisos, registro de jornada y, en general, el tiempo de trabajo a que se refieren los artículos 12, 23 y 34 a 38 del Estatuto de los Trabajadores»).

b) La **inexistencia de un protocolo para desconexión digital** de los trabajadores, a falta de incardinación en algún hecho sancionable, podría sancionarse en materia de **prevención de riesgos laborales** si existe conexión entre esta falta de ese protocolo en la empresa y una concreción en algún trabajador de este riesgo psicosocial como podría ser Burnout, tecnoestrés (Adrián Todolí. *El Derecho a la Desconexión Digital aprobada por la LOPDGDD y la Prevención de riesgos laborales*. 17 de enero de 2019).

En el **ámbito disciplinario**, en relación a un posible derecho de las personas trabajadoras a la desconexión fuera de horario laboral, surgen dudas en relación con una posible **nulidad o improcedencia del despido** efectuado por el ejercicio del mismo. A pesar de que la norma no clarifica la consideración del nuevo derecho como fundamental, y a falta de mejor criterio doctrinal, podemos considerar, que con base al art. 18.4 de la CE («La ley limitará el uso de la informática para garantizar el honor y la intimidad personal y familiar de los ciudadanos y el pleno ejercicio de sus derechos») es un derecho fundamental integrado en el derecho a la salud.

Una eventual sanción por el ejercicio del derecho, por consiguiente, también sería nula, habilitando a la persona trabajadora para denunciar ante la Inspección de Trabajo, quedando a potestad del Inspector sancionar administrativamente a la empresa por vulneración del derecho analizado.

2.2.3. Incumplimiento de normas tributarias o relacionadas con los seguros por parte de la empresa

Otro tipo de infracciones no reguladas en la LISOS, pero en las que puede incurrir la empresa en su condición de empleadora, estarían configuradas por las **previsiones legales que producen un efecto de protección o reforzamiento de determinados derechos e intereses económicos de las personas trabajadoras**, y que, a pesar de poder otorgarles una dimensión laboral, derivan del incumplimiento de **normas tributarias o relacionadas con los seguros**.

Incumplimiento de normas tributarias relacionadas con los descuentos y retenciones a practicar en las retribuciones

Otro tipo de infracciones no reguladas en la LISOS, pero en las que puede incurrir la empresa en su condición de empleadora, estarían configuradas por las **previsiones legales que producen un efecto de protección o reforzamiento de determinados derechos e intereses económicos de las personas trabajadoras**, y que, a pesar de poder otorgarles una dimensión laboral, derivan del incumplimiento de **normas tributarias o relacionadas con los seguros**.

Infracciones sobre descuentos y retenciones a practicar en las retribuciones a las personas trabajadores

Para el art. 181 de la Ley 58/2003, de 17 de diciembre, General Tributaria (LGT), son sujetos infractores las personas físicas o jurídicas y las entidades mencionadas en el art. 35.4 de la LGT que realicen las acciones u omisiones tipificadas como infracciones en las leyes. Entre otros, concreta el art. 181.1

b) de la LGT, serán sujetos infractores los «retenedores y los obligados a practicar ingresos a cuenta», es decir, la persona empleadora.

Dado que la única referencia de la LISOS a infracciones como las que se desarrollarán la «podríamos» encontrar asociada a las infracciones en materia de relaciones laborales individuales y colectivas graves, en el art. 7.1 «Establecer condiciones de trabajo inferiores a las establecidas legalmente o por convenio colectivo, así como los actos u omisiones que fueren contrarios a los derechos de los trabajadores reconocidos en el artículo 4 de la Ley del Estatuto de los Trabajadores, salvo que proceda su calificación como muy graves, de acuerdo con el artículo siguiente», **en estos casos se recurrirá a Ley General Tributaria para la sanción de incumplimientos**.

La LGT dedica el Capítulo III del Título IV a la tipificación y calificación de las infracciones tributarias y a la cuantificación de las correspondientes sanciones, en la que no se distingue explícitamente entre infracciones que causan y que no causan perjuicio económico. Dentro de este segundo tipo —**infracciones que no causan perjuicio económico**—, destacamos:

Infracción tributaria por dejar de ingresar la deuda tributaria que debiera resultar de una autoliquidación

Es obligado a practicar ingresos a cuenta la persona o entidad que satisface rentas en especie o dinerarias y a quien la ley impone la obligación de realizar ingresos a cuenta de cualquier tributo (art. 37 de la LGT).

Se considera una infracción tributaria dejar de ingresar dentro del plazo establecido (art. 191 de la LGT) en la normativa de cada tributo la totalidad o parte de la deuda tributaria que debiera resultar de la correcta autoliquidación de este, excepto:

- Que la regularice mediante una autoliquidación extemporánea, sin previo requerimiento.
- Que se presente autoliquidación en plazo sin efectuar el ingreso, caso en que procede iniciar el periodo ejecutivo, art. 161.1 de la LGT.

La infracción tributaria se calificará en **leve**, grave o muy grave atendiendo a los siguientes parámetros:

1. Estaremos ante una infracción leve cuando no se den ninguna situación de las mencionadas en los puntos anteriores. En particular:
   - Base de la sanción inferior o igual a 3.000 €, exista o no ocultación.
   - Base de sanción superior a 3.000 €, sin ocultación.
   - Cuando la deuda ha sido incluida o regularizada por el propio obligado tributario en una autoliquidación presentada con posterioridad, sin mediar requerimiento.
2. La infracción será **muy grave** cuando:
   - Se han utilizado medios fraudulentos.
   - Se refiere a cantidades retenidas, o que se hubieran debido retener, o a ingresos a cuenta, siempre que las retenciones efectivamente

practicadas y no ingresadas, y los ingresos a cuenta repercutidos y no ingresados, representen un porcentaje superior al 50 % del importe de la base de la sanción.

3. Tendremos una infracción **grave** cuando no se den ninguna de los puntos anteriores y se den:
   - La base de la sanción es superior a **3.000 €** y se observa ocultación.
   - Cantidades **retenidas** o, que se debieran retener, o a ingresos a cuenta, si las retenciones efectivamente practicadas y no ingresadas, y los ingresos a cuenta, si las retenciones efectivamente practicadas y no ingresadas y los ingresos a cuenta repercutidos y no ingresados, representan un porcentaje inferior o igual al 50 % del importe de la base de la sanción, sin que podamos decir que sea grave.
   - Utilización de **facturas**, justificantes o documentos falsos o falseados (sin que la incidencia de dichos documentos falsos represente un porcentaje superior al 10 % de la base de la sanción).
   - Cuando la incidencia de la llevanza incorrecta de los **libros o registros** represente un porcentaje superior al 10 % y no superior al 50 % de la base de la sanción. En caso de representar más del 50 %, la infracción sería muy grave.

Infracción tributaria por resistencia, obstrucción, excusa o negativa a las actuaciones de la administración tributaria

Se entiende producida esta circunstancia cuando el sujeto infractor, debidamente notificado al efecto, haya realizado actuaciones tendentes a dilatar, entorpecer o impedir las actuaciones de la Administración tributaria en relación con el cumplimiento de sus obligaciones. Entre otras, se engloban en este tipo infractor las siguientes conductas (art. 203 de la LGT):

- No facilitar el examen de documentos, informes, antecedentes, libros, registros, ficheros, facturas, justificantes y asientos de contabilidad principal o auxiliar, programas y archivos informáticos, sistemas operativos y de control y cualquier otro dato con trascendencia tributaria.
- No atender algún requerimiento debidamente notificado.
- La incomparecencia, salvo causa justificada, en el lugar y tiempo que se hubiera señalado.
- Negar o impedir indebidamente la entrada o permanencia en fincas o locales a los funcionarios de la Administración tributaria o el reconocimiento de locales, máquinas, instalaciones y explotaciones relacionados con las obligaciones tributarias.
- Las coacciones a los funcionarios de la administración tributaria.
- El quebrantamiento de las medidas cautelares.

La infracción prevista será grave y la sanción consistirá en multa pecuniaria fija de 150 euros salvo que sea de aplicación lo dispuesto en los apartados 4-8 del art. 203 de la LGT, donde se contemplan multas que van desde los citados 150 euros a los 3.000, 15.000, 20.000 o (en grado máximo) 600.000 euros.

Infracción tributaria por incumplir el deber de sigilo exigido a los retenedores y a los obligados a realizar ingresos a cuenta

Constituye infracción tributaria el incumplimiento del deber de sigilo que es exigible a retenedores y obligados a realizar ingresos a cuenta.

El tipo infractor del artículo 204 de la LGT consiste en el incumplimiento del deber de sigilo que el art. 95 de la LGT exige a retenedores y obligados a realizar ingresos a cuenta. Dicha sanción será considerada grave.

- La sanción consistirá en multa pecuniaria fija de 300 euros por cada dato o conjunto de datos referidos a una misma persona o entidad que hubiera sido comunicado indebidamente.
- La sanción se graduará incrementando la cuantía anterior en el 100 por ciento si existe comisión repetida de la infracción.

La infracción contemplada en este artículo de la LGT es consecuencia del deber de sigilo. Dicho deber establece que los retenedores y obligados a realizar ingresos a cuenta solo podrán utilizar los datos, informes o antecedentes relativos a otros obligados tributarios para el correcto cumplimiento y efectiva aplicación de la obligación de realizar pagos a cuenta. Dichos datos deberán ser comunicados a la Administración tributaria en los casos previstos en la normativa propia de cada tributo. Los referidos datos, informes o antecedentes tienen carácter reservado y los retenedores y obligados a realizar ingresos a cuenta quedan sujetos al más estricto y completo sigilo respecto de ellos.

Infracción por incumplir la obligación de entregar el certificado de retenciones o ingresos a cuenta

Constituye infracción tributaria el incumplimiento de la obligación de entregar el certificado de retenciones o ingresos a cuenta practicados a los obligados tributarios perceptores de las rentas sujetas a retención o ingreso a cuenta.

El tipo infractor del artículo 206 de la LGT consiste en el incumplimiento de la obligación de entregar el certificado de retenciones o ingresos a cuenta practicados a los obligados tributarios perceptores de las rentas sujetas a retención o ingreso a cuenta.

La infracción prevista en este artículo será leve y se sancionará con multa pecuniaria fija de 150 euros.

El artículo 19 del RGRST establece que se entenderá cometida la infracción cuando los obligados tributarios que deban retener o ingresar a cuenta no pongan a disposición de los perceptores de las rentas sujetas a retención o ingreso a cuenta, antes de los plazos de presentación de las declaraciones, autoliquidaciones, comunicaciones de datos o solicitudes de devolución del tributo al que se refiera dicha retención o ingreso a cuenta, el certificado que deben expedir en favor de dichos perceptores, en los términos previstos en la normativa reguladora del tributo.

Infracciones por parte de la empresa de normas reguladoras de seguros

La LISOS se despreocupa de la regulación específica de lo concerniente al aseguramiento privado o voluntario de derechos de las personas trabajadoras. Pudiendo encontrar, como únicas referencias:

- Las infracciones previstas a propósito de la actuación de sujetos privados como son las de las Mutuas de Accidentes de Trabajo y Enfermedades Profesionales de la Seguridad Social (arts. 27-29 de la LISOS).
- Las infracciones relativas a la colaboración voluntaria en la gestión de la Seguridad Social (arts. 30-32 de la LISOS).
- Dentro de las infracciones en materia de relaciones laborales como infracción muy grave: «el incumplimiento por la empresa de la obligación de **instrumentar los compromisos por pensiones** con el personal de la empresa en los términos establecidos en la normativa reguladora de los planes y fondos de pensiones» (art. 8.16 de la LISOS). (STSJ de Galicia, rec. 4163/2019, de 29 de mayo de 2020, ECLI:ES:TSJGAL:2020:2398 y STSJ de Cataluña n.º 6145/2008, de 18 de julio de 2008, ECLI:ES:TSJCAT:2008:8114).

Ante el casi vacío normativo de la LISOS, y teniendo presente el posible perjuicio económico que incumplimientos relacionados con los seguros pudieran causar a las personas trabajadoras, así como la consideración de sujetos responsables de incumplimientos sobre prestaciones del seguro a nombre de la persona trabajadora (empresa, aseguradores, mediadores, agentes, etc.), habrá de seguirse la **regulación** fijada por:

- Real Decreto-ley 3/2020, de 4 de febrero, de medidas urgentes por el que se incorporan al ordenamiento jurídico español diversas directivas de la Unión Europea en el ámbito de la contratación pública en determinados sectores; de seguros privados; de planes y fondos de pensiones; del ámbito tributario y de litigios fiscales (arts. 191-202).
- Ley 20/2015, de 14 de julio, de ordenación, supervisión y solvencia de las entidades aseguradoras y reaseguradoras. (arts. 190-213).
- Real Decreto Legislativo 1/2002, de 29 de noviembre, por el que se aprueba el texto refundido de la Ley de Regulación de los Planes y Fondos de Pensiones (arts. 35-36).

Al amparo de la normativa citada, tendrán la consideración de infracciones graves, entre otras (art. 35 del Real Decreto Legislativo 1/2002, de 29 de noviembre):

- El ejercicio meramente ocasional o aislado por las entidades gestoras de actividades ajenas a su objeto exclusivo legalmente determinado.
- La ausencia de comunicación, cuando esta sea preceptiva, de la formalización, modificación y traslado a otro fondo de pensiones de los planes de pensiones, de la composición y cambios en los órganos de administración de las entidades gestoras y en las comisiones de control y de la designación de actuarios para la revisión de las bases y cálculos actuariales.

- El defecto en el margen de solvencia en cuantía inferior al 5 por ciento del importe exigible.
- En los casos en que la situación descrita en este párrafo se derive de una revisión actuarial, solo se considerará como infracción el incumplimiento del plan de financiación que se establezca, o la falta de formulación del mismo en el plazo que se establezca.
- El defecto en el cálculo o la insuficiencia de las inversiones para la cobertura de los fondos de capitalización, provisiones matemáticas y otras provisiones técnicas exigibles en cuantía superior al 5 por ciento, pero inferior al 10 por ciento.
- En los casos en que la insuficiencia de las inversiones se derive de una pérdida imprevisible de aptitud de las inversiones sobrevenida después de su realización o bien se derive de una revisión actuarial, solo se entenderá como infracción el incumplimiento del plan de financiación o saneamiento que se establezca, o la falta de formulación de este en el plazo que se establezca.
- El incumplimiento de las normas vigentes sobre contabilización de operaciones, formulación de balances y cuenta de pérdidas y ganancias, siempre que no constituya infracción muy grave, así como las relativas a la elaboración de los estados financieros de obligada comunicación a la Dirección General de Seguros y Fondos de Pensiones.
- El incumplimiento meramente ocasional o aislado de las especificaciones y bases técnicas de los planes de pensiones o de las normas de funcionamiento de los fondos de pensiones, así como la aplicación incorrecta de las especificaciones y bases técnicas de los planes de pensiones en perjuicio de los partícipes o beneficiarios.
- El incumplimiento meramente ocasional o aislado de los acuerdos o resoluciones emanados de la Dirección General de Seguros y Fondos de Pensiones.
- La falta de remisión a la Dirección General de Seguros y Fondos de Pensiones de cuantos datos o documentos deban serle suministrados ya mediante su presentación periódica, ya mediante la atención de requerimientos individualizados que les dirija la citada Dirección General en el ejercicio de sus funciones, así como la falta de veracidad en los mismos, salvo que ello suponga la comisión de una infracción muy grave.

JURISPRUDENCIA

STS, rec. 9/2003, de 20 de abril de 2006, ECLI:ES:TS:2006:2943

Analizando el régimen complementario de pensión: «En los supuestos de que el vínculo laboral se mantenga vigente con la empresa, esto será consecuencia obligada de su subsistencia. En los casos de que ese vínculo se haya extinguido, la permanencia de los compromisos dependerá, como anteriormente se ha razonado, de lo que se haya estipulado en el pacto de otorgamiento, trátese o no de empresa financiera».

2.2.4. Infracciones en materia de seguridad y la salud de las personas trabajadoras en ámbitos sectoriales

Diversa normativa sectorial establece condiciones específicas para la **protección de la seguridad y la salud de las personas trabajadoras** en cuyo ámbito prestan servicios, y, como es lógico, sin perjuicio de las eventuales responsabilidades civiles, penales o de otro orden y de la responsabilidad material que resulte de la comisión de hechos sancionables, el titular de la instalación o responsable de la actividad se considerará responsable en atención a sus deberes de vigilancia y control sobre la actividad.

Algunos sectores con regulación propia de sanciones administrativas con incidencia en el ámbito laboral son:

Incumplimiento o inobservancia de lo dispuesto en la Ley 25/1964, de 29 de abril, sobre energía nuclear

Son infracciones administrativas las acciones u omisiones que supongan incumplimiento o inobservancia de lo dispuesto en la Ley 15/1980, de 22 de abril, de creación del Consejo de Seguridad Nuclear y en sus disposiciones de desarrollo, así como en tratados y convenios suscritos y ratificados por España (art. 86 de la Ley 25/1964, de 29 de abril). Se clasifican en:

1. **Son infracciones leves**:
   - La realización de acciones u omisiones tipificadas en el epígrafe a) de este artículo, con la excepción de las recogidas en los números 2, 9, 15, 16, 19 y 21 siempre que no se derive peligro para la seguridad o salud de las personas, o daño a las cosas o al medio ambiente, o se consideren de escasa trascendencia.
   - No adoptar las medidas necesarias para la disposición segura de materiales radiactivos encontrados en situaciones fuera de control, sea porque nunca lo han estado o porque han sido abandonados, perdidos, extraviados, robados o transferidos en condiciones irregulares, en los casos en que no se derive peligro para la seguridad o salud de las personas, o daño a las cosas o al medio ambiente, o este sea de escasa trascendencia.
   - El incumplimiento de las obligaciones relativas a generación, archivo y custodia de los registros requeridos para el desarrollo de la actividad o para el control de materiales radiactivos, cuando la información afectada sea recuperada.
   - No suministrar a los trabajadores la formación o información requeridas para que desarrollen su actividad cumpliendo las normas y procedimientos establecidos sobre seguridad nuclear, protección contra las radiaciones ionizantes, protección física o actuación en caso de emergencia, cuando no se derive peligro para la seguridad o salud de las personas, o daño a las cosas o al medio ambiente, o este sea de escasa trascendencia.

- El incumplimiento meramente formal de las obligaciones en materia de no proliferación nuclear, siempre que ello no dificulte el cumplimiento de las obligaciones en materia de no proliferación nuclear derivadas de los acuerdos internacionales celebrados por España, así como la pérdida de control de material básico.

2. Son **infracciones graves**:
   - La realización de acciones u omisiones tipificadas como infracciones muy graves [art. 86.a) del Ley 25/1964, de 29 de abril], con la excepción de las recogidas en los números 2, 9, 15, 16, 19 y 21, siempre que no se derive peligro grave para la seguridad o salud de las personas ni daño grave a las cosas o al medio ambiente, y que la conducta no esté tipificada como infracción leve.
   - No adoptar las medidas necesarias para la disposición segura de materiales radiactivos encontrados en situaciones fuera de control, sea porque nunca lo han estado o porque han sido abandonados, perdidos, extraviados, robados o transferidos en condiciones irregulares, salvo los casos en que se derive peligro de escasa trascendencia para las personas, o daño a las cosas o al medio ambiente.
   - El incumplimiento de las obligaciones relativas a generación, archivo y custodia de los registros requeridos para el desarrollo de la actividad o para el control de materiales radiactivos, cuando dicho incumplimiento suponga pérdida de la información afectada.
   - No suministrar a los trabajadores la formación o información requeridas para que desarrollen su actividad cumpliendo las normas y procedimientos establecidos sobre seguridad nuclear, protección contra las radiaciones ionizantes, protección física o actuación en caso de emergencia, salvo los casos en que se derive peligro de escasa trascendencia para la seguridad o salud de las personas, o daño a las cosas o al medio ambiente.
   - Las acciones u omisiones que impidan o dificulten al personal de la organización o al personal de empresas externas que presten servicios a la instalación, dentro o fuera de la misma, el ejercicio del derecho de comunicación de deficiencias o disfunciones que puedan afectar a la seguridad nuclear o protección radiológica o su participación en el esclarecimiento de los hechos, o que supongan medidas discriminatorias para aquellos que hubieran ejercitado tal derecho.
   - El transporte de materiales radiactivos, sin tener cubierta la responsabilidad civil por los daños que la actividad pudiera causar, en los términos establecidos en la normativa específica de aplicación. Si el transporte afecta a combustible nuclear, irradiado o no, o a residuos radiactivos que revistan una concentración tal de radionucleidos, que deba tenerse en cuenta la generación de energía térmica durante su almacenamiento y evacuación, se aplicará el tipo de infracción muy grave [art. 86.a).15 del Ley 25/1964, de 29 de abril].
   - El incumplimiento deliberado del deber de remisión de información, la aportación intencionada de documentación falsa o incom-

pleta, la pérdida de control del material fisionable especial cuando se recupere y la obstrucción a la inspección, evaluación o control por parte del personal facultativo designado por las autoridades nacionales o internacionales legalmente habilitadas cuando cualquiera de estos incumplimientos dificulte el cumplimiento de las obligaciones en materia de no proliferación nuclear derivadas de los acuerdos internacionales celebrados por España.

- La insuficiencia o inobservancia de medidas orientadas a evitar la presencia de personal no autorizado en áreas vitales o protegidas de una instalación nuclear o radiactiva.

3. Son **infracciones muy graves**:

- El ejercicio de cualquier actividad regulada por la Ley 25/1964, de 29 de abril o sus normas de desarrollo sin haber obtenido la preceptiva habilitación, o bien cuando esté caducada, suspendida o revocada siempre que de ello se derive un peligro grave para la seguridad o salud de las personas o daño grave a las cosas o al medio ambiente.
- La inobservancia del requerimiento del Consejo de Seguridad Nuclear, sus agentes u otras autoridades competentes, de cesar la actividad en curso o de llevar a parada la operación de la instalación nuclear o radiactiva de que se trate.
- El incumplimiento de los términos, límites o condiciones incorporados a las autorizaciones, así como la no aplicación de las medidas técnicas, administrativas o de otro orden que se impongan a una actividad o al funcionamiento de una instalación o el incumplimiento de los plazos señalados para su puesta en práctica, cuando se derive peligro grave para la seguridad o salud de las personas o daño grave a las cosas o al medio ambiente.
- El incumplimiento del contenido de las instrucciones emitidas en desarrollo de las citadas autorizaciones o licencias, cuando se derive un peligro grave para la seguridad o salud de las personas o daño grave a las cosas o al medio ambiente.
- La no adopción de medidas técnicas, administrativas o de otro orden para la corrección de deficiencias en la actividad conocidas por el titular, cuando se derive peligro grave para la seguridad o salud de las personas o daño grave a las cosas o al medio ambiente.
- El funcionamiento de instalaciones nucleares o radiactivas o la manipulación de materiales radiactivos sin disponer del personal provisto de licencia, diploma o acreditación requeridos para la dirección o ejecución de las operaciones, cuando se derive un peligro grave para la seguridad o salud de las personas o daño grave a las cosas o al medio ambiente.
- El incumplimiento de las obligaciones propias del personal con licencia, así como de los términos y condiciones incorporados a la misma, cuando se derive peligro grave para la seguridad o salud de las personas o daño grave a las cosas o al medio ambiente.

- La operación de instalaciones o la realización de actividades que puedan suponer exposición a radiaciones, de origen artificial o natural, sin adoptar las medidas necesarias para su desarrollo de acuerdo con los principios, límites y procedimientos establecidos en materia de protección sanitaria contra las radiaciones ionizantes, tanto en situaciones normales como en caso de exposiciones accidentales o emergencias, cuando se derive un peligro grave para la seguridad o salud de las personas o daño grave a las cosas o al medio ambiente.
- La manipulación, traslado o disposición de materiales radiactivos o equipos productores de radiaciones ionizantes, que hayan sido precintados o intervenidos por razones de seguridad nuclear o protección radiológica.
- El abandono o la liberación de materiales radiactivos, cualquiera que sea su estado físico o formulación química, a la atmósfera, agua, suelo o subsuelo, cuando por la magnitud y características de los mismos, se derive un peligro grave para la seguridad o salud de las personas o daño grave a las cosas o al medio ambiente.
- El incumplimiento por los titulares de las actividades o por los propietarios de los suelos o terrenos de las obligaciones de notificación, registro y restauración ambiental previstas en esta ley en relación con los suelos o terrenos contaminados, o con restricciones de uso, o potencialmente contaminados radiológicamente, cuando se derive un peligro grave para la seguridad o salud de las personas o daño grave a las cosas o al medio ambiente (nuevo art. 10 bis añadido por la D.F. 1ª.3 del Real Decreto-ley 6/2022, de 29 de marzo).
- La adición deliberada de material radiactivo en la producción de alimentos, juguetes, adornos personales y cosméticos, cuando se derive peligro grave para la seguridad o salud de las personas o daño grave a las cosas o al medio ambiente.
- El suministro o transferencia de materiales radiactivos a personas o entidades que no dispongan de la autorización requerida para su posesión y uso o sin que esas sustancias o materiales cumplan los requisitos establecidos sobre identificación y marcado, cuando se derive peligro grave para la seguridad o salud de las personas o daño grave a las cosas o al medio ambiente.
- No disponer de los sistemas requeridos para almacenamiento, tratamiento y, en su caso, evacuación de efluentes o residuos radiactivos, siempre que de estas conductas se derive un peligro grave para la seguridad o salud de las personas o daño grave a las cosas o al medio ambiente.
- No proceder al desmantelamiento y clausura de instalaciones nucleares o radiactivas una vez finalizado el funcionamiento de las mismas o no disponer un destino en condiciones de seguridad para los materiales radiactivos en desuso, cuando se derive un peligro grave para la seguridad o salud de las personas o daño grave a las cosas o al medio ambiente.

- El ejercicio de cualquier actividad regulada por la Ley 25/1964, de 29 de abril, o en la Ley 15/1980, de 22 de abril, de creación del Consejo de Seguridad Nuclear, y sus disposiciones de desarrollo, sin tener cubierta la responsabilidad civil por los daños que la misma pudiera causar, en los términos establecidos en la normativa específica de aplicación. Si la infracción se refiere a un transporte de material radiactivo, el presente apartado será aplicable únicamente si afecta a un transporte de combustible nuclear, irradiado o no, o de residuos radiactivos que revistan una concentración tal de radionucleidos que deba tenerse en cuenta la generación de energía térmica durante su almacenamiento y evacuación.
- El impedimento del acceso al personal facultativo designado por las autoridades nacionales e internacionales legalmente habilitadas y al personal que le acompañe, acreditado por estas, a instalaciones nucleares o radiactivas o a otros locales o lugares, cualquiera que sea la actividad desarrollada en estos, cuando sea necesario para el desarrollo de la actividad inspectora.
- La obstrucción a la inspección, evaluación o control del personal facultativo designado por las autoridades legalmente habilitadas y al personal que le acompañe acreditado por estas mediante el impedimento de la toma de muestras o medidas, o la ocultación o denegación de documentos o información, o la aportación de documentación o información falsa o deliberadamente incompleta, sea o no solicitada por aquellos, cuando por su naturaleza y contenido fuera necesario para el establecimiento de las conclusiones de la inspección, evaluación o control, cuando se derive un peligro grave para la seguridad o salud de las personas o daño grave a las cosas o al medio ambiente.
- El incumplimiento de las obligaciones establecidas en materia de información y notificación en tiempo y forma a las autoridades legalmente habilitadas o a sus agentes, cuando se derive peligro grave para la seguridad o salud de las personas o daño grave a las cosas o al medio ambiente.
- El incumplimiento deliberado del deber de remisión de información, la aportación intencionada de documentación falsa o incompleta, la pérdida de control del material fisionable especial cuando dicho material pueda tener un uso directo como parte de un dispositivo nuclear explosivo y no se recupere, la obstrucción a la inspección, evaluación o control por parte del personal facultativo designado por las autoridades nacionales o internacionales legalmente habilitadas y el desarrollo de actividades sujetas al régimen de no proliferación nuclear cuando estas se desarrollen voluntariamente con el fin de coadyuvar a la fabricación de un dispositivo nuclear explosivo, aun cuando no se manejen materiales nucleares, cuando de cualquiera de estos incumplimientos se derive la imposibilidad del cumplimiento de las obligaciones en materia de no proliferación nuclear derivadas de los acuerdos internacionales celebrados por España.

- La insuficiencia o inobservancia de medidas requeridas para evitar la presencia de material no controlado en áreas vitales o protegidas de una instalación nuclear o radiactiva cuando, por su naturaleza y localización, se derive peligro grave para la seguridad o salud de las personas o daño grave a las cosas o al medio ambiente.
- La insuficiencia o inobservancia de medidas orientadas a evitar la presencia de personal no autorizado en áreas vitales o protegidas de una instalación nuclear o radiactiva cuando se derive peligro grave para la seguridad o salud de las personas o daño grave a las cosas o al medio ambiente.

A TENER EN CUENTA. La Orden SND/939/2022, de 29 de septiembre, aprueba las normas de correcta preparación extemporánea de radiofármacos. Se regulan aspectos de interés para la PRL como los requisitos del personal, formación necesaria, medidas de higiene y vestimenta, o las características de los locales y equipos entre otras materias. La orden entrará en vigor en octubre de 2023.

Infracciones sanitarias de lo dispuesto en la Ley 14/1986, de 25 de abril, General de la Sanidad

Se tipifican como infracciones sanitarias las siguientes (art. 31 de la Ley 14/1986, de 25 de abril):

1. **Infracciones leves**:
   - Las simples irregularidades en la observación de la normativa sanitaria vigente, sin trascendencia directa para la salud pública.
   - Las cometidas por simple negligencia, siempre que la alteración o riesgo sanitarios producidos fueren de escasa entidad.
   - Las que, en razón de los criterios contemplados en este artículo, merezcan la calificación de leves o no proceda su calificación como faltas graves o muy graves.
2. **Infracciones graves**:
   - Las que reciban expresamente dicha calificación en la normativa especial aplicable en cada caso.
   - Las que se produzcan por falta de controles y precauciones exigibles en la actividad, servicio o instalación de que se trate.
   - Las que sean concurrentes con otras infracciones sanitarias leves, o hayan servido para facilitarlas o encubrirlas.
   - El incumplimiento de los requerimientos específicos que formulen las autoridades sanitarias, siempre que se produzcan por primera vez.
   - La resistencia a suministrar datos, facilitar información o prestar colaboración a las autoridades sanitarias, a sus agentes o al órgano encargado del Registro Estatal de Profesionales Sanitarios.

- Las que, en razón de los elementos contemplados en este artículo, merezcan la calificación de graves o no proceda su calificación como faltas leves o muy graves.
- La reincidencia en la comisión de infracciones leves en los últimos tres meses.

3. **Infracciones muy graves**:

- Las que reciban expresamente dicha calificación en la normativa especial aplicable en cada caso.
- Las que se realicen de forma consciente y deliberada, siempre que se produzca un daño grave.
- Las que sean concurrentes con otras infracciones sanitarias graves, o hayan servido para facilitar o encubrir su comisión.
- El incumplimiento reiterado de los requerimientos específicos que formulen las autoridades sanitarias.
- La negativa absoluta a facilitar información o prestar colaboración a los servicios de control e inspección.
- La resistencia, coacción, amenaza, represalia, desacato o cualquier otra forma de presión ejercida sobre las autoridades sanitarias o sus agentes.
- Las que, en razón de los elementos contemplados en este artículo y de su grado de concurrencia, merezcan la calificación de muy graves o no proceda su calificación como faltas leves o graves.
- La reincidencia en la comisión de faltas graves en los últimos cinco años.

Ley 16/1987, de 30 de julio, de Ordenación de Transportes Terrestres

La Ley 16/1987, de 30 de julio, de Ordenación de Transportes Terrestres (LOTT) clasifica como **muy graves** (art. 140 de la LOTT), **graves** (art. 141 de la LOTT) y **leves** (art. 142 de la LOTT) las infracciones de las normas reguladoras del transporte terrestre, consistentes en «las acciones u omisiones de los distintos sujetos responsables tipificadas y sancionadas» de conformidad con la citada norma (arts. 139-142 de la LOTT).

En este caso, en función de la infracción, el **sujeto responsable** será el transportista, el cargador, el descargador o la propia empresa.

Ante la multitud de posibles incumplimientos fijados por la LOTT destacamos las modificaciones operadas por el **Real Decreto-ley 3/2022, de 1 de marzo y el Real Decreto-ley 14/2022, de 1 de agosto, sobre los cambios normativos que afectan a la carga y descarga de mercancías** (listado no exhaustivo de posibles incumplimientos sancionables):

- **Infracción muy grave**: «La realización de las operaciones de carga o descarga por el propio conductor del vehículo contraviniendo las limitaciones que resulten de aplicación de conformidad con lo dispuesto en esta ley. Se presume que la responsabilidad por dicha infracción corresponde tanto a la empresa bajo cuya dirección actúe el conductor del vehículo, como al cargador, expedidor, intermediario y destinatario que hubieran intervenido en el transporte» (art. 140.41 de la LOTT).

- **Infracción muy grave**: en los contratos referidos a un único envío, el pago al transportista efectivo de un precio inferior al total de costes efectivos individuales incurridos o asumidos por él, de conformidad con lo dispuesto en la Ley 15/2009, de 11 de noviembre, del contrato de transporte terrestre de mercancías, siempre que exista una asimetría entre las partes en el contrato de transporte (art. 140.42 de la LOTT).
- **Infracción muy grave**: tomar en el vehículo el periodo de descanso semanal (art. 140.37.8 y ss. de la LOTT).

> «37.8 Cuando el conductor se encuentre fuera de su domicilio, tomar el descanso semanal normal o cualquier periodo de descanso semanal de más de 45 horas que se tome como compensación de periodos de descanso semanal reducidos previos en alojamientos que no sean apropiados y adaptados para ambos sexos que no dispongan de instalaciones para dormir y sanitarias adecuadas.
>
> 37.9 La no organización del trabajo por parte de la empresa de transporte, de tal manera que el conductor no pueda regresar al centro operativo del empleador o a su lugar de residencia cada cuatro semanas consecutivas, siempre que no resulte de aplicación lo dispuesto en el apartado siguiente.
>
> 37.10 La no organización, por parte de la empresa de transporte, del trabajo del conductor, de tal manera que éste pueda regresar antes de finalizar la tercera semana al centro operativo del empleador o a su lugar de residencia, después de haber tomado dos períodos de descanso semanal reducidos consecutivos, en el marco de un transporte internacional de mercancías, antes del inicio del período de descanso semanal normal de más de 45 horas que tome como compensación.
>
> 37.11 No realizar el conductor la compensación de los dos descansos semanales reducidos consecutivos, en el marco de un transporte internacional de mercancías, precediendo al siguiente período de descanso semanal normal y unido a este».

- **Infracción grave:** que las empresas «(...) no velen debidamente porque los conductores dispongan en formato papel o electrónico de la documentación que resulte obligatoria en los controles en carretera» (art. 141.17 de la LOTT).

> **A TENER EN CUENTA.** Los conductores de vehículos de transporte de mercancías de más de 7,5 toneladas de masa máxima autorizada no podrán participar en las operaciones de carga o descarga de las mercancías ni de sus soportes, envases, contenedores o jaulas, salvo en determinados supuestos (D.A. 3. de la LOTT).

Infracciones que pueden ser cometidas por las entidades, el personal o los usuarios de seguridad privada según la Ley 5/2014, de 4 de abril, de Seguridad Privada

En el título VI de la Ley 5/2014, de 4 de abril se contemplan, con la debida separación, las infracciones que pueden ser cometidas por las entidades, el personal o los usuarios de seguridad privada, incluyendo, junto a estos últimos, a los centros de formación en la materia.

Se hace especial hincapié en la regulación de todas aquellas conductas infractoras que tengan por objeto evitar el intrusismo ya sea realizado por empresas de seguridad, por personal no habilitado, por empresas de servicios que desarrollan actividades materialmente de seguridad privada o por los propios usuarios (arts. 56-60).

Ley 21/1992, de 16 de julio, de Industria

La Ley 21/1992, de 16 de julio, de Industria establece las bases de ordenación del sector industrial, así como los criterios de coordinación entre las Administraciones Públicas, de conformidad con lo dispuesto en el artículo 149.1.1.ª y 13.ª de la Constitución Española. Constituyen infracciones administrativas en estas materias las acciones u omisiones de los distintos sujetos responsables tipificadas y sancionadas en los arts. 30-38, sin perjuicio de las responsabilidades civiles, penales o de otro orden que puedan concurrir.

Constituyen infracciones administrativas en las materias reguladas en la Ley 21/1992, de 16 de julio (art. 31), entre otras:

1. **Son infracciones leves**:
   - La fabricación, importación, comercialización, venta, transporte, instalación o utilización de productos, aparatos o elementos industriales sin cumplir las normas reglamentarias aplicables, cuando no constituya infracción grave o muy grave.
   - La no comunicación a la Administración Pública competente de los datos referidos en los arts. 22 y 23 de la Ley 21/1992, de 16 de julio, dentro de los plazos reglamentarios.
   - El incumplimiento de los requerimientos específicos o las medidas cautelares que formule la autoridad competente dentro del plazo concedido al efecto, siempre que se produzca por primera vez.
   - La falta de subsanación de las deficiencias detectadas en inspecciones y revisiones reglamentarias en el plazo señalado en el acta correspondiente o la falta de acreditación de tal subsanación ante la Administración Pública competente, siempre que dichas deficiencias no constituyan infracción grave o muy grave.
   - La inadecuada conservación y mantenimiento de las instalaciones, cuando no constituya infracción grave o muy grave.

- La falta de colaboración con las Administraciones Públicas en el ejercicio por estas de sus funciones de inspección y control derivadas de la Ley 21/1992, de 16 de julio.
- El incumplimiento, por simple negligencia, de los requisitos, obligaciones establecidas en la normativa industrial siempre que se produzca riesgo para las personas, la flora, la fauna, las cosas o el medio ambiente y este sea de escasa incidencia.
- La inexactitud, falsedad u omisión en cualquier dato, o manifestación, de carácter no esencial, sobre el cumplimiento de los requisitos exigidos señalados en la declaración responsable o la comunicación aportada por los interesados.
- La falta de comunicación a la Administración Pública competente de la modificación de cualquier dato de carácter no esencial incluido en la declaración responsable o comunicación previa.

2. **Infracciones muy graves**:
   - El incumplimiento doloso de los requisitos, obligaciones o prohibiciones establecidos en la normativa industrial siempre que ocasionen riesgo grave o daño para las personas, la flora, la fauna, las cosas o el medio ambiente.

3. Son **infracciones graves** las siguientes:
   - La fabricación, importación, distribución, comercialización, venta, transporte, instalación, reparación o utilización de productos, aparatos o elementos sujetos a seguridad industrial sin cumplir las normas reglamentarias, cuando comporte peligro o daño grave para personas, flora, fauna, cosas o el medio ambiente.
   - La puesta en funcionamiento de instalaciones careciendo de la correspondiente autorización o inscripción registral, o sin la previa presentación de los documentos exigidos cuando alguno de estos sea preceptivo de acuerdo con la correspondiente disposición legal o reglamentaria.
   - El ejercicio o desarrollo de actividades sin la correspondiente autorización, habilitación o inscripción registral, cuando esta sea preceptiva, o transcurrido su plazo de vigencia, así como la modificación no autorizada por la autoridad competente de las condiciones y requisitos sobre los cuales se hubiera otorgado la correspondiente autorización, habilitación o inscripción.
   - No disponer de contratos de mantenimiento de las instalaciones con empresas habilitadas en los casos en que sean obligatorios.
   - La ocultación o alteración dolosa de los datos a que se refieren los arts. 22 y 23 de la Ley 21/1992, de 16 de julio, así como la resistencia o reiterada demora en proporcionarlos siempre que estas no se justifiquen debidamente.

- La resistencia de los titulares de actividades e instalaciones industriales en permitir el acceso o facilitar la información requerida por las Administraciones Públicas, cuando hubiese obligación legal o reglamentaria de atender tal petición de acceso o información o cuando esta sea necesaria para poder ejecutar la correspondiente inspección o control de mercado.
- La acreditación de Organismos de Control por parte de las Entidades de Acreditación cuando se efectúe sin verificar totalmente las condiciones y requisitos técnicos exigidos para el funcionamiento de aquellos o mediante valoración técnicamente inadecuada.
- La inexactitud, falsedad u omisión en cualquier dato, o manifestación, de carácter esencial, sobre el cumplimiento de los requisitos exigidos señalados en la declaración responsable o la comunicación aportada por los interesados.
- La realización de la actividad sin cumplir los requisitos exigidos o sin haber realizado la comunicación o la declaración responsable cuando alguna de ellas sea preceptiva.
- La falta de comunicación a la Administración Pública competente de la modificación de cualquier dato de carácter esencial incluido en la declaración responsable o comunicación previa.
- Mantener en funcionamiento instalaciones sin haber superado favorablemente las inspecciones, revisiones o comprobaciones establecidas en la normativa.
- El incumplimiento por negligencia grave, de los requisitos, obligaciones o prohibiciones establecidos en la normativa industrial siempre que se produzca riesgo para las personas, la flora, la fauna, las cosas o el medio ambiente, aunque sea de escasa entidad; y el mismo incumplimiento y comportamiento cuando, cometido con negligencia simple, produzcan riesgo grave para las personas, la flora, la fauna, las cosas o el medio ambiente.
- La reincidencia en falta leve por la que se hubiese sido sancionado en el plazo de los dos años anteriores a la comisión de la misma.

A TENER EN CUENTA. No obstante lo anterior, las actividades relacionadas con la seguridad e higiene en el trabajo se regirán por lo dispuesto en su normativa específica (art. 9.4 de la Ley 21/1992, de 16 de julio). Es decir, cuando estas conductas constituyan incumplimiento de la normativa de seguridad, higiene y salud laborales, será esta infracción la que será objeto de sanción conforme a lo previsto en la normativa de PRL.

3.
SANCIONES LABORALES

3.1. Graduación de las sanciones en el ámbito laboral

3.1.1. Criterios de graduación de las sanciones laborales y particularidades en la graduación de determinadas infracciones

Las sanciones por las infracciones tipificadas podrán imponerse en los grados de **mínimo, medio y máximo**, atendiendo a una serie de criterios establecidos en el art. 39.3 de la LISOS:

Circunstancias que puedan agravar o atenuar la graduación a aplicar a la infracción cometida:

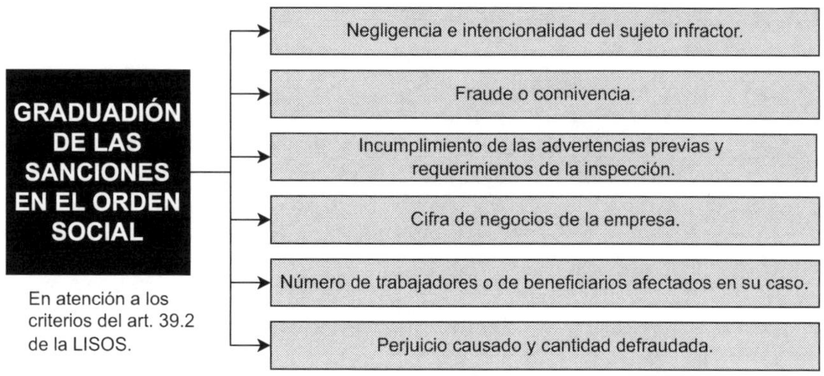

A este respecto es necesario señalar:

- El apartado 5 de dicho precepto se encarga de prescribir que: «Los criterios de graduación recogidos en los números anteriores no podrán utilizarse para agravar o atenuar la infracción cuando estén contenidos en la descripción de la conducta infractora o formen parte del propio ilícito administrativo». (SJS n.º 56/2018, de 26 de febrero, ECLI:ES:JSO:2018:844).

- Conforme al art. 39.6 de la LISOS, el acta de la Inspección de Trabajo que inicie el expediente sancionador y la resolución administrativa que recaiga deberán explicitar los criterios de graduación de la sanción tenidos en cuenta y que cuando no se considere relevante ninguna de las circunstancias agravatorias enumeradas los apartados anteriores, la sanción deberá imponerse en el grado mínimo en su tramo inferior.

- El art. 39.7 de la LISOS faculta para sancionar en el máximo de la calificación que corresponda toda infracción que consista en la persistencia continuada de su comisión. Es decir, la cuantía de la sanción puede depender, además, de la existencia de reincidencia o no en el empresario. Este factor se contempla en el art. 41 de la LISOS, definido con carácter general para todo tipo de infracciones del orden social:

> «1. Existe reincidencia cuando se comete una infracción del mismo tipo y calificación que la que motivó una sanción anterior en el plazo de los 365 días siguientes a la notificación de ésta; en tal supuesto se requerirá que la resolución sancionadora hubiere adquirido firmeza.
>
> 2. Si se apreciase reincidencia, la cuantía de las sanciones consignadas en el artículo anterior podrá incrementarse hasta el duplo del grado de la sanción correspondiente a la infracción cometida, sin exceder, en ningún caso, de las cuantías máximas previstas en el artículo anterior para cada clase de infracción.
>
> 3. La reincidencia de la empresa de trabajo temporal en la comisión de infracciones tipificadas como muy graves en esta Ley podrá dar lugar a la suspensión de sus actividades durante un año.
>
> Cuando el expediente sancionador lleve aparejada la propuesta de suspensión de actividades, será competente para resolver el ministro de Trabajo y Asuntos Sociales o la autoridad equivalente de las Comunidades Autónomas con competencia de ejecución de la legislación laboral.
>
> Transcurrido el plazo de suspensión, la empresa de trabajo temporal deberá solicitar nuevamente autorización administrativa que le habilite para el ejercicio de la actividad».

3.1.2. Particularidades en la graduación de determinadas infracciones laborales

En relación a los criterios de graduación, la LISOS establece peculiaridades en orden a las sanciones por infracciones en determinadas materias:

Sanciones por infracciones en materia al sistema de liquidación directa de cuotas

Sin perjuicio de lo anterior, cuando se trate de infracciones tipificadas en relación al nuevo sistema de liquidación directa de cuotas [art. 22.3 de la LISOS y art. 23.1.b) de la LISOS], a la hora de establecer la cuantía de la sanción, esta se impondrá:

<table>
<tr><td>GRADO MÍNIMO</td><td colspan="2">Cuando la cuantía no ingresada no supere los 10.000 euros (incluyendo recargos e intereses).</td></tr>
<tr><td>GRADO MEDIO</td><td colspan="2">Cuando la cuantía no ingresada esté comprendida entre 10.001 y 25.000 euros.</td></tr>
<tr><td rowspan="3">GRADO MÁXIMO</td><td colspan="2">Cuando la cuantía no ingresada sea superior a los 25.000 euros.</td></tr>
<tr><td colspan="2">Cualquiera que fuera la cantidad no ingresada cuando el sujeto responsable hubiera cotizado en cuantía inferior a la debida mediante la ocultación o falsedad de las declaraciones o datos que tenga obligación de facilitar a la Seguridad Social.</td></tr>
<tr><td>Incumplimiento en materia de integración laboral de personas con discapacidad.</td><td>Cuando en los dos años anteriores a la fecha de la comisión de la infracción, el sujeto responsable ya hubiere sido sancionado en firme por incumplimiento de la obligación legal de reserva de puestos de trabajo para personas con discapacidad o de la aplicación de sus medidas alternativas de carácter excepcional.</td></tr>
</table>

Sanciones por infracciones en materia de prevención de riesgos laborales

Aun cuando resulta claro que las infracciones sancionadas en la Ley de Prevención de Riesgos Laborales (LPRL) presuponen el incumplimiento de las obligaciones legalmente impuestas; no todo incumplimiento queda ahormado en el catálogo de infracciones, que, como tal, exige de la necesaria tipicidad y configuración legal estricta (STS n.º 668/2020, de 16 de julio, ECLI:ES:TS:2020:2618). En las sanciones por infracciones en materia de prevención de riesgos laborales, a efectos de su graduación, se tendrán en cuenta los siguientes criterios (art. 39.3 de la LISOS y SJS Badajoz n.º 155/2018, de 4 de abril, ECLI:ES:JSO:2018:2291):

a) La peligrosidad de las actividades desarrolladas en la empresa o centro de trabajo.

b) El carácter permanente o transitorio de los riesgos inherentes a dichas actividades.

c) La gravedad de los daños producidos o que hubieran podido producirse por la ausencia o deficiencia de las medidas preventivas necesarias.

d) El número de trabajadores afectados.

e) Las medidas de protección individual o colectiva adoptadas por el empresario y las instrucciones impartidas por este en orden a la prevención de los riesgos.

f) El incumplimiento de las advertencias o requerimientos previos a que se refiere el art. 43 de la Ley de Prevención de Riesgos Laborales.

g) La inobservancia de las propuestas realizadas por los servicios de prevención, los delegados de prevención o el comité de seguridad y salud de la empresa para la corrección de las deficiencias legales existentes.

h) La conducta general seguida por el empresario en orden a la estricta observancia de las normas en materia de prevención de riesgos laborales.

Sanciones por infracciones en materia de sociedades cooperativas

Las infracciones en materia de sociedades cooperativas se graduarán, a efectos de su correspondiente sanción, atendiendo al número de socios afectados, repercusión social, malicia o falsedad y capacidad económica de la cooperativa.

Sanciones por infracciones en materia de integración laboral de personas con discapacidad de la obligación legal de reserva de puestos de trabajo para personas con discapacidad, o de la aplicación de sus medidas alternativas de carácter excepcional

Esta infracción se encuentra tipificada en el art. 15.3 de la LISOS. En este supuesto, la sanción se impondrá en su grado máximo cuando, en los dos años anteriores a la fecha de la comisión de la infracción, el sujeto responsable ya hubiere sido sancionado en firme por incumplimiento de la obligación legal de reserva de puestos de trabajo para personas con discapacidad o de la aplicación de sus medidas alternativas de carácter excepcional.

Sanciones a la temporalidad tras la reforma laboral 2021-2022

Como punto de actualidad es necesario recordar que, desde el 31/12/2021, la reforma laboral 2021-2022 crea nuevas infracciones graves asociadas a incumplimientos normativos sobre contratación de duración determinada y ERTE [arts. 7.2, 7.14, 18.2.c), 19.2.b), 19.2.e), 19 bis.1.b), 19 ter.2.b) y 19 ter.2.e) de la LISOS], considerando una infracción por cada persona trabajadora contratada.

3.2. Cuantía de las sanciones

Tras la actualización de las cuantías de las sanciones previstas por el artículo 40 de la LISOS encontramos las siguientes modificaciones:

3.2.1. Infracciones en materia de relaciones laborales y empleo, de Seguridad Social, de movimientos migratorios y trabajo de extranjeros, de empresas de trabajo temporal y empresas usuarias y por obstrucción

Con carácter general

Infracciones	Tipo y grados		Art. 40 de la LISOS
			Multa
Infracciones en materia de relaciones laborales y empleo, de Seguridad Social, de movimientos migratorios y trabajo de extranjeros, de empresas de trabajo temporal y empresas usuarias y por obstrucción	Leves	Grado mínimo	70 a 150 euros.
		Grado medio	151 a 370 euros.
		Grado máximo	371 a 750 euros.
	Graves	Grado mínimo	751 a 1.500 euros.
		Grado medio	1.501 a 3.750 euros.
		Grado máximo	3.751 a 7.500 euros.
	Muy graves	Grado mínimo	7.501 a 30.000 euros.
		Grado medio	30.001 a 120.005 euros.
		Grado máximo	120.006 euros a 225.018 euros.

Infracciones en materia de cotización fijadas en los arts. 22.3, 23.1.b) y 23.1.k) de la LISOS

Art. 22.3 de la LISOS

	Grado	Art. 40 de la LISOS
No ingresar, en la forma y plazos reglamentarios, las cuotas correspondientes que por todos los conceptos recauda la Tesorería General de la Seguridad Social o no efectuar el ingreso en la cuantía debida, habiendo cumplido con en plazo con las obligaciones establecidas (art. 26.1 y 2 de la LGSS), siempre que la falta de ingreso no obedezca a una declaración concursal de la empresa, ni a un supuesto de fuerza mayor, ni se haya solicitado aplazamiento para el pago de las cuotas con carácter previo al inicio de la actuación inspectora, salvo que haya recaído resolución denegatoria (art. 22.3 de la LISOS).	Grado mínimo	50 al 65 % del importe de las cuotas.
	Grado medio	65,01 al 80 % del importe de las cuotas.
	Grado máximo	80,01 al 100 % del importe de las cuotas.

Art. 23.1.b) y 23.1.k) de la LISOS

	Grado	Art. 40 de la LISOS
No ingresar, en la forma y plazos reglamentarios, las cuotas correspondientes que por todos los conceptos recauda la Tesorería General de la Seguridad Social, no habiendo cumplido con en plazo con las obligaciones establecidas (art. 26.1 y 2 de la LGSS), así como actuar fraudulentamente al objeto de eludir la responsabilidad solidaria, subsidiaria o mortis causa en el cumplimiento de la obligación de cotizar o en el pago de los demás recursos de la Seguridad Social [art. 23.1.b) de la LISOS]. Retener indebidamente, no ingresándola dentro de plazo, la parte de cuota de Seguridad Social descontada a sus trabajadores o efectuar descuentos superiores a los legalmente establecidos, no ingresándolos en el plazo reglamentario [art. 23.1.k) de la LISOS].	Grado mínimo	100,01 al 115 % del importe de las cuotas.
	Grado medio	115,01 al 130 % del importe de las cuotas.
	Grado máximo	130,01 al 150 % del importe de las cuotas.

Infracciones en materia de cotización fijadas en los arts. 22.2, 22.7 a), 22.16 y 23.1.a) de la LISOS

|| Infracción grave de los arts. 22.2, 22.7 a) y 22.16 de la LISOS

<table>
<tr><td rowspan="4">- No solicitar la afiliación inicial o el alta de los trabajadores que ingresen a su servicio, o solicitar la misma, como consecuencia de actuación inspectora, fuera del plazo establecido. A estos efectos se considerará una infracción por cada uno de los trabajadores afectados.
- No solicitar los trabajadores por cuenta propia:
a) Su afiliación y hasta tres altas dentro de cada año natural, en el correspondiente régimen especial de la Seguridad Social, o solicitar las mismas fuera del plazo establecido, como consecuencia de actuación inspectora.
b) Su afiliación y hasta tres altas dentro de cada año natural, en el correspondiente régimen especial de la Seguridad Social, o solicitar las mismas fuera del plazo establecido, sin que medie actuación inspectora.
c) El resto de las altas que, en su caso, se produzcan dentro de cada año natural o solicitarlo fuera de plazo, cuando la omisión genere impago de la cotización que corresponda.
- Comunicar la baja en un régimen de la Seguridad Social de trabajadores por cuenta ajena pese a que continúen la misma actividad laboral o mantengan idéntica prestación de servicios, sirviéndose de un alta indebida en un régimen de trabajadores por cuenta propia. A estos efectos se considerará una infracción por cada uno de los trabajadores afectados.</td><th>Grado</th><th>Art. 40 de la LISOS</th></tr>
<tr><td>Grado mínimo</td><td>3.750 a 7.500 euros.</td></tr>
<tr><td>Grado medio</td><td>7.501 a 9.600 euros.</td></tr>
<tr><td>Grado máximo</td><td>9.601 a 12.000 euros.</td></tr>
</table>

Infracción muy grave del artículo 23.1.a) de la LISOS:

	Grado	Art. 40 de la LISOS
Dar ocupación como trabajadores a beneficiarios o solicitantes de pensiones u otras prestaciones periódicas de la Seguridad Social, cuyo disfrute sea incompatible con el trabajo por cuenta ajena, cuando no se les haya dado de alta en la Seguridad Social con carácter previo al inicio de su actividad.	Grado mínimo	12.001 a 30.000 euros.
	Grado medio	30.001 a 120.005 euros.
	Grado máximo	120.006 a 225.018 euros.

A TENER EN CUENTA.

- En ningún caso, la cuantía correspondiente a la infracción prevista en el art. 22.2 de la LISOS podrá exceder de **12.000 euros**, ni la prevista en el art. 23.1.a) de la LISOS podrá exceder de **225.018 euros** para cada una de las infracciones.
- Cuando con ocasión de una misma actuación de inspección se detecten varias infracciones de las contempladas en este apartado, la sanción que en su caso se proponga para cada una de ellas, graduada conforme a los criterios contenidos en el artículo 39.2 de la LISOS que procedan, se incrementará en:
  - Un 20 por ciento en cada infracción cuando se trate de dos trabajadores, beneficiarios o solicitantes.
  - Un 30 por ciento en cada infracción cuando se trate de tres trabajadores, beneficiarios o solicitantes.
  - Un 40 por ciento en cada infracción cuando se trate de cuatro trabajadores, beneficiarios o solicitantes.
  - Un 50 por ciento en cada infracción cuando se trate de cinco o más trabajadores, beneficiarios o solicitantes.

Obstrucción de la labor inspectora dirigida a la comprobación de la situación de alta de los trabajadores en caso de infracciones tipificadas en los arts. 22.2 y 23.1.a) de la LISOS

Infracciones	Tipo y grados		Art. 40 de la LISOS
			Multa
Las infracciones por obstrucción a la labor inspectora en caso de actuaciones para comprobar: – Afiliación inicial o el alta de los trabajadores que ingresen a su servicio, o solicitar la misma, como consecuencia de actuación inspectora, fuera del plazo establecido. A estos efectos se considerará una infracción por cada uno de los trabajadores afectados.	Graves	Grado mínimo	3.750 a 7.500 euros.
		Grado medio	7.501 a 9.600 euros.
		Grado máximo	9.601 a 12.000 euros.

Infracciones	Tipo y grados		Art. 40 de la LISOS Multa
– Posible ocupación como trabajadores de beneficiarios o solicitantes de pensiones u otras prestaciones periódicas de la Seguridad Social, cuyo disfrute sea incompatible con el trabajo por cuenta ajena, cuando no se les haya dado de alta en la Seguridad Social con carácter previo al inicio de su actividad.	Muy graves	Grado mínimo	12.001 a 30.000 euros.
		Grado medio	30.001 a 120.005 euros.
		Grado máximo	120.006 a 225.018 euros.

3.2.2. Infracciones en materia de prevención de riesgos laborales

Infracciones	Tipo y grados		Art. 40 de la LISOS Multa
Infracciones en materia de prevención de riesgos laborales	Leves	Grado mínimo	45 a 485 euros.
		Grado medio	486 a 975 euros.
		Grado máximo	976 a 2.450 euros.
	Graves	Grado mínimo	2.451 a 9.830 euros.
		Grado medio	9.831 a 24.585 euros.
		Grado máximo	24.586 a 49.180 euros.
	Muy graves	Grado mínimo	49.181 a 196.745 euros.
		Grado medio	196.746 a 491.865 euros.
		Grado máximo	491.866 a 983.736 euros.

A TENER EN CUENTA. Cancelación de la acreditación otorgada por la autoridad laboral. Las infracciones, por faltas graves y muy graves de las entidades especializadas que actúen como servicios de prevención ajenos a las empresas, de las personas o entidades que desarrollen la actividad de auditoría del sistema de prevención de las empresas y de las entidades acreditadas para desarrollar o certificar la formación en materia de prevención de riesgos laborales, podrán dar lugar, además de a las multas previstas en este artículo, a la cancelación de la acreditación otorgada por la autoridad laboral.

3.2.3. Reducción automática de la sanción en el orden social en caso de reconocimiento de responsabilidad y pronto pago

Las sanciones en materia de Seguridad Social cuando se deriven de actas de infracción y liquidación que se refieran a los mismos hechos y se practiquen simultáneamente, se reducirán automáticamente al 50 por ciento de su cuantía si el sujeto infractor manifiesta su conformidad con la liquidación practicada, ingresando su importe en el plazo procedente. Esta reducción automática solo podrá aplicarse en el supuesto de que la cuantía de la liquidación supere la de la sanción propuesta inicialmente (art. 40.3 de la LISOS).

3.2.4. Publicación de las sanciones por infracciones muy graves en determinadas materias

Publicación de las sanciones por infracciones muy graves en materia de empleo; empresarios, entidades de formación, entidades que asuman la organización de las acciones de formación profesional para el empleo programada por las empresas, trabajadores por cuenta propia y asimilados; y, por obstrucción

Publicación de las sanciones por infracciones muy graves en materia de empleo [art. 16.1.d) y e) de la LISOS], y de los empresarios, entidades de formación, entidades que asuman la organización de las acciones de formación profesional para el empleo programada por las empresas, trabajadores por cuenta propia y asimilados [art. 23.1.a) y h) de la LISOS], así como las sanciones por obstrucción calificadas como muy graves. Una vez firmes se harán públicas en la forma que se prevea reglamentariamente.

Publicación de las sanciones por infracciones muy graves en materia de prevención de riesgos laborales

Las sanciones impuestas por infracciones muy graves, una vez firmes, se harán públicas siguiendo lo establecido en el Real Decreto 597/2007, de 4 de mayo, sobre publicación de las sanciones por infracciones muy graves en materia de prevención de riesgos laborales.

3.2.5. Infracciones en materia de cooperativas

	Grado	Art. 40 de la LISOS (a partir de 01/10/2021)
Infracciones en materia de cooperativas	Leves	450 a 905 euros.
	Graves	906 a 4.545 euros.
	Muy graves	4.546 a 45.504 euros.

A TENER EN CUENTA. Las infracciones en el orden social cometidas **con anterioridad al 1 de octubre de 2021** se sancionarán conforme a las cuantías sancionatorias previstas en la redacción.

3.3. Competencias sancionadoras respecto de las infracciones del orden social

A partir del 23-7-2015 el ejercicio de la potestad sancionadora respecto de las infracciones del orden social en el ámbito de la Administración General del Estado corresponderá al órgano competente, según lo que reglamentariamente se disponga (art. 48 de la LISOS, modificado por D.F. 1.ª de la Ley 23/2015, de 21 de julio).

El ejercicio de la potestad sancionadora respecto de las infracciones del orden social, cuando corresponda a la Administración de las Comunidades Autónomas con competencia en materia de ejecución de la legislación del orden social, se ejercerá por los órganos y con los límites de distribución que determine cada Comunidad Autónoma.

La potestad para acordar las sanciones accesorias establecidas en esta ley corresponderá a quien la ostente para imponer las de carácter principal de las que deriven aquellas.

Mantenimiento de la atribución de competencias sancionadoras vigente hasta el 22 de julio de 2015 mientras no se desarrolle reglamentariamente el art. 48.1 de la LISOS

A TENER EN CUENTA. La Ley de Ordenadora del Sistema de Inspección de Trabajo y Seguridad Social, ha sustanciado cambios normativos en el texto refundido de la Ley sobre Infracciones y Sanciones en el Orden Social (LISOS) en relación con la atribución de las competencias sancionadoras. No obstante, la modificación realizada en el art. 48.1 de la LISOS (con efectos de 23/07/2015), ha quedado pendiente del futuro desarrollo reglamentario respecto al órgano competente sobre las infracciones del orden social en el ámbito de la Administración General del Estado. **Hasta la clarificación de los órganos y competencias respecto de las infracciones del orden social en el ámbito de la Administración General del Estado se establece un periodo transitorio en el que se seguirá aplicando la redacción vigente hasta el 22/07/2015 al respecto.**

La D.T. 2.ª de la Ley 23/2015, de 21 de julio, establece que hasta tanto no entren en vigor las disposiciones reglamentarias que desarrollen esta materia, continuará siendo de aplicación la regulación en materia de atribución de competencias sancionadoras existente con anterioridad. Es decir, la redacción del art. 48 de la LISOS aplicable hasta el 22/07/2015, donde se fijaba:

1. La **competencia para sancionar las infracciones en el orden social,** en el ámbito de la Administración General del Estado, corresponde, a propuesta de la Inspección de Trabajo y Seguridad Social, a la autoridad competente a nivel provincial, hasta 31.000 euros; al Director General competente, hasta 62.500 euros; al titular del Ministerio competente en materia de Empleo y Seguridad Social hasta 125.000 euros y al Consejo de Ministros, a propuesta del de Empleo y Seguridad Social, a partir de 125.001 euros.
2. En el ámbito de las competencias de la Administración General del Estado, las **infracciones en materia de prevención de riesgos laborales serán sancionadas**, a propuesta de la Inspección de Trabajo y Seguridad Social, por la autoridad competente a nivel provincial, hasta 40.985 euros; por el director general competente, hasta 123.000 euros; por el ministro de trabajo e inmigración, hasta 409.900 euros, y por el consejo de ministros, a propuesta del de trabajo e inmigración, hasta 819.780 euros.
3. Las **infracciones en materia de cooperativas** tipificadas en la LISOS serán sancionadas, a propuesta de la Inspección de Trabajo y Seguridad Social, por el órgano directivo del que dependa el Registro de Sociedades Cooperativas, hasta 7.600 euros, y por el ministro de trabajo e inmigración, hasta 37.920 euros y la descalificación.

4. La imposición de las sanciones por infracciones leves y graves a los trabajadores en materia de empleo, formación profesional y ayudas para el fomento del empleo, corresponde al servicio público de empleo competente, y la de las muy graves a la autoridad competente, a propuesta de la Inspección de Trabajo y Seguridad Social.
5. La **imposición de sanciones por infracciones en materia de Seguridad Social** a los trabajadores corresponde, a propuesta de la Inspección de Trabajo y Seguridad Social, a la entidad gestora o servicio común de la Seguridad Social competente. En el caso de infracciones cometidas por solicitantes o beneficiarios de las prestaciones por desempleo de nivel contributivo o asistencial, la competencia corresponde a la entidad gestora de estas. [Salvo en el supuesto de las infracciones cometidas por los solicitantes o beneficiarios de prestaciones por desempleo de nivel contributivo o asistencial, o de trabajadores por cuenta propia solicitantes o beneficiarios de la prestación por cese de actividad (apdos. 2 y 4 de los arts. 24 y 25 de la LISOS), en el que la imposición de la sanción corresponderá al servicio público de empleo competente que comunicará la sanción, en el momento en que se imponga, a la entidad gestora de las prestaciones por desempleo para su ejecución por esta].

A TENER EN CUENTA. Con efectos de 1 de enero de 2022 se modifica el art. 4.1.a) del Real Decreto 928/1998, de 14 de mayo, relativo a la atribución de competencias sancionadoras en el Orden Social.

Competencia autonómica en la identificación y tipificación de infracciones sociales

Ha de recordarse que la potestad sancionadora no constituye un título competencial autónomo (STC 156/1995, de 26 de octubre, fundamento jurídico 7) y que las Comunidades Autónomas tienen potestad sancionadora en las materias sustantivas sobre las que ostenten competencias, pudiendo establecer o modular tipos y sanciones en el marco de las normas o principios básicos del Estado, pues tal posibilidad es inseparable de las exigencias de prudencia o de oportunidad que pueden variar en los distintos ámbitos territoriales, debiendo además acomodarse sus disposiciones a las garantías dispuestas en este ámbito del derecho administrativo sancionador (STC n.º 227/1988, de 9 de julio, fundamento jurídico 29).

CUESTIÓN

En materia laboral, de seguridad e higiene o de empleo, ¿quién sancionara las infracciones de las empresas?

Las infracciones serán detectadas por la Inspección de Trabajo y Seguridad Social de la comunidad autónomos. Los expedientes sancionadores se tramitan (y resuelven) por la Dirección General de Trabajo de la comunidad.

3.4. Plazo de prescripción y caducidad de las sanciones y los expedientes administrativos en materia laboral

Tanto de prescripción de las infracciones como de caducidad del procedimiento inspector se regulan por normas y principios diversos a los que valen para los derechos laborales o las prestaciones de Seguridad Social. Son múltiples los procedimientos judiciales en los que se plantea la cuestión de si la Inspección de Trabajo excedió el tiempo máximo de que dispone para sus actuaciones de comprobación o si el acta emitida se dictó una vez había caducado el procedimiento para las actuaciones de comprobación. Esto nos obliga a analizar los **plazos de prescripción de una infracción en el orden social**, regulados en la LISOS, y los **plazos de caducidad a los que está sometido el procedimiento administrativo sancionador realizado por la Inspección de Trabajo** (incluidos las denominadas actuaciones comprobatorias) que se regulan en el RGPSL y la LITSS.

Prescripción de las infracciones en la LISOS

Atendiendo al art. 4 de la LISOS (en consonancia con el art. 7.1 del RGPSL):

Cuando no existe regulación específica	Tres años.	Desde la fecha de la infracción.
En materia de Seguridad Social	Cuatro años.	Desde la fecha de la infracción.
En materia de prevención de riesgos laborales	• Leves: un año. • Graves: tres años. • Muy graves: cinco años.	Desde la fecha de la infracción.
En materia de sociedades cooperativas	• Leves: tres meses. • Graves: seis meses. • Muy graves: un año.	Desde la fecha de la infracción.

Los plazos de prescripción para la imposición de sanciones en el orden social **se interrumpen** por (art. 7.2 del RGPSL):

- Cualquiera de las causas admitidas en derecho.
- Por acta de infracción debidamente notificada, requerimiento u orden de paralización de la Inspección de Trabajo y Seguridad Social.
- Por la iniciación del procedimiento de oficio señalado en el artículo 6 del RGPSL.

- Por el inicio de actuación administrativa con conocimiento formal del sujeto pasivo conducente a la comprobación de la infracción o de la deuda.
- En las deudas por cuotas a la Seguridad Social se estará a lo dispuesto en el artículo 21 del texto refundido de la Ley General de la Seguridad Social.
- Por cualquier actuación del sujeto responsable que implique reconocimiento de los hechos constitutivos de la infracción o de la deuda
- Por la interposición de reclamación o recurso de cualquier clase por parte de los afectados o sus representantes.
- Cuando las infracciones pudieran ser constitutivas de delito: por la comunicación trasladando el tanto de culpa al órgano judicial competente o al Ministerio Fiscal, hasta que se notifique a la Administración competente la firmeza de la resolución judicial que recaiga, o hasta que el Ministerio Fiscal comunique su decisión de no ejercitar la acción penal.

Del mismo modo:

- Las **sanciones impuestas prescribirán a los cinco años, a contar desde el día siguiente a aquel en que adquiera firmeza la resolución por la que se impone la sanción** (art. 7.3 del RGPSL).
- **No podrán sancionarse los mismos hechos que hayan sido objeto de anterior resolución administrativa sancionadora,** cuando concurra identidad de sujeto, de hechos y de fundamentos, salvo que así lo disponga expresamente dicha resolución y persista el infractor de forma continuada en los hechos sancionados (art. 7.4 del RGPSL).
- La caducidad declarada de un expediente administrativo sancionador o liquidatorio, no impide la iniciación de otro nuevo con identidad de sujeto, hechos y fundamentos, cuando la infracción denunciada o la deuda imputada no hayan prescrito, se realicen nuevas actuaciones inspectoras y se practique nueva acta de infracción o de liquidación (art. 7.5 del RGPSL).

Sobre el procedimiento sancionador en el ámbito laboral, lo dispuesto en la LISOS y el RGPSL se complementa con la **LRJSP y la LPACAP**:

1. **Artículo 7 del Real Decreto 928/1998, de 14 de mayo (RGPSL)**:

> «1. Las infracciones en el orden social prescriben a los tres años contados desde la fecha de la infracción, salvo en materia de Seguridad Social en que el plazo de prescripción es de cuatro años, y en materia de prevención de riesgos laborales en que prescribirán al año las infracciones leves, a los tres años las graves y a los cinco años las muy graves, de acuerdo con su legislación específica.
>
> 2. **Los plazos de prescripción para la imposición de sanciones en el orden social se interrumpen por cualquiera de las causas admitidas en Derecho, por acta de infracción debidamente notificada, requerimiento u orden de paralización de la Inspección de Trabajo y Seguridad Social. En las deudas por cuotas a la Seguridad Social se estará a lo dispuesto en el artículo 21 del texto refundido de la Ley General de la**

Seguridad Social. La prescripción también se interrumpirá por la iniciación del procedimiento de oficio señalado en el artículo 6 del presente Reglamento y, en todo caso, por el inicio de actuación administrativa con conocimiento formal del sujeto pasivo conducente a la comprobación de la infracción o de la deuda, por cualquier actuación del sujeto responsable que implique reconocimiento de los hechos constitutivos de la infracción o de la deuda, o por la interposición de reclamación o recurso de cualquier clase por parte de los afectados o sus representantes.

La comunicación trasladando el tanto de culpa al órgano judicial competente o al Ministerio Fiscal, cuando las infracciones pudieran ser constitutivas de delito, interrumpe la prescripción hasta que se notifique a la Administración competente la firmeza de la resolución judicial que recaiga, o hasta que el Ministerio Fiscal comunique su decisión de no ejercitar la acción penal».

2. Artículo 30 de la Ley 40/2015, de 1 de octubre, de Régimen Jurídico del Sector Público (LRJSP):

«1. Las infracciones y sanciones prescribirán según lo dispuesto en las leyes que las establezcan. Si éstas no fijan plazos de prescripción, las infracciones muy graves prescribirán a los tres años, las graves a los dos años y las leves a los seis meses; las sanciones impuestas por faltas muy graves prescribirán a los tres años, las impuestas por faltas graves a los dos años y las impuestas por faltas leves al año.

2. El plazo de prescripción de las infracciones comenzará a contarse desde el día en que la infracción se hubiera cometido. En el caso de infracciones continuadas o permanentes, el plazo comenzará a correr desde que finalizó la conducta infractora.

Interrumpirá la prescripción la iniciación, con conocimiento del interesado, de un procedimiento administrativo de naturaleza sancionadora, reiniciándose el plazo de prescripción si el expediente sancionador estuviera paralizado durante más de un mes por causa no imputable al presunto responsable.

3. El plazo de prescripción de las sanciones comenzará a contarse desde el día siguiente a aquel en que sea ejecutable la resolución por la que se impone la sanción o haya transcurrido el plazo para recurrirla.

Interrumpirá la prescripción la iniciación, con conocimiento del interesado, del procedimiento de ejecución, volviendo a transcurrir el plazo si aquél está paralizado durante más de un mes por causa no imputable al infractor.

En el caso de desestimación presunta del recurso de alzada interpuesto contra la resolución por la que se impone la sanción, el plazo de prescripción de la sanción comenzará a contarse desde el día siguiente a aquel en que finalice el plazo legalmente previsto para la resolución de dicho recurso».

3. Artículo 122 de la Ley 39/2015, de 1 de octubre, del Procedimiento Administrativo Común de las Administraciones Públicas (LPACAP):

«1. El plazo para la interposición del recurso de alzada será de un mes, si el acto fuera expreso. Transcurrido dicho plazo sin haberse interpuesto el recurso, la resolución será firme a todos los efectos.

Si el acto no fuera expreso el solicitante y otros posibles interesados podrán interponer recurso de alzada en cualquier momento a partir del día siguiente a aquel en que, de acuerdo con su normativa específica, se produzcan los efectos del silencio administrativo.

2. **El plazo máximo para dictar y notificar la resolución será de tres meses. Transcurrido este plazo sin que recaiga resolución, se podrá entender desestimado el recurso, salvo en el supuesto previsto en el artículo 24.1, tercer párrafo**.

3. Contra la resolución de un recurso de alzada no cabrá ningún otro recurso administrativo, salvo el recurso extraordinario de revisión, en los casos establecidos en el artículo 125.1.».

JURISPRUDENCIA

STS n.º 342/2021, de 24 de marzo de 2021, ECLI:ES:TS:2021:1246

El plazo de prescripción de las sanciones administrativas en materia de prevención de riesgos laborales debe computarse desde el día siguiente al transcurso de los tres meses que fija la ley de procedimiento administrativo para la resolución de los recursos de alzada. Analizando los efectos de un recurso de alzada resuelto ochos años después de su interposición:

«En concreto, si el recurso de alzada se interpuso el 1 de septiembre de 2011 (hecho probado tercero), es palmario que el plazo de prescripción se había agotado con creces en el momento en que la administración demandada dicta la resolución escrita (enero de 2018), puesto que había dejado transcurrir en exceso, no sólo el plazo de los tres años establecido, con carácter general, para las infracciones muy graves del art. 132.1 Ley 30/1992 [actual art. 30 de la LRJSP], sino también el específico de cinco años del art.7.3 del RD 928/1998».

STS, rec. 34/2015, de 15 de diciembre de 2015, ECLI:ES:TS:2015:5794

Prescripción de infracciones en materia de prevención de riesgos laborales.

1. La prescripción de las infracciones administrativas se regula por normas y principios diversos a los que valen para los derechos laborales o las prestaciones de Seguridad Social.
2. La paralización del expediente administrativo sancionador procede si hay "conexión directa" con las actuaciones penales seguidas, sin necesidad de total identidad subjetiva.
3. Si se ha paralizado un expediente sancionador como consecuencia de las actuaciones penales y recae sentencia condenatoria, no cabe la posterior sanción administrativa por los mismos hechos.

SENTENCIA RELEVANTE

STSJ de Galicia n.º 542/2011, de 30 de junio de 2011, ES:TSJGAL:2011:5780

La doctrina recogida en el ámbito tributario es plenamente extrapolable a la interrupción de los plazos de prescripción por actas de la Inspección de Trabajo. Desde el día en que se recibe la citación para comparecer ante el funcionario actuante se entiende interrumpida la prescripción.

CUESTIONES

1. ¿Qué es la prescripción?

La prescripción es la institución jurídica en la que por el transcurso de un período de tiempo determinado se manifiesta un efecto jurídico. En lo que concierne a la materia tratada, nos referimos un período de tiempo en el que pueden llevarse a cabo las distintas actuaciones en el procedimiento sancionador, transcurrido el cual ya no sería posible realizar dichas actuaciones, es decir, es una figura que implica la extinción de un derecho por inacción a causa del transcurso del tiempo establecido.

Todas las infracciones tienen un plazo de prescripción que, una vez transcurrido, impide el ejercicio de la potestad sancionadora por parte de la administración.

2. A efectos de prescripción, ¿cuándo se entiende que ha sido cometida una infracción?

- Con carácter general, una infracción se entiende realizada cuando el sujeto ha ejecutado todos los actos que implican un resultado.
- Persistencia continuada de la comisión de infracción: en el caso de ***infracciones de carácter continuado o permanente***, la única referencia que encontramos en la LISOS a las primeras (art. 39.7 LISOS) especifica «Se sancionará en el máximo de la calificación que corresponda toda infracción que consista en la persistencia continuada de su comisión». En estos supuestos, la fecha de inicio del cómputo de prescripción comienza a contarse desde el día en que la infracción se hubiera cometido (STS n.° 1409/2018, de 24 de septiembre de 2018, ECLI:ES:TS:2018:3161).

3. Las infracciones en materia de trabajo de extranjeros en España, ¿a qué plazos de prescripción se encuentran sometidas?

Atendiendo al art. 56.1 LOEX: 6 meses las leves; 2 años las graves; 3 años las muy graves.

4. Las infracciones y sanciones en materia de igualdad de oportunidades, no discriminación y accesibilidad universal de las personas con discapacidad, ¿a qué plazos de prescripción se encuentran sometidas?

Atendiendo al art. 82 del Real Decreto Legislativo 1/2013, de 29 de noviembre: 1 año las leves; 3 años las graves; 4 años las muy graves.

Caducidad de las actuaciones de la Inspección de Trabajo

Como ya hemos tenido ocasión de tratar a lo largo de la obra, en la válida actuación de la Inspección de Trabajo juega un papel decisivo el tiempo transcurrido entre el inicio de la actividad comprobatoria hasta la emisión del acta de infracción y el tiempo máximo para resolver los expedientes sancionadores. Para estos supuestos, el RGPSL y la LITSS, fija dos plazos de caducidad del expediente sancionador que deben estar presentes:

- **La actividad inspectora previa al procedimiento sancionador (las denominadas actuaciones comprobatorias) no se dilatarán por espacio de más de nueve meses** salvo que la dilación sea imputable al sujeto a inspección o a las personas dependientes del mismo.
  - Podrá ampliarse por **otro periodo que no excederá de nueve meses**, cuando concurran las circunstancias establecidas por el art. 8.2 del RGPSL.
  - Asimismo, no se podrán interrumpir por más de **cinco meses**, salvo que la interrupción sea causada por el sujeto inspeccionado o personas de él dependientes.

- **Dentro de la tramitación y resolución del procedimiento sancionador, se fija el plazo máximo de seis meses para resolver los expedientes sancionadores por infracciones de orden social**, computados desde la fecha del acta hasta la fecha en que se notifique la resolución, produciéndose en caso de superación de dicho plazo la caducidad del expediente.

  - Cuando concurran circunstancias excepcionales, podrá acordarse la ampliación de dicho plazo máximo, en los términos previstos en los arts. 21.5 y 23 de la Ley 39/2015, de 1 de octubre.

  - No se computarán dentro del plazo máximo para resolver las interrupciones por causas imputables a los interesados o motivadas por la suspensión del procedimiento a que se refiere este Reglamento.

  - Tampoco se computará en dicho plazo máximo para resolver el tiempo transcurrido desde la fecha de remisión de la notificación en la que se facilite la documentación precisa para llevar a cabo el pago al sujeto responsable que hubiese manifestado su intención de pagar la sanción con carácter previo a la resolución y el último día del plazo máximo para que se lleve a cabo dicho pago y su correspondiente acreditación.

CUESTIONES

1. ¿Qué es la caducidad?

La caducidad se define en el Diccionario del Español Jurídico de la RAE como: «Decadencia de derechos por su falta de ejercicio en el término establecido en la ley o determinado por la voluntad de las partes contractuales. La caducidad implica la pérdida de fuerza de una ley o un derecho por transcurso del plazo para su ejercicio. Tiene el efecto de extinguir el derecho de forma automática. La caducidad no se puede renunciar. Se aprecia de oficio, no hace falta alegarla».

2. ¿Cuáles son las diferencias entre prescripción y caducidad?

La prescripción de la infracción, no debe de ser confundido con el plazo de caducidad. La prescripción no puede ser apreciada por los tribunales de oficio y se puede interrumpir, volviendo a comenzar el plazo desde la interrupción, mientras que, la caducidad puede ser apreciada de oficio por los tribunales y no puede ser interrumpida, de forma que, cumplido el plazo de caducidad el derecho quedaría extinguido automáticamente.

3. La caducidad del procedimiento de inspección, ¿supone el archivo de las actuaciones sancionadoras?

Sí. En caso de incumplir los plazos específicos (9 y 5 meses) decaerá la posibilidad de extender acta de infracción o de liquidación. No obstante, siempre que no lo impida la prescripción, la Inspección de Trabajo podrá promover nuevas actuaciones de comprobación referentes a los mismos hechos y extender, en su caso, las actas correspondientes. Las comprobaciones efectuadas en las actuaciones inspectoras previas caducadas, tendrán el carácter de antecedente para las sucesivas, haciendo constar formalmente tal incidencia (art. art. 8.2 del RGPS).

3. Cuando no se regule expresamente el plazo de caducidad de un procedimiento sancionador, ¿cuál es el plazo de caducidad que debemos aplicar subsidiariamente?

Tres meses. Cuando no se regule expresamente un plazo de caducidad del procedimiento sancionador habrá que acudir al art. 21 de la LPACAP, donde se establece:

«Cuando las normas reguladoras de los procedimientos no fijen el plazo máximo, éste será de tres meses. Este plazo y los previstos en el apartado anterior se contarán:

a) En los procedimientos iniciados de oficio, desde la fecha del acuerdo de iniciación.

b) En los iniciados a solicitud del interesado, desde la fecha en que la solicitud haya tenido entrada en el registro electrónico de la Administración u Organismo competente para su tramitación».

4. ¿Cuándo empieza a computar el plazo para la caducidad de las actuaciones comprobatorias de la ITSS?

«Cualquiera que sea el origen de la actuación inspectora conforme al artículo 20.3, el cómputo de los plazos establecidos en este apartado se iniciará a ***partir de la fecha de la primera visita efectuada o, en caso de requerimiento de comparecencia del sujeto inspeccionado****, desde la fecha efectiva de la comparecencia, siempre que haya aportado la totalidad de la documentación requerida con trascendencia en la actuación inspectora. No se considerará incluido en ningún caso en el cómputo de los plazos, el tiempo transcurrido durante el aplazamiento concedido al sujeto obligado en los supuestos de formularse requerimientos de subsanación de incumplimientos previos por parte del órgano inspector» (art. 21.4 de la LITSS).*

5. ¿Qué plazo tiene la Inspección de Trabajo para resolver las alegaciones?

El plazo es de 9 meses, prorrogable por otros 9 meses para las actuaciones de comprobación.

No podrán interrumpirse las actuaciones de comprobación por plazo superior a 5 meses.

JURISPRUDENCIA

STS n.º 1064/2020, de 21 de julio de 2020, ECLI:ES:TS:2020:2401

Analizando la caducidad de las actuaciones de la Inspección de Trabajo teniendo en cuenta la orden de servicio que da inicio a las actuaciones inspectoras como posible día inicial para computar el plazo máximo de nueve meses:

«(...) la manera de computar el plazo de nueve meses aparece regulada en el artículo 17 del RD 138/2000, de 4 de febrero, por el que se aprueba el Reglamento de Organización y Funcionamiento de la Inspección de Trabajo y Seguridad Social, en su apartado 3.b), y la orden de servicio no tiene incidencia alguna para fijar el día inicial en el cómputo del plazo de nueve meses a que se refiere el citado artículo 14 de la ley 42/1997, ya que la forma de cómputo de dicho plazo debe llevarse a cabo de acuerdo con lo previsto en el artículo 17 del citado Real Decreto 138/2000, obedeciendo la previsión de la orden de servicio simplemente a la necesidad de que la actividad inspectora se encuentre programada, debiendo la inspección adecuar sus actividades a los programas de actuación a los que con arreglo al propio artículo 14 citado, han de sujetarse las iniciativas de la Inspección de Trabajo. La orden de servicio es, así, tan sólo el medio de programar la actividad inspectora a desarrollar y el Inspector que debe llevarla a cabo (artículo 23 del RD 138/2000). Con arreglo al artículo 13 de la Ley 42/1997 y artículo 14 y concordantes del Real Decreto 138/2000, la orden de servicio es el medio organizativo utilizado por la jefatura de inspección para asignar

tareas determinadas, pero en modo alguno dicha orden de servicio puede ser considerada, pues ninguna norma lo establece así, como día inicial en el cómputo del plazo máximo de duración del procedimiento en cuestión. Este plazo, como hemos visto, comienza con el ejercicio de las actividades de comprobación previstas en el artículo 14 de la Ley 42/1997 y artículo 15 del RD 138/2000 que lo desarrolla, plazo que, con arreglo al artículo 17.3 del propio Real Decreto, deberá computarse según las reglas previstas específicamente en el mismo».

STS, rec. 1888/2014, de 27 de noviembre de 2015, ECLI:ES:TS:2015:5765

A propósito de la cuestión relativa a la caducidad del expediente y la iniciación de nueva actuación administrativa recuerda la obligación de la Administración de dictar resolución expresa en todos los procedimientos y a notificarla cualquiera que sea su forma de iniciación, y en concreto, en los casos de prescripción, renuncia del derecho, caducidad del procedimiento o desistimiento de la solicitud, así como la desaparición sobrevenida del objeto del procedimiento, la resolución consistirá en la declaración de la circunstancia que concurra en cada caso, con indicación de los hechos producidos y las normas aplicables.

SENTENCIA RELEVANTE

STSJ de Canarias n.º 8/2018, de 18 de enero de 2018, ECLI:ES:TSJICAN:2018:523

Analizando las consecuencias de la superación del plazo máximo de paralización previsto en el art 8.2 del RGPSL.

4. PROCEDIMIENTO SANCIONADOR

4.1. La actuación de la Inspección de Trabajo

El art. 1.2 de la Ley 23/2015, de 21 de julio, define la **Inspección de Trabajo y Seguridad Social** como un servicio público al que corresponde ejercer la vigilancia del cumplimiento de las normas del orden social y exigir las responsabilidades pertinentes, así como el asesoramiento y, en su caso, conciliación, mediación y arbitraje en dichas materias.

Las **normas del orden social que ha de hacer cumplir** son las relativas a materias laborales, de prevención de riesgos laborales, de seguridad social y protección social, colocación, empleo, formación profesional para el empleo y protección por desempleo, economía social, emigración, movimientos migratorios y trabajo de extranjeros, igualdad de trato y oportunidades y no discriminación en el empleo, así como cuantas otras atribuyan la vigilancia de su cumplimiento a la Inspección de Trabajo y Seguridad Social.

En cuanto a su organización y estructura, hay que acudir al Real Decreto 192/2018, de 6 de abril, por el que se aprueba los estatutos del Organismo Autónomo Organismo Estatal Inspección de Trabajo y Seguridad Social.

CUESTIONES

1. ¿Qué funciones ostenta la Inspección de Trabajo?

En virtud del art. 12 de la Ley 23/2015, de 21 de julio, la Inspección de Trabajo tiene función inspectora en los siguientes cometidos:

- De vigilancia y exigencia del cumplimiento de las normas legales, reglamentarias y del contenido de los acuerdos y convenios colectivos en el sistema de:
  - » Relaciones laborales.
  - » Prevención de riesgos laborales.
  - » Sistema de la Seguridad Social.
  - » Empleo.

» Migraciones.

» Cualesquiera otros ámbitos cuya vigilancia se encomiende legalmente a la Inspección de Trabajo y Seguridad Social.

- De asistencia técnica: dando información a empresas, representantes de los trabajadores, emitiendo informes, entre otros.
- De conciliación, mediación y arbitraje.

2. ¿Quiénes desempeñan las funciones anteriores?

La función inspectora, será desempeñada por funcionarios del Cuerpo Superior de Inspectores de Trabajo y Seguridad Social, en su integridad, y por los funcionarios del Cuerpo de Subinspectores Laborales.

En el ejercicio de sus funciones, los inspectores de Trabajo y Seguridad Social tienen el carácter de autoridad pública y están autorizados entre otras para:

- Entrar libremente en cualquier momento y sin previo aviso en todo centro de trabajo, establecimiento o lugar sujeto a inspección y a permanecer en el mismo.
- Hacerse acompañar en las visitas de inspección por la empresa o su representante, las personas trabajadoras, sus representantes.
- Practicar cualquier diligencia de investigación, examen, reconstrucción o prueba que consideren necesario.
- Adoptar, en cualquier momento del desarrollo de las actuaciones, las medidas cautelares que estimen oportunas y sean proporcionadas a su fin.

3. ¿Quién, dónde y cómo puede solicitar una inspección de trabajo?

Toda persona que tenga conocimiento de hechos que pudieran constituir infracción en materias competencia de la ITSS (laboral, seguridad y salud laboral, seguridad social, empleo, etc.) puede reclamar los servicios de la Inspección de Trabajo y Seguridad Social. El Organismo actuará siguiendo el Real Decreto 928/1998, de 14 de mayo.

Se presentará un escrito de denuncia de los hechos presuntamente constitutivos de infracción en el orden social, conteniendo los datos entre otros, de identificación del denunciante.

No se tramitarán denuncias anónimas.

Las denuncias se presentarán ante las Inspecciones Provinciales de Trabajo y Seguridad Social de manera telemática o presencial.

4. ¿Cuál es el ámbito de actuación de la Inspección de Trabajo y Seguridad Social?

La actuación de la Inspección de Trabajo y Seguridad Social se extiende todos los sujetos obligados o responsables del cumplimiento de las normas del orden social: personas físicas y jurídicas, públicas o privadas, a las comunidades de bienes u otras entidades sin personalidad jurídica (art. 9 de la Ley 23/2015, de 21 de julio).

5. ¿Dónde puede actuar la Inspección de Trabajo y Seguridad Social?

- La actuación de la ITSS se ejerce en:
- Las empresas, los centros de trabajo y, en general, los lugares de trabajo en que se ejecute la prestación laboral.
- En locales, viviendas, u otros lugares habilitados, aun cuando no se encuentren en las empresas, centros y lugares de trabajo en que se ejecute la prestación

laboral, en los que residan, se alojen o puedan permanecer los trabajadores por razón de su trabajo durante los períodos de descanso, y hayan sido puestos a disposición de los mismos por el empresario, en cumplimiento de una obligación prevista en una norma legal, convenio colectivo o contrato de trabajo.

- Los vehículos y los medios de transporte en general, en los que se preste trabajo.
- Los puertos, aeropuertos, vehículos y puntos de salida, escala y destino, en lo relativo a los viajes de emigración e inmigración interior, sin perjuicio de lo establecido en la anterior letra a) como centros de trabajo.
- Las entidades y empresas colaboradoras en la gestión de la Seguridad Social.
- Las entidades públicas o privadas que colaboren con las distintas Administraciones Públicas en materia de protección y promoción social.
- Las sociedades cooperativas.

6. ¿La empresa puede negarse a la inspección?

No, ese comportamiento sería objeto de sanción. Los inspectores de Trabajo y Seguridad Social tienen el carácter de autoridad pública y están autorizados para entrar libremente en cualquier momento y sin previo aviso en todo centro de trabajo, establecimiento o lugar sujeto a inspección y a permanecer en el mismo. Solo si el centro sometido a inspección coincidiese con el domicilio de una persona física, deberán obtener su expreso consentimiento o, en su defecto, la oportuna autorización judicial (art. 13 de la LITSS).

4.1.1. ¿Quién y cómo puede denunciar a la empresa?

La **denuncia es pública**, esto es, puede efectuarla cualquier persona. No obstante, en el ámbito laboral, la **denuncia ante la ITSS** es el único medio directo que tienen las personas trabajadoras para poner en conocimiento de la Inspección de Trabajo y de la Seguridad Social los hechos del empresario o sus representantes que puedan suponer infracciones de la normativa social.

El **origen de la denuncia es confidencial**, es decir, el inspector o cualquier otro funcionario de la Inspección de Trabajo y Seguridad Social, no puede revelar la identidad del denunciante al empresario inspeccionado (arts. 10 de la Ley 23/2015, de 21 de julio y 10 del Real Decreto 138/2000, de 4 de febrero).

En el escrito de denuncia ante la Inspección de Trabajo y Seguridad Social deben constar:

- Los **datos personales del denunciante**, datos que deben ser suficientes para identificarlo (nombre, DNI, domicilio, etc.). Por supuesto, debe ir firmado por el denunciante.
- Los **hechos que se denuncian**, así como el lugar y fecha en que ocurrieron, si son susceptibles de poder ser concretados de tal forma, además de cualquier otra circunstancia que se considere importante y de la fecha de la denuncia.
- **Identificación de los responsables** de los supuestos hechos. Debemos tener en cuenta que esta identificación ha de ser lo más concreta y precisa posible.

- **Medios de prueba:** para facilitar dentro de lo posible la función de la inspección, es importante suministrar todos los medios por los que consideremos que pueden comprobarse las presuntas infracciones, identificar las personas que pueden declarar sobre los hechos especificando la ubicación y la hora en la que pueden ser hallados en el centro de trabajo, señalar el lugar donde puedan hallarse documentos u otros medios de prueba acreditativos de los hechos etc.
- **Medidas cautelares:** la adopción de medidas preventivas para garantizar la efectividad de la inspección corresponde al inspector actuante pero podemos proponerlas en el escrito de denuncia (por ejemplo el requerimiento de paralización de trabajos en materia de prevención de riesgos laborales).

A TENER EN CUENTA. La denuncia tiene que cumplir tres requisitos básicos:

1. Se tiene que presentar por escrito.
2. Se tiene que identificar la persona denunciante (en ningún caso se presentará anónimamente).
3. Se tiene que presentar de forma presencial (no se admitirán denuncias enviadas por correo electrónico).

La LITSS no establece requisitos formales para la formulación de denuncias, tan solo especifica que **no se tramitarán:**

- Las denuncias anónimas.
- Las que resulten ininteligibles.
- Las manifiestamente infundadas.
- Las que denuncie asuntos que no sean competencia de la ITSS.
- Las que coincidan con asuntos cuyo conocimiento este sometido a un órgano judicial.

El denunciante no tiene la condición de interesado en la fase de investigación de los hechos que realizan los funcionarios de la ITSS, si bien tendrá derecho a ser informado del estado de tramitación de su denuncia, así como de los hechos que se hayan constatado y de las medidas adoptadas al respecto únicamente cuando el resultado de la investigación afecte a sus derechos individuales o colectivos reconocidos por la normativa correspondiente al ámbito de la función inspectora.

No obstante, de extenderse Acta de Infracción e iniciarse el subsiguiente procedimiento sancionador, sí podrá tener la condición de interesado según lo establecido en el art. 4 de la Ley 39/2015, de 1 de octubre. En el mismo supuesto se reconoce expresamente la condición de interesados en el procedimiento a los representantes de las organizaciones sindicales o representantes de los trabajadores, en su condición de titulares de los intereses legítimos que derivan de su representación.

CUESTIONES

1. ¿Qué es el buzón de fraude laboral de la Inspección de Trabajo y Seguridad Social?

Es una página web de denuncia anónima habilitada por el Ministerio de Trabajo y Economía Social, a través del Organismo Estatal de la Inspección de Trabajo y Seguridad Social, en la que cualquier persona puede comunicar cualquier incumplimiento de la normativa laboral, incluidos supuestos de discriminación, acoso, irregularidades en materia de seguridad social o de prevención de riesgos laborales, contratos temporales irregulares, trabajo incompatible con la prestación de desempleo, incapacidad temporal, jubilación, etc. No obstante, ha de tenerse en cuenta que las denuncias por este método no garantizan la actuación de la ITSS, al no tratarse de una denuncia formal la inspección no está obligada a actuar.

2. ¿Cómo actúa la Inspección de Trabajo ante una denuncia formal?

Por lo general el inspector de trabajo se presentará en las oficinas de la empresa, sin aviso previo, y solicita una serie de documentos (registro horario, nóminas, autorizaciones de trabajo, etc.).

En el caso de que durante el procedimiento se detecten irregularidades, en función del caso, la empresa podrá ser sancionada o advertida.

4.1.2. Cuestiones generales

Los inspectores de trabajo, en el ejercicio de sus funciones, están autorizados a desplegar toda una serie de actuaciones tendentes a la comprobación de los hechos que presuntamente son constitutivos de infracción, por acción u omisión, en el plano del orden social (art. 13 de la Ley 23/2015, de 21 de julio).

La **actuación inspectora se caracteriza por**:

- La plena autonomía técnica y funcional y su independencia frente a cualquier influencia exterior indebida.
- Su especialización funcional, compatible con los principios de unidad de función y de acto.
- La posibilidad de adoptar, en cualquier momento del desarrollo de sus actuaciones, las medidas cautelares que estimen oportunas y sean proporcionadas al fin que se persiga.
- No causar perjuicio de difícil o imposible reparación a los sujetos responsables o que implique violación de derechos.
- Considerar confidencial el origen de cualquier queja sobre el incumplimiento de las disposiciones legales y venir obligados a guardar secreto y a no revelar, aun después de haber dejado el servicio, los datos, informes o antecedentes de que puedan haber tenido conocimiento en el desempeño de sus funciones, salvo cuando se refiera a la investigación o persecución de delitos públicos.
- El deber de respetar las incompatibilidades y los motivos de abstención y recusación de los funcionarios públicos al servicio de las Administraciones públicas.

- Requerir el auxilio y la colaboración de las Administraciones públicas y de cuantas personas ejerzan funciones públicas.

En cualquier caso, **la actuación investigadora de la inspección actuante podrá desarrollarse mediante**:

a) Visita a los centros o lugares de trabajo, sin necesidad de previo aviso (art 13 de la Ley 23/2015, de 21 de julio).

b) Requerimiento de comparecencia ante el funcionario actuante de quien resulte obligado, aportando la documentación que se señale en cada caso, para efectuar las aclaraciones pertinentes.

c) En virtud de expediente administrativo cuando el contenido de su actuación permita iniciar y finalizar aquella. Las visitas de inspección podrán realizarse por uno o varios funcionarios y podrán extenderse durante el tiempo necesario.

De igual modo, la actuación de comprobación puede dar lugar a:

- **Dar conocimiento al Ministerio Fiscal**. Si apreciase la posible comisión de un delito público, la Inspección de Trabajo y Seguridad Social, por el cauce orgánico que reglamentariamente se determine, remitirá al Ministerio Fiscal relación circunstanciada de los hechos que haya conocido y de los sujetos que pudieren resultar afectados.
- **Iniciar un procedimiento de oficio ante la jurisdicción social** mediante propuesta del inspector actuante al jefe de la inspección provincial o al jefe de la respectiva unidad especializada, de conformidad con las previsiones contenidas en los arts. 146-149 de la Ley de Jurisdicción Social. El inicio del procedimiento jurisdiccional supondrá la suspensión del procedimiento sancionador que se reanudará una vez comunicada la sentencia firme pronunciándose sobre el fondo del asunto.

La **actuación de la Inspección de Trabajo** se extiende a las personas físicas y jurídicas, públicas o privadas, a las comunidades de bienes u otras entidades sin personalidad jurídica, en cuanto sujetos obligados o responsables que sean del cumplimiento de las normas del orden social (art. 19 de la Ley 23/2015, de 21 de julio).

Su actuación se ejerce en:

- **Empresas, centros de trabajo y otros lugares en que se ejecute la prestación laboral.** Aun cuando estén directamente regidos o gestionados por las Administraciones públicas o por entidades de derecho público con personalidad jurídica propia vinculadas o dependientes de cualesquiera de ellas, con sujeción, en este último caso, a lo previsto en la normativa que regula dicha actuación en las Administraciones públicas. La actuación de la Inspección de Trabajo se podrá ejercer también en locales, viviendas, u otros lugares habilitados, aun cuando no se encuentren en las empresas, centros y lugares de trabajo en que se ejecute la prestación laboral, en los que residan, se alojen o puedan permanecer los trabajadores por razón de su trabajo durante los períodos de descanso, y hayan sido puestos a disposición de los mismos por el empresario, en cumplimiento de una obligación prevista en una norma legal, convenio colectivo o contrato de trabajo.

- **Vehículos y medios de transporte en general,** en los que se preste trabajo (se incluyen los trenes, aviones y aeronaves civiles, instalaciones y explotaciones auxiliares o complementarias en tierra para el servicio de aquellos, además de buques de pabellón español de la marina mercante y buques de pabellón español de pesca, que se hallen en puertos del territorio español o en aguas en las que España ejerza soberanía, derechos soberanos o jurisdicción, así como las instalaciones y explotaciones auxiliares o complementarias para el servicio de estos que se hallen en tierra y en territorio español).
- **Puertos, aeropuertos, vehículos y puntos de salida, escala y destino,** en lo relativo a los viajes de emigración e inmigración interior, sin perjuicio de lo establecido en la letra a) de este apartado como centros de trabajo.
- **Entidades y empresas colaboradoras en la gestión de la Seguridad Social.**
- **Entidades públicas o privadas que colaboren con las distintas Administraciones públicas en materia de protección y promoción social.**
- **Sociedades cooperativas** en relación a su constitución y funcionamiento y al cumplimiento de las normas del orden social en relación a sus socios trabajadores o socios de trabajo, y a las **sociedades laborales** en cuanto a su calificación como tales, sin perjuicio de lo que establezca la legislación aplicable a la materia.

4.1.3. Modalidades de actuación inspectora

La actuación de la Inspección de Trabajo y Seguridad Social se desarrollará mediante **visita a los centros o lugares de trabajo, sin necesidad de aviso previo; mediante requerimiento de comparecencia ante el funcionario actuante de quien resulte obligado,** aportando la documentación que se señale en cada caso, o para efectuar las aclaraciones pertinentes; o **en virtud de expediente administrativo,** cuando el contenido de su actuación permita iniciar y finalizar aquella. Las actuaciones inspectoras podrán realizarse por uno o varios funcionarios y podrán extenderse durante el tiempo necesario (art. 21 de la Ley 23/2015, de 21 de julio).

A tal fin, la inspección podrá acceder a tales datos y antecedentes, proceder a cruces informáticos y solicitar antecedentes o información que permita comprobar el cumplimiento de la normativa aplicable. Si de su examen se dedujeran indicios de incumplimiento, podrá procederse en la forma dispuesta en los apartados anteriores al objeto de completar la comprobación. Podrán valorarse también los datos o antecedentes que le suministren otras Administraciones públicas de la Unión Europea.

Cuando, iniciada la visita de inspección, no fuese posible su prosecución y finalización por no aportar el sujeto a inspección los antecedentes o documentos solicitados, la actuación proseguirá en virtud de requerimiento para su aportación en la forma indicada.

Las comprobaciones efectuadas en una actuación inspectora tendrán el carácter de antecedente para las sucesivas.

A TENER EN CUENTA. Con efectos de 1 de enero de 2022, la Inspección de Trabajo podrá realizar actuaciones administrativas automatizadas emitiendo actas de infracción sobre determinadas materias. Asimismo, se podrán generar de forma automatizada las propuestas de resolución que procedan cuando no se hayan presentado alegaciones contra las actas (arts. 16 y 24 de la Ley 23/2015, de 21 de julio; 44 del Real Decreto 928/1998, de 14 de mayo y Real Decreto 688/2021, de 3 de agosto).

4.2. Actividades inspectoras previas al procedimiento sancionador en el orden social

Se entiende por actividad inspectora previa al procedimiento sancionador en el orden social, el conjunto de actuaciones realizadas por la Inspección de Trabajo y Seguridad Social destinadas a comprobar el cumplimiento de las disposiciones legales, reglamentarias y convenidas.

4.2.1. Iniciación y duración de las actuaciones inspectoras previas

Inicio de las actuaciones de comprobación de la Inspección de Trabajo

La actividad previa de comprobación podrá iniciarse (arts. 20 de la Ley 23/2015, de 21 de julio y 9 del Real Decreto 928/1998, de 14 de mayo), de cualquiera de las siguientes formas:

- Por orden superior de la autoridad competente, tanto de la Administración General del Estado como Autonómica, a través del titular de la Dirección de la Dirección Especial, Dirección Territorial, Jefatura de Inspección Provincial o, en su caso, Unidad especializada.
- Por orden de servicio del titular de la Dirección Especial, de la Dirección Territorial, de las Jefaturas de la Inspección Provincial, de sus Unidades especializadas, o del Inspector encargado del equipo, en aplicación de los planes, programas y directrices sobre actuación de la Inspección de Trabajo y Seguridad Social.
- Por petición de cualquier órgano jurisdiccional cuando determine su objeto, amplitud y finalidad.

- Por petición concreta de los organismos de la Seguridad Social, que colaborarán con la Inspección de Trabajo y Seguridad Social conforme dispone el artículo siguiente, o a solicitud de otra Administración pública.
- Por propia iniciativa del Inspector de Trabajo y Seguridad Social teniendo en cuenta criterios de eficacia y oportunidad según lo determinado en las disposiciones vigentes.
- Por denuncia de hechos presuntamente constitutivos de infracción en el orden social.

A TENER EN CUENTA. El art. 9 del Real Decreto 928/1998, de 14 de mayo, fija los requisitos del escrito de denuncia y las peculiaridades de los procedimientos que pudieran dar lugar a la exigencia de pago de cuotas de la Seguridad Social.

Duración máxima de las actuaciones de comprobación de la Inspección de Trabajo

Desde un punto de vista normativo, el art. 8 del Reglamento general sobre procedimientos para la imposición de sanciones por infracciones de Orden social y para los expedientes liquidatorios de cuotas de la Seguridad Social, establece que las actuaciones comprobatorias de los inspectores y subinspectores no se dilatarán **por espacio de más de nueve meses** y, en su caso, permitiéndose una interrupción que no puede exceder de cinco meses.

Sobre este plazo de nueve meses se establecen una serie de **excepciones** que permiten ampliar el citado plazo por otro periodo que no excederá de otros nueve **(hasta un total de 18 meses)**, como son:

- Cuando las actividades de inspección revistan especial dificultad y complejidad. Se entiende que se produce atendiendo al volumen de operaciones del sujeto obligado, por la dispersión geográfica de sus actividades, y en aquellos otros supuestos que indique una norma reglamentaria.
- Cuando en el transcurso de las mismas se descubra que el sujeto inspeccionado ha obstruido u ocultado al órgano inspector alguna de sus actividades o de las personas que las desempeñen.
- Cuando la actuación inspectora requiera de cooperación administrativa internacional.

Si la **dilación es imputable al sujeto a inspección o a las personas dependientes del mismo** no se tendrían en cuenta los señalados máximos temporales. La normativa reguladora no especifica de ninguna manera los términos «la dilación es imputable al sujeto a inspección o a las personas dependientes del mismo». Por lo que de cara a una inspección esto puede resultar positivo para el inspeccionado (podrá alegar lo que considera oportuno en su defensa en caso de imputación de dilación por su parte) o negativo (la ITSS podrá alegarlo sin atenerse a una justificación reglada de supuestos).

Si se incumplen los plazos referidos, no se interrumpirá el cómputo de la prescripción y decaerá la posibilidad de extender acta de infracción o de liquidación, como consecuencia de tales actuaciones previas, sin perjuicio de la eventual responsabilidad en la que pudieran haber incurrido los funcionarios actuantes.

La superación del plazo máximo de paralización previsto en el art. 8.2 del Real Decreto 928/1998 ha de tener por fuerza las siguientes consecuencias:

a) La Administración debe declarar la caducidad de las actuaciones previas de comprobación que está tramitando.

b) Y debe proceder también a acordar el archivo de las mismas.

c) Sin perjuicio de lo anterior, si no ha prescrito la infracción presuntamente cometida, puede incoar unas «nuevas actuaciones de comprobación referentes a los mismos hechos», como expresamente permite el párrafo 2.º del art. 8.2 del RD 928/1998. Pero estas actuaciones de comprobación solo serán «nuevas», como exige el referido precepto, si se trata de otras distintas —incluso formalmente— a las previamente incoadas, que por tanto han de estar necesariamente archivadas por caducidad. (STSJ Cataluña n.º 615/2013, de 12 de septiembre, ECLI:ES:TSJCAT:2013:8233).

CUESTIÓN

¿Cuándo procede una prórroga de la actuación comprobatoria por parte de la Inspección de Trabajo?

Para poder considerar la existencia justificada de una prórroga por 9 meses más a los ya fijados legalmente para estas actuaciones será necesario:

a) Que las actividades de inspección revistan especial dificultad y complejidad. Se entiende que se produce atendiendo al volumen de operaciones de la persona o de la entidad, por la dispersión geográfica de sus actividades, y en aquellos otros supuestos que indique una norma reglamentaria. [art. 21.4 a) de la Ley 23/2015, de 21 de julio].

b) Que en el transcurso de las mismas se descubra que el sujeto inspeccionado ha obstruido u ocultado al órgano inspector alguna de sus actividades o de las personas que las desempeñen [art. 21.4 b) de la Ley 23/2015, de 21 de julio].

c) Que la actuación inspectora requiera de cooperación administrativa internacional [art. 21.4 c) de la Ley 23/2015, de 21 de julio].

Como ya se ha citado, no se podrán interrumpir por más de cinco meses, salvo que la interrupción sea causada por el sujeto inspeccionado o personas de él dependientes, o cuando se constate la imposibilidad de proseguir la actuación inspectora por la pendencia de un pronunciamiento judicial que pueda condicionar el resultado de la misma (art. 21 de la Ley 23/2015, de 21 de julio y 8.2 del Real Decreto 928/1998, de 14 de mayo). (STS, rec. 3558/2011, de 6 de noviembre de 2012, ECLI:ES:TS:2012:7169).

Interrupción de la actuación comprobatoria

Como ya se ha citado, no se podrán interrumpir por más de cinco meses, salvo que la interrupción sea causada por el sujeto inspeccionado o personas de él dependientes, o cuando se constate la imposibilidad de proseguir la actuación inspectora por la pendencia de un pronunciamiento judicial que pueda condicionar el resultado de la misma (art. 21 de la Ley 23/2015, de 21 de julio y 8.2 del Real Decreto 928/1998, de 14 de mayo).

Actuaciones inspectoras anteriores

La Ley Ordenadora del Sistema de Inspección de Trabajo y Seguridad Social establece que las comprobaciones efectuadas en una actuación inspectora tendrán el carácter de antecedente para las sucesivas.

Cualquiera que sea el origen de la actuación inspectora —conforme al artículo 20.3 de la Ley 23/2015, de 21 de julio—, el cómputo de los plazos establecidos a los efectos de este tipo de actuaciones se iniciará a partir de la fecha de la primera visita efectuada o, en caso de requerimiento de comparecencia del sujeto inspeccionado, desde la fecha efectiva de la comparecencia, siempre que haya aportado la totalidad de la documentación requerida con trascendencia en la actuación inspectora.

No se considerará incluido en ningún caso en el cómputo de los plazos, el tiempo transcurrido durante el aplazamiento concedido al sujeto obligado en los supuestos de formularse requerimientos de subsanación de incumplimientos previos por parte del órgano inspector.

> **A TENER EN CUENTA.** Para el cómputo de los plazos analizados, en ningún caso se considerará incluido el tiempo transcurrido durante el plazo concedido al sujeto obligado en los supuestos de formularse requerimientos de subsanación de incumplimientos previos por parte del órgano inspector [art. 8. 2 c) del Real Decreto 928/1998, de 14 de mayo y párrafo 6.° del art. 21.4 de la Ley 23/2015, de 21 de julio].

4.2.2. Resultados de la actuación inspectora en el ámbito laboral

Los inspectores de Trabajo y Seguridad Social, finalizada la actividad comprobatoria inspectora, podrán adoptar las medidas que consideren siguiendo la legislación en vigor y lo establecido en el **artículo 22 de la Ley 23/2015, de 21 de julio, ordenadora de Inspección de Trabajo y Seguridad Social**.

Medidas susceptibles de adopción por el órgano inspector en materia laboral

El artículo 22 de la Ley 23/2015, de 21 de julio (LOIT) reconoce las siguientes medidas susceptibles de adopción por el órgano inspector, una vez terminada su actividad inspectora, y sin necesidad de iniciar un procedimiento sancionador o de liquidación:

1. **Advertir y requerir al sujeto responsable**, en vez de iniciar un procedimiento sancionador, cuando las circunstancias del caso así lo aconsejen y siempre que no se deriven perjuicios directos a los trabajadores o a sus representantes. (STSJ País Vasco, rec. 1874/1999, de 30 de noviembre de 1999, ECLI:ES:TSJPV:1999:4913).

2. **Requerir al sujeto responsable** para que, en el plazo que se le señale, adopte las medidas en orden al cumplimiento de la normativa de orden social o subsane las deficiencias observadas en materia de prevención de riesgos laborales, incluso con su justificación ante el funcionario actuante.
3. Informar o proponer la sustitución de sanciones principales o accesorias, de acuerdo con lo establecido en el texto refundido de la Ley sobre Infracciones y Sanciones en el Orden Social, aprobado por el Real Decreto Legislativo 5/2000, de 4 de agosto, así como por la Ley Orgánica 4/2000, de 11 de enero.
4. **Requerir a las Administraciones públicas** por incumplimiento de disposiciones relativas a la salud o seguridad del personal civil a su servicio.
5. **Iniciar el procedimiento sancionador** mediante la extensión de actas de infracción o de infracción por obstrucción.
6. **Efectuar requerimientos de pago por deudas** a la Seguridad Social, así como iniciar expedientes liquidatorios por débitos a la Seguridad Social y conceptos de recaudación conjunta o bonificaciones indebidas, mediante la práctica de actas de liquidación.
7. **Promover procedimientos de oficio** para la inscripción de empresas, afiliación y altas y bajas de trabajadores, así como para el encuadramiento de empresas y trabajadores en el régimen de la Seguridad Social adecuado, sin perjuicio del inicio del expediente liquidatorio a que se refiere el apartado anterior, si procediese.
8. Instar del correspondiente organismo la **suspensión o cese en la percepción de prestaciones sociales**, si se constatase su obtención o disfrute en incumplimiento de la normativa que las regula.
9. Instar del órgano administrativo competente la **declaración del recargo de las prestaciones económicas en caso de accidente de trabajo o enfermedad profesional** causados por falta de medidas de seguridad y salud laboral.
10. **Proponer recargos o reducciones en las primas** de aseguramiento de accidentes de trabajo y enfermedades profesionales, en relación a empresas por su comportamiento en la prevención de riesgos y salud laborales, con sujeción a la normativa aplicable.
11. Iniciar **el procedimiento para la correcta aplicación o para la devolución de cantidades indebidamente aplicadas** en los casos de colaboración en la gestión de la Seguridad Social.
12. Ordenar la **paralización inmediata de trabajos o tareas por inobservancia de la normativa sobre prevención de riesgos laborales**, de concurrir riesgo grave e inminente para la seguridad o salud de los trabajadores. Con efectos de 1 de enero de 2022, dentro de estas medidas, se establece la obligación de comunicar a la empresa por escrito mediante notificación formal o diligencia de actuación, señalando el alcance y causa de la medida y dando cuenta inmediata de

la misma a la autoridad laboral competente por parte del inspector o subinspector actuante. En caso de que la orden de paralización provenga de un subinspector de seguridad y salud laboral, este, después de proceder conforme a lo previsto en el párrafo anterior, lo comunicará de inmediato al jefe de unidad especializada o al jefe de equipo al que esté adscrito (art. 11 del Real Decreto 928/1998, de 14 de mayo en redacción aportada por Real Decreto 688/2021, de 3 de agosto).

13. **Comunicar al organismo competente los incumplimientos** que compruebe en la aplicación y destino de ayudas y subvenciones para el fomento del empleo, formación profesional para el empleo y promoción social, e iniciar el correspondiente expediente de devolución de ayudas y subvenciones cuando proceda.
14. **Proponer a su superior jerárquico la formulación de comunicaciones** y demandas de oficio ante la jurisdicción de lo social en la forma prevista en la Ley 36/2011, de 10 de octubre, reguladora de la Jurisdicción Social.
15. En los supuestos en que la actuación inspectora afecte a empresas establecidas en otros Estados miembros de la Unión Europea y los hechos comprobados sean sancionables por el Estado miembro de origen de la empresa, estos hechos podrán ponerse en conocimiento de la autoridad competente del Estado miembro de origen para que inicie el procedimiento sancionador, sin perjuicio de que pueda adoptar otras medidas que considere pertinentes.
16. Informar al órgano competente de los resultados de la investigación para la identificación de los distintos sujetos responsables por los incumplimientos de las normas a que se refiere el artículo 12.1, incluyendo los supuestos de responsabilidad solidaria o subsidiaria, así como para el señalamiento de bienes para la efectividad de la vía ejecutiva.
17. **Informar a los servicios públicos de empleo** a efectos del reconocimiento de acciones de orientación, capacitación y formación profesional para el empleo para los trabajadores en situación de trabajo no declarado, empleo irregular u otros incumplimientos detectados por la actividad inspectora, de acuerdo con la legislación aplicable. (STSJ Andalucía n.º 2359/1999, de 26 de octubre, ECLI:ES:TSJAND:1999:12920).
18. Cuantas otras medidas se deriven de la legislación en vigor.

De esta manera, la actividad previa puede concluir con la adopción de alguna o varias de las medidas siguientes:

Acta de advertencia	Advertir y requerir al sujeto responsable, en vez de iniciar un procedimiento sancionador, cuando las circunstancias del caso así lo aconsejen, y siempre que no se deriven perjuicios directos a los trabajadores o a sus representantes (art. 22 de la LOIT).

Actas de infracción	Por las que se iniciaría el procedimiento sancionador. (Resolución de 23 de junio de 1998, de la Subsecretaría, por la que se aprueban los modelos de actas y propuestas de liquidación de la Inspección de Trabajo y Seguridad Social).
Actas de liquidación	Procederá la formulación de actas de liquidación en las deudas por cuotas originadas en base a incumplimientos de los arts. 64 de la LGSS y 31 del Real Decreto 928/1998, de 14 de mayo. Del mismo modo, la Inspección de Trabajo y Seguridad Social podrá formular requerimientos a los sujetos obligados al pago de cuotas adeudadas por cualquier causa, previo reconocimiento de la deuda por aquellos ante el funcionario actuante. En este caso, el ingreso de la deuda por cuotas contenida en el requerimiento será hecho efectivo en el plazo que determine la Inspección de Trabajo y Seguridad Social, que no será inferior a un mes ni superior a cuatro meses. En caso de incumplimiento del requerimiento, se procederá a extender acta de liquidación y de infracción por impago de cuotas.
Notificación de descubiertos	Cuando en el ejercicio de su función, la Inspección de Trabajo y Seguridad Social comprobase la existencia de deudas por cuotas a la Seguridad Social o conceptos asimilados, podrá requerir a quien estime sujeto responsable de su pago para que proceda a su ingreso efectivo, absteniéndose de iniciar expedientes sancionador y liquidatorio a resultas de su cumplimiento (art. 35 del Real Decreto 928/1998, de 14 de mayo).
Acta de infracción por obstrucción	Toda persona natural o jurídica estará obligada a proporcionar a la Inspección de Trabajo y Seguridad Social toda clase de datos, antecedentes o información con trascendencia en los cometidos inspectores, siempre que se deduzcan de sus relaciones económicas, profesionales, empresariales o financieras con terceros sujetos a la acción inspectora, cuando a ello sea requerida en forma. Tal obligación alcanza a las entidades colaboradoras de los órganos de recaudación de la Seguridad Social y a las depositarias de dinero en efectivo o de fondos en cuanto a la identificación de pagos realizados con cargo a las cuentas que pueda tener en dicha entidad la persona que se señale en el correspondiente requerimiento, sin que puedan ampararse en el secreto bancario. La obligación de los profesionales de facilitar información no alcanza a aquellos datos confidenciales a que hubieran accedido por su prestación de servicios de asesoramiento y defensa o con ocasión de prestaciones o atenciones sanitarias, salvo conformidad previa y expresa de los interesados. El incumplimiento de estos requerimientos se considerará como infracción por obstrucción conforme al texto refundido de la Ley sobre Infracciones y Sanciones en el Orden Social (art. 18.2 de la LOIT y arts. 4, 10, 16 y 40 del Real Decreto 928/1998, de 14 de mayo).

Promover procedimientos de oficio	Promover procedimientos de oficio para la inscripción de empresas, afiliación y altas y bajas de trabajadores, así como para el encuadramiento de empresas y trabajadores en el régimen de la Seguridad Social adecuado, sin perjuicio del inicio del expediente liquidatorio a que se refiere el apartado anterior, si procediese (art. 22.7 de la LOIT).

Actas de advertencia y requerimientos de Inspección de Trabajo

Como hemos adelantado, el artículo 22 de la LOIT permite a la Inspección de Trabajo **advertir y requerir al sujeto responsable,** en vez de iniciar un procedimiento sancionador, cuando las circunstancias del caso así lo aconsejen y siempre que no se deriven perjuicios directos a los trabajadores o a sus representantes. Aspecto lógico —dentro de la función de vigilancia y control de la normativa social que se le ha encomendado a la ITSS—, toda vez que la comisión de una infracción tipificada como tal no implica la automática imposición de sanción.

Entre las actuaciones en las que el funcionario actuante puede advertir al sujeto responsable sobre la incorrección de su conducta, así como realizar requerimientos a fin de que corregir una conducta antijurídica, encontramos las siguientes medidas:

- Advertir y requerir al sujeto responsable, en vez de iniciar un procedimiento sancionador, cuando las circunstancias del caso así lo aconsejen y siempre que no se deriven perjuicios directos a los trabajadores o a sus representantes.
- Requerir al sujeto responsable para que, en el plazo que se le señale, adopte las medidas en orden al cumplimiento de la normativa de orden social o subsane las deficiencias observadas en materia de prevención de riesgos laborales, incluso con su justificación ante el funcionario actuante.
- Informar o proponer la sustitución de sanciones principales o accesorias, de acuerdo con lo establecido en el texto refundido de la Ley sobre Infracciones y Sanciones en el Orden Social.
- Requerir a las Administraciones públicas por incumplimiento de disposiciones relativas a la salud o seguridad del personal civil a su servicio.

De la redacción de la norma vemos la opción existente entre una **propuesta de sanción** —con el inicio de un procedimiento sancionador y de liquidación de cuotas a la Seguridad Social—, **o la formulación de las advertencias o requerimientos** analizados para que se corrija cualquier desviación normativa. Segundo aspecto que, de solucionarse, no terminaría en propuesta de sanción.

El inspector o el subinspector actuante podrá advertir o requerir, en vez de iniciar el procedimiento sancionador, cuando las circunstancias del caso así lo aconsejen y no se deriven perjuicios directos a los trabajadores, o a sus representantes (art. 11.2 del Real Decreto 928/1998, de 14 de mayo; art. 14 de la Ley 23/2015, de 21 de julio; y arts. 7.1.6 y 25 del Real Decreto 138/2000, de 4 de febrero).

La advertencia o requerimiento se comunicará al sujeto responsable por escrito o mediante la diligencia de actuación, señalando las irregularidades o deficiencias apreciadas con indicación del plazo para su subsanación bajo el correspondiente apercibimiento (art. 11.2 del Real Decreto 928/1998, de 14 de mayo).

A TENER EN CUENTA. Partiendo de que nos encontramos en la primera fase de la investigación por parte de la inspección con el objeto de conocer la situación del sujeto inspeccionado, podríamos decir que las actas de advertencia pretenden, avisar de la constatación de una irregularidad, que aun siendo necesaria su subsanación, es posible advertir en lugar de proponer sanción, mientras que mediante los requerimientos se solicita del sujeto inspeccionado una determinada actuación. Ambos conceptos, de detectarse su falta se subsanación en nuevas inspecciones, supondrían un precedente para que el funcionario actuante optase por promover un expediente sancionador en lugar de la advertencia a causa dada la reiteración en la conducta irregular de la empresa.

CUESTIÓN

¿En qué supuestos es posible advertir y requerir en lugar de promover la sanción?

El citado artículo 22 de la LOIT concede esta potestad como *«criterio del funcionario cuando «las circunstancias del caso así lo aconsejen»*. Es decir, ha de entenderse como un supuesto excepcional sobre el que no se ha fijado un procedimiento normativo fuera de lo especificado en el art. 22, lo que supone cierta inseguridad jurídica tanto para el funcionario como para el administrado y una clara manifestación de discrecionalidad administrativa.

El inspector, por tanto, según su propio criterio, basará la posibilidad de advertir/requerir antes de sancionar, en criterios como:

- Que la no imposición de la sanción pudiera derivar en mayor gravedad o peligro para la víctima de la conducta infractora.
- Posibles perjuicios graves a los trabajadores o la inexistencia de los mismos.
- Cuando la infracción tenga por causa error de hecho, independiente de la voluntad del empresario o su representante.
- La simple omisión en la cumplimentación de requisitos documentales sin intención de incumplimientos normativos.
- La inobservancia de exigencias o requisitos fácilmente subsanables.
- Cuando se trata de cuantías económicas pequeñas pero que pudieran desprestigiar a la empresa en el mercado, etcétera.

Habiéndose aclarado que no existen instrucciones o criterios normativos de cuándo debe utilizarse la técnica del requerimiento y/o advertencia frente a iniciación de un procedimiento sancionador, resulta de especial interés el Criterio Técnico n.º 50/2007 de la Dirección General de la Inspección de Trabajo y Seguridad Social, de 28 de junio de 2007, donde se valora su naturaleza jurídica y su posible recurribilidad.

Señala este criterio que, en la práctica, los empresarios puedan manifestar su discrepancia sobre los requerimientos o advertencias a efectos de que el inspector actuante pueda tenerlas en cuenta, pero excluyendo la posibilidad de una apelación formal o procedimental propiamente dicha.

Ello choca con el art. 39.2 de la LISOS (criterios de graduación de las sanciones), donde se introduce una referencia importante a los actos analizados, al matizar que las sanciones se graduarán en atención, entre otros, al «incumplimiento de las advertencias previas y requerimientos de la Inspección», pero que ha de entenderse como lógico dado su tratamiento de meros **actos de trámite sin relevancia sobre el fondo del asunto o en el procedimiento sancionador a los que no puede atribuirse indefensión. (Sentencia del Tribunal Supremo, rec. 6121/2003, de 11 de mayo de 2006, ECLI:ES:TS:2006:3373)**.

RESOLUCIÓN RELEVANTE

STSJ de Cataluña n.° 274/2012, de 30 de marzo, ECLI:ES:TSJCAT:2012:3418

«(...) actos declarativos de apercibimiento y de aviso, con eventual fijación de un plazo mediante el cual el inspector hace saber a la empresa que tiene una deficiencia y que debe remediarla. El requerimiento no impide el inicio de un procedimiento sancionador posterior, solo puede condicionarlo como circunstancia concurrente, ni produce indefensión o perjuicio irreparable. Además, el incumplimiento formal del requerimiento no será objeto de sanción sino solo la infracción sustantiva de la norma provocando la advertencia efectos suspensivos en el inicio del procedimiento sancionador. Tanto la advertencia como el requerimiento se les considera como meros actos de trámite, que no deciden sobre el fondo del asunto, ni impiden proseguir el procedimiento sancionador, más bien lo obvian, pues cumplido el requerimiento, en muchas ocasiones de información, el expediente sancionador no se inicia. Las actas de advertencia y requerimiento se limitan a recordar o invitar cumplir una ley, siendo la misma ley la que limita la esfera de actuación del administrado. Por el contrario, no crean una situación subjetiva de derecho o deber. Esto es, el acta de advertencia o el requerimiento efectuado pueden suponer una obligación de información, o de hacer o no hacer algo, sin embargo, tal obligación es preexistente al acta, siendo el objeto de esta última advertir y aconsejar, en lugar de iniciar un procedimiento sancionador. No olvidemos que el apartado 4 del mismo artículo 7 de la Ley 42/1997 prevé como otra posibilidad a desarrollar finalizada la actividad comprobatoria inspectora, "iniciar el procedimiento sancionador mediante la extensión de actas de infracción"».

Actas de infracción y actas de liquidación

Las **actas de la Inspección de Trabajo** son documentos que tienen naturaleza de documentos públicos, expedidos por la ITSS, por las que se pone en conocimiento de un sujeto las resoluciones que afectan a sus derechos o intereses, siempre y cuando este incida en responsabilidad por hechos constitutivos de infracción en el orden social (materia de relación laboral, prevención de riesgos laborales, seguridad social, colocación y empleo, emigración, trabajo de extranjeros y las motivadas por obstrucción). (STSJ de Cataluña n.° 599/2004, de 2 de julio, ECLI:ES:TSJCAT:2004:8305, ATS, rec. 2893/2008, de 17 de noviembre de 2009, ECLI:ES:TS:2009:17104A, STSJ de Madrid n.° 520/2005, de 13 de junio, ECLI:ES:TSJM:2005:6998 y STSJ de Cataluña n.° 6270/2004, de 16 de septiembre, ECLI:ES:TSJCAT:2004:10085).

El art. 13 del Real Decreto 928/1998, de 14 de mayo dice que «el procedimiento sancionador se iniciará de oficio, como resultado de la actividad inspectora previa, por acta de infracción de la Inspección de Trabajo y Seguridad Social, que se extenderá y tramitará de acuerdo con lo establecido en este capítulo». Todo ello, a partir del 1 de enero de 2022, sin perjuicio del nuevo procedimiento sancionador promovido por actuación administrativa automatizada de la Inspección de Trabajo, donde previamente y mediante resolución del director del Organismo Estatal de Inspección de Trabajo y Seguridad Social se determinarán los supuestos en los que se hará uso de dicha actuación, el órgano u órganos competentes según los casos, para la definición de especificaciones, programación, mantenimiento, supervisión y control de calidad del sistema de información.

Los hechos constatados por el inspector y reflejados en el acta gozan de presunción de veracidad o certeza, salvo prueba en contrario, presunción que también se extiende a los hechos comprobados por el subinspector. La presunción de certeza se extiende a los hechos, no a las calificaciones jurídicas ni a los juicios de valor y dotan a las actas de una institución probatoria que supone una inversión de la carga de la prueba y la atribución al sujeto pasivo del acta de la de desvirtuar su contenido con pruebas adecuadas.

Existen dos tipos de actas que analizamos a continuación.

|| Actas de infracción

Las actas de infracción de la Inspección de Trabajo y Seguridad Social conllevan la iniciación de un procedimiento sancionador, siendo necesario que reflejen (art. 14 del Real Decreto 928/1998, de 14 de mayo):

- Nombre y apellidos o razón social, domicilio, actividad, documento nacional de identidad, número de identificación fiscal, código de cuenta de cotización a la Seguridad Social y, en su caso, número de Seguridad Social de autónomos, del presunto sujeto infractor. Si se comprobase la concurrencia de responsable subsidiario o solidario, se hará constar tal circunstancia, fundamentación fáctica y jurídica de su presunta responsabilidad y los mismos datos exigidos para el sujeto responsable directo.
- Los hechos comprobados por el funcionario actuante, con expresión de los relevantes a efectos de la tipificación de la infracción, los medios utilizados para la comprobación de los hechos que fundamentan el acta, y los criterios en que se fundamenta la graduación de la propuesta da sanción; asimismo, consignará si la actuación ha sido mediante visita, comparecencia o por expediente administrativo.
- La infracción o infracciones presuntamente cometidas, con expresión del precepto o preceptos vulnerados, y su calificación.
- Número de trabajadores de la empresa y número de trabajadores afectados por la infracción, cuando tal requisito sirva para graduar la sanción o, en su caso, calificar la infracción.
- La propuesta de sanción, su graduación y cuantificación, que será el total de las sanciones propuestas si se denunciará más de una

infracción. Se incluirán expresamente la propuesta de las sanciones accesorias que procedan como vinculadas a la sanción principal.

- Órgano competente para resolver y órgano competente para realizar los actos de instrucción y ordenación del expediente sancionador y plazo para la interposición de las alegaciones ante este.
- Indicación del funcionario que levanta el acta de infracción y firma del mismo y, en su caso, visado del inspector de Trabajo y Seguridad Social con su firma e indicación del que la efectúe.
- Fecha del acta de infracción.

A TENER EN CUENTA. Con efectos de 1 de enero de 2022, si la sanción propuesta tuviera exclusivamente carácter pecuniario, se hará mención de la posibilidad de aplicar a dicha sanción el **porcentaje de reducción en la sanción** cuando el sujeto responsable reconozca su responsabilidad en la comisión de la infracción y abone el importe de la sanción propuesta inicialmente (arts. 14.6 y 17 del Real Decreto 928/1998, de 14 de mayo).

Las actas de infracción automatizadas deberán contener los requisitos generales citados (art. 14.1 del Real Decreto 928/1998, de 14 de mayo) con la a excepción de las referencias previstas para la actuación inspectora presencial como son la comprobación de los hechos por el funcionario actuante [art. 14.1.b) del Real Decreto 928/1998, de 14 de mayo] y la indicación del funcionario que levanta el acta de infracción y su firma. Estos documentos emitidos de forma automática llevarán el sello electrónico cualificado de la Inspección de Trabajo y Seguridad Social y «habrán de reflejar los hechos comprobados como resultado de la actuación administrativa, con expresión de aquellos que sean relevantes a efectos de la tipificación de la infracción, los medios utilizados para la comprobación de los hechos que fundamentan el acta y la indicación expresa de que se trata de una actuación administrativa automatizada iniciada mediante expediente administrativo» (art. 45 del Real Decreto 928/1998, de 14 de mayo).

Las actas de infracción serán notificadas al presunto sujeto o sujetos responsables en el plazo de diez días hábiles contados a partir del término de la actuación inspectora (fecha del acta), advirtiéndoles que podrán formular escrito de alegaciones en el plazo de quince días hábiles contados desde el siguiente a su notificación, acompañado de la prueba que estimen pertinente, ante el órgano instructor del expediente y que en caso de no efectuar alegaciones, el acta de infracción podrá ser considerada propuesta de resolución.

Los jefes de las inspecciones provinciales y de sus unidades especializadas podrán devolver las actas incompletas o defectuosas o que contraríen los criterios técnicos e interpretativos comunes establecidos para el desarrollo de la función inspectora, para que se corrija el defecto; en cualquier momento, dichos jefes podrán rectificar los errores materiales y de hecho y los aritméticos.

En el caso de que **en una misma actuación inspectora se apreciasen varias presuntas infracciones**, deberán acumularse en una sola acta las correspondientes a una misma materia, entendiendo por tales las infracciones en las materias de relaciones laborales, de prevención de riesgos laborales, de seguridad social, de colocación y empleo, de movimientos migratorios y trabajo de extranjeros y las motivadas por obstrucción a la actuación de la Inspección de Trabajo y Seguridad Social.

No procederá la acumulación en los casos de tramitación simultánea de actas de infracción y liquidación por los mismos hechos, cuando concurran supuestos de responsabilidad solidaria o subsidiaria, o en las infracciones relacionadas causalmente con un accidente de trabajo o enfermedad profesional. Tampoco procederá la acumulación en los supuestos en los que concurran infracciones que conlleven sanciones exclusivamente pecuniarias con otras en las que, aunque sean de una misma materia, se propongan sanciones accesorias junto a la sanción principal. En todo caso, la acumulación de infracciones respetará la distribución de competencias entre los órganos de la Administración General del Estado y entre estos y los de la comunidad autónoma respectiva (art. 16 del Real Decreto 928/1998, de 14 de mayo).

Las resoluciones recaídas en los procedimientos sancionadores por infracciones de orden social serán notificadas a los interesados, advirtiéndoles de los recursos que correspondan contra ellas, órgano administrativo o judicial ante el que hubieran de presentarse y plazo para interponerlos. Cuando el sujeto infractor hubiese hecho efectivo el pago de la sanción con carácter previo a la resolución, se le indicará la imposibilidad de interponer cualquier recurso o acción en vía administrativa contra la resolución. Asimismo, se remitirá copia del acto al funcionario que hubiere promovido el expediente (arts. 16 y 21 del Real Decreto 928/1998, de 14 de mayo).

|| Actas de liquidación de cuotas a la Seguridad Social

La Inspección de Trabajo y Seguridad Social, en relación con las deudas por cuotas a la Seguridad Social y conceptos de ingreso conjunto con estas, podrá formular propuestas de liquidación, actas de liquidación y requerimientos en los supuestos y con alcance que se establece en los arts. 29-36 del Real Decreto 928/1998, de 14 de mayo, reguladores de los expedientes administrativos iniciados con ocasión de débitos contraídos por los sujetos responsables con la Seguridad Social.

Las propuestas de liquidación se comunicarán a la Tesorería General de la Seguridad Social, la cual, una vez haya formalizado las oportunas reclamaciones de deudas, procederá a reclamar directamente al sujeto responsable su importe en los siguientes supuestos (art. 31 del Real Decreto 928/1998, de 14 de mayo):

- Falta de afiliación o alta de las personas trabajadoras en cualquiera de los regímenes del sistema de la Seguridad Social.
- Diferencias entre lo que debió ingresarse y lo efectivamente ingresado por el sujeto responsable del abono de las cuotas.
- Por derivación de responsabilidad en los supuestos previstos en la ley.

- Aplicación indebida de las bonificaciones en las cotizaciones de la Seguridad Social, previstas reglamentariamente para la financiación de las acciones formativas del subsistema de formación profesional para el empleo.

En el RGSS se distingue entre:

a) Las reclamaciones de deudas a que se refiere el art. 33 de la LGSS.

b) Las actas de liquidación de cuotas originadas por las causas contenidas en el art. 34 de la LGSS.

Dándose cualquiera de los supuestos recogidos en dicho precepto legal, competerá a la ITSS formular las propuestas de liquidación, actas de liquidación y requerimientos, sin perjuicio de que pueda, de manera simultánea, extender acta de infracción al mismo sujeto responsable (art. 33 de la LGSS).

Para el supuesto que se extendiera simultáneamente acta de liquidación de cuotas y acta de infracción, la Tesorería General de la Seguridad Social y la Jefatura de la Inspección de Trabajo coordinarán la tramitación de ambos expedientes.

Las propuestas de liquidación deberán referirse, al menos, a los siguientes extremos:

- El sujeto obligado con sus datos de identificación.
- Período de liquidación y circunstancias del descubierto.
- Número de trabajadores afectados y su identificación.
- Forma en que se realizó la labor inspectora.
- La determinación de las bases de cotización y los tipos aplicables por contingencias generales, profesionales, horas extraordinarias y cuantas otras fueran aplicables.
- El recargo por mora.
- El importe total de la liquidación.
- La firma del inspector o subinspector actuantes.

En relación a las **actas de liquidación de cuotas**, tanto el art. 34 de la LGSS, como el art. 31 del Real Decreto 928/1998, de 14 de mayo, autorizan a que la unidad de la Inspección de Trabajo y Seguridad Social existente en la dirección provincial de la Tesorería General de la Seguridad Social, extienda directamente la oportuna acta de liquidación y formule requerimiento de pago de las cuotas adeudadas a los sujetos responsables en los siguientes supuestos: a) falta de afiliación o de alta de trabajadores en cualquiera de los regímenes del sistema de la Seguridad Social, b) diferencias de cotización por trabajadores dados de alta, resulten o no directamente de las liquidaciones o datos de cotización transmitidos o de los documentos de cotización presentados, dentro o fuera de plazo.

El acta de liquidación así extendida deberá contener los siguientes requisitos (art. 32 del Real Decreto 928/1998, de 14 de mayo):

- Determinación del régimen de Seguridad Social aplicable.

- Datos personales del sujeto responsable, su domicilio, DNI o NIF, código de cuenta de cotización en la Seguridad Social y, en su caso, número de identificación en el Régimen Especial de Trabajadores Autónomos.
- Relato de los hechos comprobados por el funcionario actuante que motivan el acta de liquidación, así como los elementos de convicción de que ha dispuesto en la labor inspectora y los medios utilizados para su esclarecimiento, debiéndose indicar las disposiciones infringidas con expresión del precepto o preceptos vulnerados.
- Los datos que hayan servido de base para calcular el débito; periodo de descubierto, relación nominal y grupo de cotización de los trabajadores afectados; bases y tipos de cotización aplicados y cualesquiera otros datos de trascendencia.
- El importe principal del débito, el recargo de mora que proceda y el total de ambos.
- La indicación de la entidad en que se tuviera concertada la contingencia de accidentes de trabajo y enfermedades profesionales.
- Indicación de si por los mismos hechos se practica o no acta de infracción.
- Identificación del funcionario que extiende el acta de liquidación con su firma y, en su caso, firma del inspector que la conforme con su visado.
- La advertencia de que podrán formularse alegaciones junto con la prueba que se estime pertinente, ante el correspondiente jefe de la unidad de la inspección especializada en Seguridad Social.
- Fecha del acta de liquidación.

La base de cotización se determinará de acuerdo con las normas que la regulan. No obstante:

- Cuando la Inspección de Trabajo y Seguridad Social se vea en la imposibilidad de conocer el importe de las remuneraciones percibidas por el trabajador, se estimará como base de cotización la media entre la base mínima y máxima correspondiente al último grupo de cotización conocido en que estuviese encuadrada la categoría de cada trabajador comprendido en el acta de liquidación, haciendo constar expresamente dicha circunstancia en el acta.
- Si la categoría profesional del trabajador no fuere conocida, se tomará como tal la que determine el inspector de Trabajo y Seguridad Social, en función de las actividades del trabajador en la empresa y en aplicación de la normativa laboral que en cada caso corresponda. En los casos de polivalencia funcional o de realización de actividades propias de dos o más categorías profesionales, se estará a las que resulten preferentes en la forma antes indicada.

Notificación de descubiertos en la cotización por la Inspección de Trabajo y Seguridad Social

Cuando un inspector de Trabajo y Seguridad Social o un subinspector de Empleo y Seguridad Social comprueba que un trabajador por cuenta ajena no está afiliado o dado de alta, puede promover los siguientes procedimientos:

- **Procedimiento sancionador.**
- **Procedimiento de liquidación.**
- **Procedimiento de oficio ante la TGSS para la afiliación o alta.**

Las **actas de liquidación** contendrán, entre otros requisitos, los datos que hayan servido de base para calcular el débito: período de descubierto, relación nominal y grupo de cotización de los trabajadores afectados o, en su caso, relaciones contenidas en las declaraciones oficiales formuladas por el presunto responsable, referencia suficientemente identificadora del contenido de tales declaraciones, o relaciones nominales y de datos facilitadas y suscritas por el sujeto responsable; bases y tipos de cotización aplicados; y cuantos otros datos pueda el funcionario actuante obtener o deducir a los fines indicados.

Conocimiento del incumplimiento de las obligaciones establecidas por parte de la TGSS

El art. 20 del Real Decreto 84/1996, de 26 de enero establece las directrices en la actuación de oficio de la TGSS cuando, como consecuencia de la actuación de la Inspección de Trabajo, tuviese conocimiento del incumplimiento por el empresario de las obligaciones establecidas en el real decreto, lo que implicará en su caso la modificación por la TGSS de los datos que hubieran sido declarados en su momento.

La actuación de la inspección puede consistir en:

- **Emisión de un informe o levantamiento de acta de infracción** a la empresa si esta ha incurrido en la conducta tipificada en el art. 21.5 de la LISOS.
- **Levantar acta de liquidación** por diferencias de cotización cuando discrepe del epígrafe asignado o compruebe que la empresa realiza desde un tiempo pasado un tipo de trabajo que en su momento no fue declarado y al que le corresponde un epígrafe distinto.

Destacamos lo siguientes **procedimientos**:

Procedimiento del acta de liquidación por falta de afiliación o alta de los trabajadores

Este procedimiento está regulado en los art. 29-33 del Real Decreto 928/1998, de 14 de mayo, y tiene su fundamento en el art. 34.1.a) de la Ley General de la Seguridad Social.

Procedimiento de actuación de la Inspección de Trabajo en las diferencias de cotización por actas de liquidación

La Inspección de Trabajo puede extender actas de liquidación por diferencias de cotización cuando los trabajadores por cuenta ajena hayan sido dados de alta, siempre que dichas diferencias no resulten directamente de los documentos de cotización.

No hay ninguna duda de que **el acta de liquidación por diferencias de cotización constituye un acto de gestión recaudatoria**, que no debería plantear problemas relativos a la calificación de la naturaleza jurídica de la relación jurídica que une al trabajador con la empresa (pues el trabajador está en alta), siendo lo más frecuente que se discuta la cuantía de los conceptos retributivos que integran la base de cotización o, en su caso, el tipo de cotización correcto. Sin embargo, en este tema, tampoco puede considerarse que el acta de liquidación, como «acto de gestión recaudatoria», se aleje de cuestiones contenciosas que se debaten con una cierta preferencia como cuestión previa en el orden jurisdiccional social, puesto que las diferencias de cotización referidas a las bases en el Régimen General están ligadas de modo ineludible al abono de los salarios debidos al trabajador.

El salario viene determinado por la totalidad de las percepciones económicas, en dinero o en especie, que recibe el trabajador por la prestación profesional de los servicios laborales por cuenta ajena, ya retribuyan el trabajo efectivo, cualquiera que sea la forma de remuneración, o los períodos de descanso computables como de trabajo. Emparejándose esta definición a la base de cotización constituida por la remuneración total, cualquiera que sea su forma o denominación, que, con carácter mensual, tenga derecho a percibir el trabajador o asimilado o la que efectivamente perciba de ser esta superior, por razón del trabajo que realice por cuenta ajena (art. 26 del ET).

Diferencias por aplicación indebida del epígrafe en la tarifa de primas de accidentes de trabajo y enfermedades profesionales

Las diferencias en relación con las primas de accidentes que justifican la intervención de la Inspección de Trabajo y Seguridad Social pueden estimarse por dos causas o motivos:

- Diferencias en la base de cotización por impago del salario debido; en este punto, el acta de liquidación obedece a los motivos ya expuestos en el epígrafe anterior, por lo que nos remitimos a lo allí indicado.
- Aplicación indebida de la tarifa de primas establecida en el documento de asociación, cuando esta procede de errores en las liquidaciones practicadas en los documentos de cotización presentados por la empresa que dan lugar a una infracotización (por primas) y, consiguientemente, al levantamiento del acta de liquidación.

Desde el punto de vista del control administrativo, la LISOS únicamente dedica tres preceptos a esta materia, en los que se tipifica como infracción leve la omisión de la variación de datos por la empresa cuando cambien las circunstancias determinantes del encuadramiento (art. 21.5 de la LISOS), siendo la Mutua de Accidentes la máxima responsable por aplicar incorrectamente la tarifa de primas en los casos en que el encuadramiento no se corresponda con las actividades o trabajos realmente ejecutados.

Procedimiento de actuación de la Inspección de Trabajo en descubiertos totales de cotización por cuotas

La Inspección de Trabajo y Seguridad Social es competente para exigir el pago de las cuotas a las empresas que, además, de no haberlas ingresado en plazo, no han presentado los documentos de cotización ante la TGSS.

La exigencia de cuotas, tal como se expone, consiste en una «propuesta de liquidación» de la Inspección de Trabajo y Seguridad Social a la TGSS con las bases de cotización de los trabajadores por los salarios reales, tras haber realizado las comprobaciones oportunas. La Tesorería General de la Seguridad Social tiene la competencia para, transcurrido el plazo reglamentario sin ingreso de las cuotas debidas, reclamar su importe al sujeto responsable incrementado con el recargo que proceda.

La LGSS, por su parte, establece que «(...) si no existiese declaración, se tomará como base de cotización la media entre la base mínima y máxima correspondiente al último grupo de cotización conocido en que estuviese encuadrada la categoría de los trabajadores a que se refiera la reclamación».

Complementando esta regulación, en el caso de reclamación de deudas por descubiertos de cotización cuando no se han presentado por la empresa los documentos de cotización, se reconoce una competencia de la Inspección de Trabajo y Seguridad Social, de carácter instrumental, que excepcionalmente permite coordinar su actuación con la de la TGSS, ya que «si estas circunstancias fuesen comprobadas por la Inspección de Trabajo y Seguridad Social, lo comunicará a la TGSS con la propuesta de liquidación que proceda».

En estos casos, la Inspección de Trabajo podrá formular requerimientos a los responsables del pago de cuotas adeudadas por cualquier causa, previo reconocimiento de la deuda por aquellos ante el funcionario actuante. En este caso, el ingreso de la deuda por cuotas contenida en el requerimiento será hecho efectivo hasta el último día del mes siguiente de su notificación. En caso de incumplimiento del requerimiento, se procederá a extender acta de liquidación y de infracción por impago de cuotas.

Procedimiento de actuación de la Inspección de Trabajo en la derivación de la responsabilidad subsidiaria por exigencia de cuotas

La cotización es obligatoria en los regímenes general y especiales desde el momento de iniciación de la actividad correspondiente, determinándose en las normas reguladoras de cada régimen las personas que hayan de cumplir con dicha obligación. Acorde con lo anterior, el empresario es el sujeto responsable del cumplimiento de la obligación de cotización e ingresará las aportaciones propias y las de sus trabajadores, en su totalidad. Incorporándose de forma solidaria, subsidiaria o *mortis causa,* las personas o entidades sin personalidad.

En caso de que el empresario sea una sociedad o entidad disuelta y liquidada, sus obligaciones de cotización a la Seguridad Social pendientes se transmitirán a los socios o partícipes en el capital, que responderán de ellas solidariamente y hasta el límite del valor de la cuota de liquidación que se les hubiere adjudicado. (STS, rec. 3877/2011, de 19 de octubre de 2012, ECLI:ES:TS:2012:7113; STS, rec. 3764/2011, de 26 de septiembre de 2012, ECLI:ES:TS:2012:6677 o STS, rec. 2502/2012, de 18 de julio de 2011, ECLI:ES:TS:2011:5862).

Procedimiento de actuación de la Inspección de Trabajo en el recargo de prestaciones

Todas aquellas prestaciones económicas que tengan su causa en accidente de trabajo o enfermedad profesional tendrán un recargo, según la gravedad de la falta, de un 30 a un 50 %, cuando la lesión se produzca por máquinas, artefactos o en instalaciones, centros o lugares de trabajo que carezcan de los dispositivos de precaución reglamentarios, los tengan inutilizados o en malas condiciones, o cuando no se hayan observado las medidas generales o particulares de seguridad e higiene en el trabajo, o las elementales de salubridad o las de adecuación personal a cada trabajo, habida cuenta de sus características y de la edad, sexo y demás condiciones del trabajador.

La responsabilidad del pago del recargo de **las prestaciones económicas en caso de accidente de trabajo y enfermedad profesional citado anteriormente recaerá sobre el empresario infractor**. Independientemente de otras responsabilidades, incluso la penal, que puedan derivarse de la infracción. El art. 1 e) del Real Decreto 1300/1995, de 21 de julio, por el que se desarrolla en materia de incapacidades el Sistema de la Seguridad Social, atribuye la **competencia al SEPE para declarar la responsabilidad empresarial** que proceda por falta de alta, cotización, o medidas de seguridad e higiene en el trabajo, y determinar el porcentaje, en que, en su caso, hayan de incrementarse las prestaciones económicas. El procedimiento para el reconocimiento del recargo se regula en los arts. 4-6 del Real Decreto 1300/1995, de 21 de julio, y se completa con la OM de 18 de enero de 1996. Siguiendo esto, el art. 22.9 de la Ley 23/2015, de 21 de julio, reconoce entre las funciones de la Inspección de Trabajo y Seguridad Social, «instar al órgano administrativo competente la declaración del recargo de prestaciones económicas en caso de accidente de trabajo y enfermedad profesional causados por falta de medidas de seguridad e higiene en el trabajo».

Las resoluciones de la entidad gestora de la Seguridad Social en las que se declare la procedencia de recargos sobre las prestaciones económicas debidas a accidentes de trabajo y enfermedades profesionales originados por falta de medidas de seguridad e higiene en el trabajo, así como los responsables de dichos recargos, conforme a lo previsto en el LGSS, una vez sean firmes en vía administrativa, se comunicarán a la Tesorería General de la Seguridad Social con indicación expresa del momento en que se hubiera realizado su notificación, para la recaudación por esta del importe de tales recargos, sin perjuicio de las devoluciones que, en su caso, procedan si se redujeran o anularan en vía judicial los derechos reconocidos en dichas resoluciones administrativas.

El importe de dichos reintegros o devoluciones se imputarán con cargo al presupuesto de la citada entidad gestora de la Seguridad Social, salvo la parte del capital coste de renta no consumida que será objeto de devolución con cargo al presupuesto de la Tesorería General de la Seguridad Social, cuando lo hubiera percibido (art. 75.1 del Real Decreto 1415/2004, de 11 de junio).

4.3. Procedimiento administrativo sancionador en el orden social

«Las infracciones no podrán ser objeto de sanción sin previa instrucción del oportuno expediente, de conformidad con el procedimiento administrativo especial en esta materia, a propuesta de la Inspección de Trabajo y Seguridad Social, sin perjuicio de las responsabilidades de otro orden que puedan concurrir» (**art. 1.2 de la LISOS**).

Este procedimiento sancionador es regulado en:

- Real Decreto Legislativo 5/2000, de 4 de agosto, por el que se aprueba el texto refundido de la Ley sobre Infracciones y Sanciones en el Orden Social (LISOS).
- Ley 36/2011, de 10 de octubre, reguladora de la jurisdicción social (LJS).
- Ley 23/2015, de 21 de julio, Ordenadora del Sistema de Inspección de Trabajo y Seguridad Social (LOITSS).
- Real Decreto 928/1998, de 14 de mayo, por el que se aprueba el Reglamento general sobre procedimientos para la imposición de sanciones por infracciones de Orden social y para los expedientes liquidatorios de cuotas de la Seguridad (RGPSL).
- Real Decreto 138/2000, de 4 de febrero, por el que se aprueba el Reglamento de Organización y Funcionamiento de la Inspección de Trabajo y Seguridad Social (ROFITSS).
- Real Decreto Legislativo 2/2015, de 23 de octubre, por el que se aprueba el texto refundido de la Ley del Estatuto de los Trabajadores (ET).
- Real Decreto 688/2021, de 3 de agosto, por el que se modifica el Reglamento general sobre procedimientos para la imposición de sanciones por infracciones de orden social y para los expedientes liquidatorios de cuotas de la Seguridad Social, aprobado por el Real Decreto 928/1998, de 14 de mayo.

- Ley 39/2015, de 1 de octubre, del Procedimiento Administrativo Común de las Administraciones Públicas (LPACAP).
- Ley 40/2015, de 1 de octubre, de Régimen Jurídico del Sector Público (LRJSP).
- Real Decreto-ley 32/2021, de 28 de diciembre, de medidas urgentes para la reforma laboral, la garantía de la estabilidad en el empleo y la transformación del mercado de trabajo (reforma laboral 2021-2022).

En el caso del **procedimiento administrativo sancionador en materia preventiva**, atenderemos a la regulación específica contenida en el Reglamento general sobre procedimientos para la imposición de sanciones por infracciones de orden social y para los expedientes liquidatorios de cuotas de la Seguridad Social, teniendo en cuanta la aplicación subsidiaria de las LRJSP y LPACAP, toda vez que en esta última, en su D.A. 1.ª fija:

> «1. Los procedimientos administrativos regulados en leyes especiales por razón de la materia que no exijan alguno de los trámites previstos en esta Ley o regulen trámites adicionales o distintos se regirán, respecto a éstos, por lo dispuesto en dichas leyes especiales».
>
> "[2] c) Las actuaciones y procedimientos sancionadores en materia tributaria y aduanera, en el orden social, en materia de tráfico y seguridad vial y en materia de extranjería».

JURISPRUDENCIA

STS n.º 82/2021, de 27 de enero de 2021, ES:TS:2021:246

El art. 28.1 de la Ley 40/2015: «Sólo podrán ser sancionadas por hechos constitutivos de infracción administrativa las personas físicas y jurídicas, así como, cuando una Ley les reconozca capacidad de obrar, los grupos de afectados, las uniones y entidades sin personalidad jurídica y los patrimonios independientes o autónomos, que resulten responsables de los mismos a título de dolo o culpa».

«Así, la jurisprudencia del Tribunal Supremo (sentencias de 12 de diciembre de 1995, 14 de mayo de 1999, etc.) y la doctrina del Tribunal Constitucional atendiendo a la aplicación de los principios penales al ámbito administrativo sancionador señalaron que esta "simple inobservancia" no podía ser entendida como la admisión en el derecho administrativo sancionador de la responsabilidad objetiva, pues se requiere la existencia de dolo o culpa, ya que los principios del ámbito del derecho penal son -con ciertos matices- aplicables al ámbito administrativo sancionador .

Esta exigencia de culpabilidad en el ámbito de los ilícitos administrativos ha sido reiterada hasta la saciedad por la jurisprudencia del Tribunal Supremo. Así, las SSTS de 12 (rec. 388/1994) y 19 de mayo de 1998, Sección Sexta, afirman que en el ámbito sancionador "está vedado cualquier intento de construir una responsabilidad objetiva"' y que "en el ámbito de la responsabilidad administrativa no basta con que la conducta sea antijurídica y típica, sino que también es necesario que sea culpable, esto es, consecuencia de una acción u omisión imputable a su autor por malicia o imprudencia, negligencia o ignorancia inexcusable (...) es decir, como exigencia derivada del artículo 25.1 de la Constitución, nadie puede ser condenado o sancionado sino por hechos que le puedan ser imputados a título de dolo o culpa (principio de culpabilidad)"».

4.3.1. Iniciación del procedimiento administrativo sancionador

Como ya hemos reiterado en múltiples ocasiones, el procedimiento sancionador **se iniciará de oficio**, como resultado de la actividad inspectora previa, por acta de infracción de la Inspección de Trabajo y Seguridad Social, que se extenderá y tramitará de acuerdo con lo establecido en Capítulo III del citado RD 928/1998, de 14 de mayo (arts. 13.1) y art. 63 de la LPACAP y 25 de la LOITSS. Del mismo modo, para la imposición de sanciones por infracciones administrativas en el orden social será obligatoria la **previa tramitación del oportuno expediente**, en la que habrán de respetarse las garantías y observarse los requisitos establecidos en el reiterado Reglamento (art. 2.1 del RGPSL).

Precisando este aspecto es importante señalar:

a) Cualquier persona, en cumplimiento o no de una obligación legal, puede poner en conocimiento de un órgano administrativo la existencia de un determinado hecho que pudiera justificar la iniciación de oficio de un procedimiento administrativo (art. 62.1 del LPACAP). No obstante, una denuncia particular no obliga a la Administración a impulsar un procedimiento sancionador.

b) La presentación de una denuncia no confiere, por sí sola, la condición de interesado en el procedimiento. (art. 62.5 del LPACAP).

c) Existen determinados supuestos en los que no compete a la ITSS el inicio del procedimiento (art. 1.3 del RGPSL). En concreto, la Seguridad Social, como entidad gestora, podrá iniciar el procedimiento de imposición de sanciones, leves y graves, a los solicitantes y beneficiarios de prestaciones a que se refiere la Ley de Infracciones y Sanciones del Orden Social.

d) Deben seguirse las especialidades en el inicio de los procedimientos de naturaleza sancionadora fijadas en el art. 63 de la LPACAP:

> «1. Los procedimientos de naturaleza sancionadora se iniciarán siempre de oficio por acuerdo del órgano competente y establecerán la debida separación entre la fase instructora y la sancionadora, que se encomendará a órganos distintos.
>
> Se considerará que un órgano es competente para iniciar el procedimiento cuando así lo determinen las normas reguladoras del mismo.
>
> 2. En ningún caso se podrá imponer una sanción sin que se haya tramitado el oportuno procedimiento.
>
> 3. No se podrán iniciar nuevos procedimientos de carácter sancionador por hechos o conductas tipificadas como infracciones en cuya comisión el infractor persista de forma continuada, en tanto no haya recaído una primera resolución sancionadora, con carácter ejecutivo».

Como bien se indica en la STS, rec. 3558/2011, de 6 de noviembre de 2012, ECLI:ES:TS:2012:7169, el procedimiento para la imposición de sanciones por infracciones del orden social se inicia directamente con el acta de infracción (art. 13.1 del RGPSL), su tramitación se encomienda directamente, al órgano competente para su resolución (art. 18.1). A primera vista, esto pudiera «parecer contrario a la estructura del procedimiento sancionador general, que consta de dos fases de instrucción y resolución bien diferenciadas (capítulos III y IV del Real Decreto 1398/1993, de 4 de agosto); e incluso al principio legal que impone la separación de ambas fases. No obstante, esa contradicción es solo aparente, porque en realidad la fase de «instrucción» de este específico procedimiento sancionador no es que no exista, es que está desgajada del procedimiento sancionador «stricto sensu», tal y como lo regula el Real Decreto 928/1998, y se desarrolla con anterioridad al mismo, en las llamadas «actuaciones previas de comprobación».

Esta naturaleza instructora de las «actuaciones previas de comprobación» no se extrae tan solo de su ubicación temporal. Se extrae, sobre todo, de su regulación material contenida en el Real Decreto 928/1998, que prevé que su objeto es «comprobar el cumplimiento de las disposiciones legales, reglamentarias y convenidas en el orden social» (art. 8.1), regula en su seno las más amplias potestades de investigación y prueba de la Administración (art. 10) y establece que, si como consecuencia de las diligencias practicadas se constatan hechos constitutivos de infracción, se extenderá la correspondiente acta (art. 12.1) como «resultado» de la actividad inspectora previa (art. 13.1).

Esta es la razón, continua la sentencia citada, «por la que siendo el acta de infracción el acto que formalmente «inicia» el expediente sancionador, tenga en realidad un contenido más propio de una propuesta de resolución que de un simple acuerdo de incoación (arts. 13 y 18 del Reglamento de Procedimiento Administrativo Sancionador General). Al igual que una propuesta de resolución, el acta de infracción debe contener», según el art. 14 del Real Decreto 928/1998:

- La identificación del sujeto infractor.
- Un relato de hechos probados con expresión motivada de los medios utilizados para su comprobación.
- La calificación jurídica de la infracción o infracciones presuntamente cometidas.
- La propuesta de sanción.

CUESTIÓN

¿En todos los procedimientos sancionadores administrativos del orden social compete a la ITSS el inicio del procedimiento?

No. El art. 1.3 del RGPSL, para los casos de imposición de sanciones, leves y graves, a los solicitantes y beneficiarios de prestaciones a que se refiere la LISOS, «se iniciará por la entidad gestora, de conformidad con lo dispuesto en el capítulo VII de este Reglamento».

Resumen de la actividad inspectora previa al procedimiento sancionador

En el caso de procedimientos de naturaleza sancionadora las actuaciones previas se orientarán a determinar, con la mayor precisión posible, los hechos susceptibles de motivar la incoación del procedimiento, la identificación de la persona o personas que pudieran resultar responsables y las circunstancias relevantes que concurran en unos y otros (art. 55.2 de la LPACAP).

En base a los arts. 8.1, 10, 12.1 y 13.1, la fase de instrucción de este procedimiento hemos de entenderla dentro de la denominada «actividad inspectora previa», y se encontraría sujeta a los siguientes parámetros (realizando un resumen de lo tratado en el punto anterior de la obra):

1. **Duración:** las actuaciones comprobatorias no se dilatarán por espacio de más de **nueve meses** salvo que la dilación sea imputable al sujeto a inspección o a las personas dependientes del mismo. No obstante, podrá ampliarse por otro periodo que no excederá de nueve meses, cuando concurran las siguientes circunstancias (art. 8 del RD 928/1998, de 14 de mayo):

   a) Cuando las actividades de inspección revistan especial dificultad y complejidad. Se entiende que se produce atendiendo al volumen de operaciones del sujeto obligado, por la dispersión geográfica de sus actividades, y en aquellos otros supuestos que indique una norma reglamentaria.

   b) Cuando en el transcurso de las mismas se descubra que el sujeto inspeccionado ha obstruido u ocultado al órgano inspector alguna de sus actividades o de las personas que las desempeñen.

   c) Cuando la actuación inspectora requiera de cooperación administrativa internacional.

2. **Interrupción:** no se podrán interrumpir por más de **cinco meses,** salvo que la interrupción sea causada por el sujeto inspeccionado o personas de él dependientes.

3. **Caducidad del expediente:** si se incumplen los plazos a que se refieren los números anteriores, no se interrumpirá el cómputo de la prescripción y decaerá la posibilidad de extender acta de infracción o de liquidación, como consecuencia de tales actuaciones previas, sin perjuicio de la eventual responsabilidad en la que pudieran haber incurrido los funcionarios actuantes. Es decir, se produce la caducidad del expediente. (STS, rec. 256/2000 de 12 de noviembre de 2001, ECLI:ES:TS:2001:8781).

En caso de declararse la caducidad, la Administración ha de ordenar el archivo de las actuaciones, lo cual, comporta:

> «a) Que el acuerdo de iniciar el nuevo expediente sancionador (si llega a producirse) puede y debe fundarse en los mismos documentos que, con el valor de denuncia, determinaron la iniciación del expediente caducado. De lo contrario carecería de sentido aquel mandato legal (SSTS 1 de octubre de 2001 (dos), 15 de octubre de 2001, 22 de octubre de 2001 y 5 de noviembre de 2001).
>
> b) Que en ese nuevo expediente pueden surtir efectos, si se decide su incorporación a él con observancia de las normas que regulan su tramitación, actos independientes del expediente caducado, no surgidos dentro

de él, aunque a él se hubieran también incorporado. Concepto, éste, de actos independientes, que también cabe ver en las sentencias que acaban de ser citadas.

c) Que no cabe, en cambio, que en el nuevo procedimiento surtan efecto las actuaciones propias del primero, esto es, las surgidas y documentadas en éste a raíz de su incoación para constatar la realidad de lo acontecido, la persona o personas responsables de ello, el cargo o cargos imputables, o el contenido, alcance o efectos de la responsabilidad, pues entonces no se daría cumplimiento al mandato legal de archivo de las actuaciones del procedimiento caducado.

d) Que cabe, ciertamente, que en el nuevo procedimiento se practiquen otra vez las mismas actuaciones que se practicaron en el primero para la constatación de todos esos datos, circunstancias y efectos. Pero habrán de practicarse con sujeción, ahora y de nuevo, a los trámites y garantías propios del procedimiento sancionador y habrán de valorarse por su resultado o contenido actual y no por el que entonces hubiera podido obtenerse. Y

e) Que por excepción, pueden surtir efecto en el nuevo procedimiento todas las actuaciones del caducado cuya incorporación solicite la persona contra la que se dirige aquél, pues la caducidad "sanciona" el retraso de la Administración no imputable al administrado y no puede, por ello, desenvolver sus efectos en perjuicio de éste».

Apertura de nuevo procedimiento en caso de caducidad del expediente

La caducidad declarada de un expediente administrativo sancionador o liquidatorio, no impide la iniciación de otro nuevo con identidad de sujeto, hechos y fundamentos, cuando la infracción denunciada o la deuda imputada no hayan prescrito, se realicen nuevas actuaciones inspectoras y se practique nueva acta de infracción o de liquidación (art. 7.5 del RD 928/1998, de 14 de mayo).

Como han matizado, la STS, rec. 3558/2011, de 6 de noviembre de 2012, ECLI:ES:TS:2012:7169 y la STSJ de Galicia n.º 920/2017, de 13 de febrero de 2017, ECLI:ES:TSJGAL:2017:986, en los supuestos anteriormente citados y siempre que no lo impida la prescripción, la Inspección de Trabajo y Seguridad Social podrá promover nuevas actuaciones de comprobación referentes a los mismos hechos y extender, en su caso las actas correspondientes. Las comprobaciones efectuadas en las actuaciones inspectoras previas caducadas, tendrán el carácter de antecedente para las sucesivas, haciendo constar formalmente tal incidencia.

CUESTIÓN

Si durante la tramitación del expediente previo al procedimiento sancionador no se respetan las garantías y requisitos del RGPSL, ¿qué supondría?

La nulidad de pleno derecho o, en su caso, la anulabilidad (art. 2.1 del RGPSL y arts. 47 y 48 de la LPACAP).

4.3.2. Tramitación y resolución del procedimiento administrativo sancionador

La tramitación del expediente se centra en la fase de alegaciones frente a la comunicación del acta de infracción y de la siguiente propuesta de infracción siguiendo los arts. 17, 18 y 8 bis.4 del RD 928/1998, de 14 de mayo. Para el análisis de estas fases es necesario centrarse en:

Competencia para la tramitación del expediente

En relación a la competencia para la tramitación del expediente los arts. 4, 18 y 18 bis del Real Decreto 928/1998, de 14 de mayo, y el art. 48 de la LISOS, establecen la competencia para resolver en base a dos premisas:

a) **Tramitación e instrucción del expediente sancionador en el ámbito de competencias de las Comunidades Autónomas.** El ejercicio de la potestad sancionadora respecto de las infracciones del orden social, cuando corresponda a la Administración de las Comunidades Autónomas con competencia en materia de ejecución de la legislación del orden social, se ejercerá por los órganos y con los límites de distribución que determine cada Comunidad Autónoma.

b) La determinación de los órganos competentes para realizar los actos de instrucción y ordenación de la tramitación de los expedientes sancionadores competencia de las Comunidades Autónomas corresponderá a estas. El órgano instructor del expediente deberá remitir la propuesta de resolución, junto con el expediente administrativo sancionador, al órgano competente para resolver con una antelación mínima de quince días al del vencimiento del plazo para dictar resolución, establecido en el art. 20.3 del RGPSL.

c) **Tramitación e instrucción del expediente sancionador en el ámbito de la Administración General del Estado.** En el ámbito de la Administración General del Estado, la instrucción y ordenación del procedimiento sancionador corresponderá a la Jefatura de Unidad Especializada de Seguridad Social, finalizando la ordenación del expediente con propuesta de resolución, incluyendo, en su caso, la propuesta de sanciones accesorias, que se remitirá al órgano competente para resolver junto con el expediente administrativo sancionador, con una antelación mínima de quince días al del vencimiento del plazo para dictar resolución establecido en el reiterado art. 20.3 del RGPSL.

Tramitación del expediente

Finalizada la actividad comprobatoria inspectora los inspectores de Trabajo y Seguridad Social iniciarán el procedimiento sancionador mediante la extensión de actas de infracción o de infracción por obstrucción (art. 22.5 de la LOITSS).

Las actas de infracción serán notificadas al presunto sujeto o sujetos responsables en el plazo de diez días hábiles contados a partir del término de la actuación inspectora, entendiéndose por esta la de la fecha del acta, advirtiéndoles que podrán formular **escrito de alegaciones** en el plazo de quince días hábiles contados desde el siguiente a su notificación, acompañado de la prueba que estimen pertinente, ante el órgano instructor del expediente. En este momento:

a) **En caso de no efectuar alegaciones**, el acta de infracción podrá ser considerada propuesta de resolución, con los efectos previstos en los artículos 18 y 18 bis del reiterado RD 28/1998, de 14 de mayo.

b) Si no se formalizase escrito de alegaciones, continuará la tramitación del procedimiento hasta dictar la propuesta de resolución que corresponda (18 bis.2).

c) **En caso de efectuar alegaciones,** en plazo contra el acta de infracción, el jefe de la unidad especializada de seguridad social podrá recabar informe ampliatorio, que se emitirá en quince días, del Inspector o Subinspector que practicó el acta. El citado informe será preceptivo si en las alegaciones se invocan hechos o circunstancias distintos a los consignados en el acta, insuficiencia del relato fáctico de la misma, o indefensión por cualquier causa.

d) Dicho informe valorará expresamente las pruebas aportadas o que se hubiesen practicado, y las alegaciones producidas.

e) Si el expediente derivara de acta visada por Inspector, el informe del Subinspector que la practicó será objeto de conformidad por el Inspector que visó el acta originadora de actuaciones, en los términos que establece el artículo 12, apartados 2 y 3, del RD 28/1998, de 14 de mayo.

> **A TENER EN CUENTA**. Las actas de infracción de la Inspección de Trabajo y Seguridad Social habrán de reflejar el contenido especificado en el art. 14 del RGPSL. Conforme al art. 14.1.f) de este RD, deberá hacerse constar como contenido del acta el «órgano competente para resolver y órgano competente para realizar los actos de instrucción y ordenación del expediente sancionador y plazo para la interposición de las alegaciones ante éste».

Audiencia y nuevas alegaciones

En base a los arts. 18.4 y 18 bis.4 del RD 928/1998, de 14 de mayo, cuando de las diligencias practicadas se desprenda la invocación o concurrencia de hechos distintos a los reseñados en el acta, el órgano instructor, antes de emitir su propuesta de resolución, dará **audiencia al supuesto responsable por término de ocho días** con vista de lo actuado.

Realizado el trámite de audiencia, el sujeto responsable podrá formular nuevas alegaciones por término de otros tres días, a cuyo término quedará visto para realizar la propuesta de resolución correspondiente, que deberá remitirse al órgano competente para resolver en el plazo de tres días.

A TENER EN CUENTA. Hay que recordar que el plazo máximo para resolver los expedientes sancionadores por infracciones de orden social será de seis meses, que serán computados desde la fecha del acta hasta la fecha en que se dicte la resolución, produciéndose en caso de superación de dicho plazo la caducidad del expediente (art. 20.3 del RGPSL y 21.5 de la LPACAP).

Respecto al trámite de audiencia matizar:

- El trámite de audiencia es un derecho del administrado (art. 82.4 de la LPACAP).
- Dentro de los principios de tramitación promulgados por el art. 52.1.c) de la LISOS para el procedimiento sancionador «Transcurrido el indicado plazo y previas las diligencias necesarias, si se hubieren formulado alegaciones se dará nueva audiencia al interesado por término de ocho días, siempre que de las diligencias practicadas se desprenda la existencia de hechos distintos a los incorporados en el acta».
- Se podrá prescindir del trámite de audiencia cuando no figuren en el procedimiento ni sean tenidos en cuenta en la resolución otros hechos ni otras alegaciones y pruebas que las aducidas por el interesado (art. 82.4 de la LPACAP).

Propuesta de resolución en los procedimientos de carácter sancionador

En este caso hemos de seguir el art. 89.3 de la LPAC: «En la propuesta de resolución se fijarán de forma motivada los hechos que se consideren probados y su exacta calificación jurídica, se determinará la infracción que, en su caso, aquéllos constituyan, la persona o personas responsables y la sanción que se proponga, la valoración de las pruebas practicadas, en especial aquellas que constituyan los fundamentos básicos de la decisión, así como las medidas provisionales que, en su caso, se hubieran adoptado».

Cuando la instrucción concluya la inexistencia de infracción o responsabilidad y no se haga uso de la facultad prevista en el apartado primero, la propuesta declarará esa circunstancia.

En caso de falta de notificación de la propuesta de resolución del expediente, siguiendo entre otras STC n.º 169/2012, de 1 de octubre, ECLI: ES:TC:2012:169, se entenderá vulnerado el derecho de defensa del recurrente.

PLAZOS DE DURACIÓN DEL PROCEDIMIENTO		
Duración máxima	**6 meses:** computados desde la fecha del acta hasta la fecha en que se notifique la resolución, produciéndose en caso de superación de dicho plazo la caducidad del expediente.	Art. 20.3 del RGPSL.

Computo de plazos	- **Plazos expresados en días:** se contarán a partir del día siguiente a aquel en que tenga lugar la notificación o publicación del acto de que se trate, o desde el siguiente a aquel en que se produzca la estimación o la desestimación por silencio administrativo. - **Plazo fijados en meses:** se computarán a partir del día siguiente a aquel en que tenga lugar la notificación o publicación del acto de que se trate, o desde el siguiente a aquel en que se produzca la estimación o desestimación por silencio administrativo. El plazo concluirá el mismo día en que se produjo la notificación, publicación o silencio administrativo en el mes o el año de vencimiento. Si en el mes de vencimiento no hubiera día equivalente a aquel en que comienza el cómputo, se entenderá que el plazo expira el último día del mes. - **Cuando el último día del plazo sea inhábil:** se entenderá prorrogado al primer día hábil siguiente. - **Cuando un día fuese hábil en el municipio o Comunidad Autónoma en que residiese el interesado, e inhábil en la sede del órgano administrativo, o a la inversa:** se considerará inhábil en todo caso. La Administración General del Estado y las Administraciones de las Comunidades Autónomas, con sujeción al calendario laboral oficial, fijarán, en su respectivo ámbito, el calendario de días inhábiles a efectos de cómputos de plazos. El calendario aprobado por las Comunidades Autónomas comprenderá los días inhábiles de las Entidades Locales correspondientes a su ámbito territorial, a las que será de aplicación. Dicho calendario deberá publicarse antes del comienzo de cada año en el diario oficial que corresponda, así como en otros medios de difusión que garanticen su conocimiento generalizado.	Art. 30 de la LPACAP.

Caducidad del expediente	El vencimiento del plazo máximo establecido sin que se haya dictado y notificado resolución expresa no exime a la Administración del cumplimiento de la obligación legal de resolver. En los supuestos en los que el procedimiento se hubiera paralizado por causa imputable al interesado, se interrumpirá el cómputo del plazo para resolver y notificar la resolución.	Art. 25 de la LPACAP.
Ampliación excepcional del plazo	Cuando concurran circunstancias excepcionales (número de las solicitudes formuladas o las personas afectadas pudieran suponer un incumplimiento del plazo máximo de resolución), podrá acordarse la ampliación del citado plazo máximo de seis meses. No se computarán dentro del plazo máximo para resolver las interrupciones por causas imputables a los interesados o motivadas por la suspensión del procedimiento a que se refiere este Reglamento.	Art. 21.5, 23.1 de la LPACAP. Art. 20.3 del RGPSL.

Resolución del procedimiento sancionador

El órgano competente para resolver, previas las diligencias que estime necesarias, dictará la resolución motivada que proceda en el plazo de **diez días desde el momento en que finalizó la tramitación del expediente**, bien confirmando, modificando o dejando sin efecto la propuesta del acta (art. 20 del RGPSL). Completando este mandato, el art. 87 de la LPAC fija «Antes de dictar resolución, el órgano competente para resolver podrá decidir, mediante acuerdo motivado, la realización de las actuaciones complementarias indispensables para resolver el procedimiento». A estos efectos no tendrán la consideración de actuaciones complementarias los informes que preceden inmediatamente a la resolución final del procedimiento.

Igualmente, la LPACAP contempla la necesidad de que el acuerdo de realización de actuaciones complementarias se notifique a los interesados, concediéndoseles un plazo de siete días para formular las alegaciones que tengan por pertinentes tras la finalización de las mismas. Las actuaciones complementarias deberán practicarse en un plazo no superior a quince días. El plazo para resolver el procedimiento quedará suspendido hasta la terminación de las actuaciones complementarias.

En este punto recordar:

- El ejercicio de la potestad sancionadora respecto de las infracciones del orden social en el ámbito de la Administración General del Estado corresponderá al órgano competente, según lo que reglamentariamente se disponga (art. 48.1 de la LISOS).

- El ejercicio de la potestad sancionadora respecto de las infracciones del orden social, cuando corresponda a la Administración de las Comunidades Autónomas con competencia en materia de ejecución de la legislación del orden social, se ejercerá por los órganos y con los límites de distribución que determine cada Comunidad Autónoma (art. 48.2 de la LISOS).
- La potestad para acordar las sanciones accesorias establecidas en esta ley corresponderá a quien la ostente para imponer las de carácter principal de las que deriven aquellas (art. 48.3 de la LISOS). La resolución decidirá de forma expresa, en su caso, sobre la propuesta de sanciones accesorias previstas en la Ley de Infracciones y Sanciones del Orden Social (art. 20.2 del RGPSL).
- Los hechos constatados por los referidos funcionarios de la Inspección de Trabajo y Seguridad Social que se formalicen en las actas de infracción observando los requisitos establecidos en el apartado anterior, tendrán presunción de certeza, sin perjuicio de las pruebas que en defensa de los respectivos derechos e intereses puedan aportar los interesados (arts. 53.2 de la LISOS, 15 del RGPSL y 23 de la LOITSS).

Siguiendo los arts. 20 del RD 28/1998, de 14 de mayo, y 20 y 21 de la LPACAP, la Administración está obligada a dictar **resolución expresa y a notificarla** en todos los procedimientos cualquiera que sea su forma de iniciación, sujeta al plazo de diez días desde el momento en que finalizó la tramitación del expediente. Si se dejase sin efecto el acta se ordenará el archivo del expediente y, en su caso, el levantamiento de las medidas de carácter provisional adoptadas (art. 14.2 del RD 28/1998, de 14 de mayo).

Del mismo modo, en aplicación del art. 25 de la LPACAP, ha de ser **motivada**, con sucinta referencia de hechos y fundamentos de derecho. En el caso de procedimientos de carácter sancionador, además del contenido previsto en los dos artículos 87-89 de la LPACAP, la resolución incluirá la valoración de las pruebas practicadas, en especial aquellas que constituyan los fundamentos básicos de la decisión, fijarán los hechos y, en su caso, la persona o personas responsables, la infracción o infracciones cometidas y la sanción o sanciones que se imponen, o bien la declaración de no existencia de infracción o responsabilidad (art. 90.1 de la LPACAP).

En la resolución no se podrán aceptar hechos distintos de los determinados en el curso del procedimiento, con independencia de su diferente valoración jurídica. No obstante, cuando el órgano competente para resolver considere que la infracción o la sanción revisten mayor gravedad que la determinada en la propuesta de resolución, se notificará al inculpado para que aporte cuantas alegaciones estime convenientes en el plazo de quince días (art. 90.2 de la LPACAP).

Asimismo, el Tribunal Constitucional ha señalado, en sentencias 25/1990 y 105/2012, que «el requisito de la motivación debe entenderse cumplido si la Sentencia pone de manifiesto que la decisión adoptada responde a una concreta interpretación y aplicación del derecho que hace posible su eventual revisión jurisdiccional a través de los recursos legalmente establecidos, todo ello independientemente de la parquedad o concentración del razonamiento empleado, siempre que éste permita conocer la argumentación que lleva a la decisión judicial, descartándose así el mero voluntarismo selectivo o la pura arbitrariedad». (ATS, rec. 59/2015, de 12 de noviembre de 2015, ECLI:ES:TS:2015:9813A).

A TENER EN CUENTA. El art. 47 de la LPACAP, desarrollando la nulidad de los actos de las Administraciones Públicas, no considera nula la falta o insuficiencia de la motivación, reservándose este caso para la existencia de indefensión al administrado.

4.3.3. Notificación de la resolución del procedimiento administrativo sancionador

La regulación sobre las notificaciones está contenida (con carácter general) en los artículos 40 a 45 de la Ley 39/2015, de 1 de octubre del Procedimiento administrativo común de las Administraciones Públicas. No obstante, en relación a la notificación y ejecución del procedimiento administrativo sancionador en el orden social, debemos tener en cuenta una serie de características:

Las resoluciones recaídas en los procedimientos sancionadores por infracciones de orden social serán notificadas a los interesados, **advirtiéndoles de los recursos que correspondan contra ellas, órgano administrativo o judicial ante el que hubieran de presentarse y plazo para interponerlas.** Asimismo, se remitirá copia del acto al funcionario que hubiere promovido el expediente (art. 21 del RGPSL).

Si se imponen **sanciones pecuniarias**, la notificación contendrá además (art. 21.1 del RGPSL):

- El importe a ingresar.
- El plazo, lugar y forma de ingreso en período voluntario.
- La prevención de que, transcurrido dicho período sin efectuarse el ingreso y de no haberse interpuesto, en su caso, el correspondiente recurso ordinario, se devengará inmediatamente el recargo de apremio e intereses de demora y se procederá al cobro y, en su caso, ejecución, por el procedimiento administrativo de apremio que corresponda.

Como resulta evidente, por tratarse de un acta de infracción levantada con ocasión de accidente de trabajo o enfermedad profesional, se trasladará copia de la resolución confirmatoria a los trabajadores afectados, o a sus derechohabientes en caso de fallecimiento del trabajador.

A TENER EN CUENTA. Téngase en cuenta que el artículo 14.2 de la Ley 39/2015, de 1 de octubre, del Procedimiento Administrativo Común de las Administraciones Públicas, establece la obligatoriedad de la gestión electrónica para determinados sujetos como, por ejemplo, las personas jurídicas o los trabajadores por cuenta propia o autónomos que den ocupación a trabajadores por cuenta ajena para todos aquellos procedimientos administrativos relacionados directamente con el ejercicio de su actividad económica.

CUESTIONES

1. La resolución el procedimiento administrativo sancionador en el orden social, ¿deberá ser notificada a otros sujetos distintos del sujeto responsable?

Se remitirá copia del acto (art. 21 del RGPSL):

- Al funcionario que hubiere promovido el expediente.
- Cuando la resolución haya sido dictada por las correspondientes entidades gestoras o servicios comunes de la Seguridad Social, o por el Servicio Público de Empleo Estatal: al jefe de la unidad especializada de seguridad social de la Inspección de Trabajo y Seguridad Social que hubiera efectuado la propuesta de resolución correspondiente.
- Cuando la resolución imponga sanciones accesorias o declare la responsabilidad solidaria del empresario respecto de la devolución de las cantidades indebidamente percibidas por el trabajador: a los correspondientes organismos y entidades gestoras al día siguiente de la fecha en que se dicte.
- Las resoluciones firmes que aprecien la existencia de perjuicios económicos a los trabajadores afectados: al órgano judicial competente a los efectos de la iniciación del procedimiento de oficio regulado en el artículo 148.a) de la LJS.
- Cuando el acta de infracción se haya levantado con ocasión de accidente de trabajo o enfermedad profesional: a los trabajadores afectados, o a sus derechohabientes en caso de fallecimiento del trabajador.
- Si la infracción recogida en el acta constituye vulneración del derecho a la libertad sindical o de los derechos de representación de los trabajadores: a los representantes legales de los trabajadores.

2. Intentada la notificación personal y devuelta por el servicio de correos por resultar imposible su práctica, ¿qué sucedería?

Intentada la notificación del expediente sancionador sin éxito, o devuelta por el servicio de correos por resultar imposible su práctica, estaríamos en el supuesto de ***notificación infructuosa*** regulado en el art. 44 de la LPACAP:

«Cuando los interesados en un procedimiento sean desconocidos, se ignore el lugar de la notificación o bien, intentada ésta, no se hubiese podido practicar, la notificación se hará por medio de un anuncio publicado en el "Boletín Oficial del Estado".

Asimismo, previamente y con carácter facultativo, las Administraciones podrán publicar un anuncio en el boletín oficial de la Comunidad Autónoma o de la Provincia, en el tablón de edictos del Ayuntamiento del último domicilio del interesado o del Consulado o Sección Consular de la Embajada correspondiente.

Las Administraciones Públicas podrán establecer otras formas de notificación complementarias a través de los restantes medios de difusión, que no excluirán la obligación de publicar el correspondiente anuncio en el "Boletín Oficial del Estado".».

Por lo general, el interesado dispondrá de un plazo de diez días hábiles, a contar desde el siguiente al de la publicación en el boletín oficial, para examinar la resolución en las dependencias del organismo pertinente y podrá formular recurso de alzada en el plazo de un mes contado desde el siguiente día de su publicación (arts. 121 y 122 de la LPACAP).

Dentro del plazo máximo de seis meses para resolver, encontramos otros plazos puntuales de interés:

PLAZOS EN LA TRAMITACIÓN DEL PROCEDIMIENTO SANCIONADOR		
PLAZO GENERAL	Art. 20 del RGPSL	**SEIS MESES.** Computados desde la fecha del acta hasta la fecha en que se dicte la resolución, produciéndose en caso de superación de dicho plazo la caducidad del expediente.
PLAZO DE NOTIFICACIÓN DE LAS ACTAS	Art. 17.1 del RGPSL	**10 DÍAS HÁBILES.** Contados a partir del término de la actuación inspectora, entendiéndose por ésta la de la fecha del acta.
PLAZO PARA FORMULAR ALEGACIONES	Art. 17.1 del RGPSL	**15 DÍAS HÁBILES.** Contados desde el siguiente a su notificación.
PLAZO PARA EMISIÓN DE INFORME ACLARATORIO POR PARTE DEL INSPECTOR ACTUANTE	Art. 18.3 del RGPSL	**15 DÍAS HÁBILES.** Si se formulasen alegaciones en plazo contra el acta de infracción, el órgano instructor podrá recabar informe ampliatorio del Inspector o Subinspector que practicó el acta.
PLAZO DE AUDIENCIA AL SUJETO/S RESPONSABLE DE LA INFRACCIÓN	Art. 18.4 de la RGPSL	**8 DÍAS HÁBILES.** Cuando de las diligencias practicadas se desprenda la invocación o concurrencia de hechos distintos a los reseñados en el acta, el órgano instructor, antes de emitir su propuesta de resolución, dará audiencia al supuesto responsable por término de ocho días con vista de lo actuado.
	PLAZO PARA PRESENTACIÓN DE UN NUEVO ESCRITO DE ALEGACIONES POR EL IMPUTADO	**3 DÍAS HÁBILES.** Realizado el trámite de audiencia, el sujeto responsable podrá formular nuevas alegaciones por término de otros tres días, a cuyo término quedará visto para la propuesta de resolución.
PLAZO PARA RESOLVER POR EL ÓRGANO COMPETENTE	Art. 18.3 del RGPSL	**10 DÍAS HÁBILES.** Desde el momento en e que finalizó la tramitación del expediente sancionador (arts. 20.1 del RGPSL y 30 de la LPACAP).

A TENER EN CUENTA. Con efectos de 1 de enero de 2022 se regula el contenido de las actas de infracción automatizadas emitidas por la Inspección de Trabajo.

4.3.4. Impugnación: recurso ordinario o de alzada

El art. 23 del RGPSL regula el **recurso ordinario o de alzada** contra las resoluciones que terminan el procedimiento sancionador. Con carácter general el recurso de alzada se regirá por lo establecido en la Ley 39/2015, de 1 de octubre.

Se podrá interponer recurso ordinario en el plazo de un mes ante el órgano superior competente por razón de la materia (de acuerdo con la atribución de competencias sancionadoras del art. 4 del RGPSL), cuya resolución agotará la vía administrativa, fundado en motivos de nulidad o anulabilidad (arts. 47 y 48 de la LPACAP).

Del mismo modo, contra las resoluciones y los actos de trámite, si estos últimos deciden directa o indirectamente el fondo del asunto, determinan la imposibilidad de continuar el procedimiento, producen indefensión o perjuicio irreparable a derechos e intereses legítimos, podrán interponerse por los interesados los recursos de alzada y potestativo de reposición, que cabrá fundar en cualquiera de los motivos de nulidad o anulabilidad citados (art. 112.1 de la LPACAP).

Las resoluciones dictadas por los directores generales competentes por razón de la cuantía que no pongan fin a la vía administrativa y las dictadas por el secretario de Estado de la Seguridad Social, podrán ser objeto de recurso ordinario ante el ministro de Trabajo y Asuntos Sociales. Las resoluciones del ministro de Trabajo y Asuntos Sociales y del Consejo de ministros agotan la vía administrativa.

En el ámbito de competencia de las Comunidades Autónomas corresponderá a estas la determinación de los órganos competentes para la resolución del recurso ordinario.

El recurso ordinario se regirá por lo establecido por la Ley de Régimen Jurídico de las Administraciones Públicas y del Procedimiento Administrativo Común en lo no regulado por el analizado art. 23 del RGPSL.

Transcurridos tres meses desde la interposición del recurso ordinario sin que recaiga resolución, se podrá entender desestimado y quedará expedita la vía jurisdiccional.

Como **generalidades del recurso de alzada**:

Los arts. 121-122 de la Ley 39/2015, de 1 de octubre, se ocupan del **recurso de alzada** y lo hacen en los siguientes términos:

- Las resoluciones y actos a que se refiere el apdo. 1 del art. 112 de la Ley 39/2015, de 1 de octubre, **cuando no pongan fin a la vía administrativa**, podrán ser recurridos en alzada ante el **órgano superior** jerárquico del que los dictó. A estos efectos, los Tribunales y órganos de selección del personal al servicio de las Administraciones Públicas y cualesquiera otros que, en el seno de estas, actúen con autonomía funcional, se considerarán dependientes del órgano al que estén adscritos o, en su defecto, del que haya nombrado al presidente de los mismos.
- El recurso podrá interponerse ante el órgano que dictó el acto que se impugna o ante el competente para resolverlo.
- Si el recurso se hubiera interpuesto ante el órgano que dictó el acto impugnado, este deberá remitirlo al competente en el plazo de diez días, con su informe y con una copia completa y ordenada del expediente.
- El titular del órgano que dictó el acto recurrido será responsable directo del cumplimiento de lo previsto en el párrafo anterior.
- El **plazo** para la interposición del recurso de alzada será de un mes, si el acto fuera expreso. Transcurrido dicho plazo sin haberse interpuesto el recurso, la resolución será firme a todos los efectos.
- Si el acto no fuera expreso el solicitante y otros posibles interesados podrán interponer recurso de alzada en cualquier momento a partir del día siguiente a aquel en que, de acuerdo con su normativa específica, se produzcan los efectos del silencio administrativo.
- El **plazo máximo para dictar y notificar la resolución será de tres meses.** Transcurrido este plazo sin que recaiga resolución, se podrá entender desestimado el recurso, salvo en el supuesto previsto en el tercer párrafo del art. 24.1 de la Ley 39/2015, de 1 de octubre.

- Contra la resolución de un recurso de alzada no cabrá ningún otro recurso administrativo, salvo el recurso extraordinario de revisión, en los casos establecidos en el art. 125.1 de la Ley 39/2015, de 1 de octubre.

> **A TENER EN CUENTA.** Con efectos de 1 de enero de 2022 se ha modificado la regulación del recurso de alzada contenida en el art. 23 del Real Decreto 928/1998, de 14 de mayo para adaptarla a las actuaciones administrativas automatizadas de la Inspección de Trabajo y Seguridad Social y la nueva posibilidad de pronto pago (art. 14.6).

PROCEDIMIENTO PARA LA IMPUGNACIÓN DEL ACTA DE INFRACCIÓN DE LA ITSS

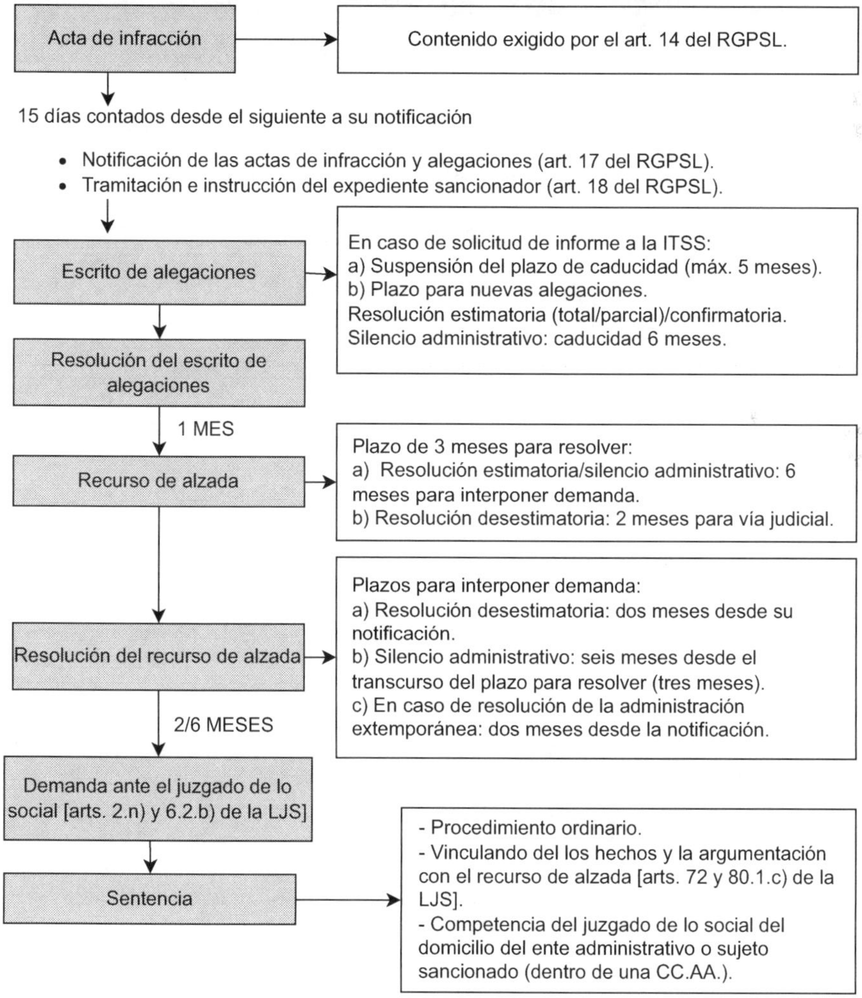

CUESTIÓN

La demanda contra acta de infracción de la ITSS, ¿se realiza ante la jurisdicción social o ante la jurisdicción contencioso-administrativa?

El art. 2 n) de la LJS [en consonancia con el art. 6.2.b) de la LJS], atribuye a la jurisdicción social la impugnación de resoluciones administrativas recaídas en el ejercicio de la potestad sancionadora en materia laboral.

Los plazos para interponer demanda son:

- En caso de resolución desestimatoria del recurso de alzada: dos meses desde su notificación.
- En caso de silencio administrativo: seis meses desde el transcurso del plazo para resolver [dada la obligación de resolver de la Administración Pública, en caso de esperar a la resolución administrativa (aún fuera de plazo), se dispondrá de dos meses desde su recepción para interponer la demanda ante el Juzgado de lo Social].

De conformidad con los arts. 72 y 80.1.c) de la LJS, en la demanda no podrán alegarse, hechos o argumentos distintos a los esgrimidos en el recurso de alzada.

JURISPRUDENCIA

STS n.º 1446/2019, de 24 de octubre de 2019, ECLI:ES:TS:2019:3335

«Se fundamenta el acuerdo recurrido que el acuerdo fue notificado al interno el día 26 de octubre y que, desde el centro penitenciario de Navalcarnero, presentó su alzada el día 2 de diciembre siguiente y, por ello, dice, fuera claramente del plazo establecido (...).

Procede en consecuencia estimar el recurso y, al no formular el recurrente otras pretensiones que las de su queja a que se inadmita por extemporáneo un recurso que no le fue notificado en forma, procede retrotraer las actuaciones en vía administrativa para que la Comisión Permanente del CGPJ se pronuncie correctamente sobre el fondo del recurso de alzada presentado por el interno, única forma de lograr que el recurrente pueda formular las pretensiones que entienda oportunas contra la nueva resolución».

STSJ de Extremadura n.º 273/2019, de 23 de julio de 2019, ECLI:ES:TSJEXT:2019:833

«Frente a la resolución expresa del titular de la Dirección General de Agricultura y Ganadería que no pone fin a la vía administrativa, podrá interponerse recurso de alzada ante la misma Dirección General o ante el titular de la Consejería de Medio Ambiente y Rural, Políticas Agrarias y Territorio en los plazos y términos recogidos en los artículos 121 y 122 de la Ley 39/2015, de 1 de octubre, del Procedimiento Administrativo Común de las Administraciones Públicas, todo ello sin perjuicio de cualquier otro recurso que estime oportuno (...)».

STSJ de Comunidad Valenciana n.º 137/2019, de 6 de marzo de 2019, ECLI:ES:TSJCV:2019:1300

«Frente a la conclusión anterior opone la demandante en su escrito de conclusiones, tal como ha sido antes reseñado, que la administración autonómica debió advertirle al notificarle el acuerdo de 16 de diciembre de 2016 de que la no interposición del recurso de alzada contra el mismo conllevaría como consecuencia la ulterior inadmisión del recurso contencioso-administrativo. Esa argumentación ha de ser rechazada. En el pie de recurso de la notificación de aquel acuerdo autonómico se indicaba a la interesada que 'Contra el presente acuerdo, que no agota la vía administrativa,

podrá interponerse Recurso de Alzada ante el Secretario Autonómico de Vivienda, Obras Públicas y Vertebración del Territorio, en el plazo de un mes, contado desde el día siguiente a la notificación del mismo, de conformidad con lo dispuesto en el artículo 10.3 del Decreto 8/2016, de 5 de febrero, del Consell, por el que se aprueba el Reglamento de los órganos territoriales y urbanísticos de la Generalitat, en relación con los artículos 121 y 122 de la Ley 39/2015, de 1 de octubre, de Procedimiento Administrativo Común de las Administraciones Públicas». La notificación se ajustó, por consiguiente, a las exigencias del art. 40.2 de la Ley 39/2015. «Toda notificación (...) deberá contener el texto íntegro de la resolución, con indicación de si pone fin o no a la vía administrativa, la expresión de los recursos que procedan, en su caso, en vía administrativa y judicial, el órgano ante el que hubieran de presentarse y el plazo para interponerlos, sin perjuicio de que los interesados puedan ejercitar, en su caso, cualquier otro que estimen procedente».

STSJ de Castilla la-Mancha n.º 49/2019, de 4 de marzo de 2019, ECLI:ES: TSJCLM:2019:542

«Finalmente, estima la Sala que ha de ser igualmente desestimada la causa de inadmisibilidad opuesta al amparo del artículo 69.c) de la LJCA, en relación con su artículo 25, y el artículo 121 de la Ley 39/2015, de 1 de octubre, de Procedimiento Administrativo Común de las Administraciones Públicas, referente a la falta de agotamiento de la vía administrativa previa, y ello por las razones que se expusieron con ocasión del análisis de la primera causa de inadmisibilidad tratada en las líneas que preceden».

STSJ de Extremadura n.º 165/2019, de 16 de mayo de 2019, ECLI:ES: TSJEXT:2019:479

«Frente a la resolución expresa del titular de la Dirección General de Agricultura y Ganadería que no pone fin a la vía administrativa, podrá interponerse recurso de alzada ante la misma Dirección General o ante el titular de la Consejería de Medio Ambiente y Rural, Políticas Agrarias y Territorio en los plazos y términos recogidos en los artículos 121 y 122 de la Ley 39/2015, de 1 de octubre, del Procedimiento Administrativo Común de las Administraciones Públicas, todo ello sin perjuicio de cualquier otro recurso que estime oportuno».

STSJ de Madrid n.º 887/2018, de 20 de noviembre de 2018, ECLI:ES: TSJM:2018:10742

«El plazo máximo de resolución será de veinte días desde la presentación electrónica de la solicitud en el órgano competente para su tramitación. Si no se resuelve en dicho plazo, la autorización se entenderá estimada por silencio administrativo. Las resoluciones serán motivadas y podrán ser objeto de recurso de alzada, de acuerdo con lo previsto en los artículos 121 y 122 de la Ley 39/2015, de 1 de octubre, del Procedimiento Administrativo Común de las Administraciones Públicas».

STSJ de Andalucía, n.º 774/2018, de 13 de septiembre de 2018, ECLI:ES: TSJAND:2018:11555

«Pues bien, como expone esta última resolución la misma no agotaba la vía administrativa, toda vez que frente a ella cabía interponer recurso de alzada en el plazo de un mes desde su notificación de acuerdo con lo prevenido en los artículos 121 y 122 de la Ley 39/2015, de 1 de octubre, del Procedimiento Administrativo Común de las Administraciones Públicas. Esto es, la desestimación inicial de la petición formulada por la actora, ya presunta (que es la impugnada judicialmente) ya expresa (la de junio de 2017, en este caso parcial), no agotaba la vía administrativa, toda vez que contra esa desestimación cabía formular recurso administrativo de alzada; de manera que es una vez deducido éste, y de ser su decisión contraria a los intereses de la interesada,

es cuando ésta podría accionar frente a la misma en sede judicial mediante la interposición del recurso contencioso-administrativo, pues de acuerdo con el artículo 25.1 LJCA éste sólo resulta admisible frente a los actos que pongan fin a la vía administrativa. No lo hizo así, y ello debe abocar indefectiblemente a declarar la inadmisibilidad del recurso; sin que resulte por lo demás procedente pronunciamiento alguno en torno a la alegada impertinencia de las obligaciones económicas reclamadas por la TGSS, pues ésta tiene por presupuesto el alta indebida de la actora en el RETA con fecha de efectos de 30 de abril de 2009, cuestión ésta respecto de la que -reiteramos- no se ha agotado la vía administrativa tras el pronunciamiento desestimatorio de la TGSS sobre el particular».

SAN, rec. 287/2015, de 11 de mayo de 2018, ECLI:ES:AN:2018:2340

«La recurrente indicada interpuso el día 23 de junio de 2016 ante esta Sala de lo contencioso-administrativo recurso contencioso-administrativo contra la Resolución dictada por el Ministerio de Fomento el día 17 de abril de 2015 por la que se resuelve estimar el recurso de alzada impropio interpuesto por el Presidente del Ente Público Puertos del Estado contra el acuerdo del Consejo de Administración de la Autoridad Portuaria de Barcelona (APB) de fecha 17 de diciembre de 2014, por el que se aprobó convocar un concurso para la adjudicación del contrato de gestión y explotación de la Plataforma de Comercio Electrónico de la APB».

SAN, rec. 250/2018, de 4 de noviembre de 2019, ECLI:ES:AN:2019:3921

«La AEAT tiene personalidad jurídica plena, como bien dice la actora, pero para el cumplimiento de sus objetivos se organiza en Delegaciones y Dependencias para la aplicación efectiva del sistema tributario. Y esa organización tiene su correspondiente delegación de facultades, de ahí que, en el caso que nos ocupa, quien puede interponer el recurso de alzada sea, conforme al art. 241 de la LGT, los Directores Generales del Ministerio de Economía y Hacienda y los Directores de Departamento de la Agencia Estatal de Administración Tributaria en las materias de su competencia, así como los órganos equivalentes o asimilados de las Comunidades Autónomas y de las Ciudades con Estatuto de Autonomía en materia de su competencia. Debe tenerse en cuenta que la personación en un proceso o en un procedimiento debe entenderse en sentido estricto, y el acto de comparecer formalmente en un juicio o en un procedimiento administrativo no puede eludirse con esas alegaciones generales de que la Administración es una persona jurídica única, porque desde la perspectiva que nos ocupa se necesita la personación de quien está legitimado que es el Director del Departamento de Inspección Financiera y Tributaria que no estaba personado ante el TEAR. Lo que nos conduce a comprender que esa falta de personación ante el TEAR permite que el recurso de alzada se desdoble en dos fases, una primera de interposición del recurso o de anuncio de interposición del recurso y otra de alegaciones (...). Del expediente administrativo surge que el 4 marzo 2015 se notifica el fallo del TEAR al director del Departamento de Inspección Financiera y Tributaria y en fecha 20 marzo 2015 se remite el escrito de interposición del recurso de alzada ante el TEAC, por lo que no ha transcurrido el plazo de 1 mes previsto en el art. 241 de la LGT».

4.3.5. Ejecución y recaudación del procedimiento administrativo sancionador

Los arts. 24 y 25 del RGPSL regulan la ejecución de las resoluciones sancionadoras firmes y su recaudación en el procedimiento administrativo sancionador en el orden social.

Ejecución de las resoluciones sancionadoras firmes en vía administrativa

Las resoluciones sancionadoras firmes en vía administrativa serán **inmediatamente ejecutivas** (art. 24 del RGPSL y RD 939/2005, de 29 de julio). Es decir, la resolución que ponga fin al procedimiento será ejecutiva cuando no quepa contra ella ningún recurso ordinario en vía administrativa, pudiendo adoptarse en la misma las disposiciones cautelares precisas para garantizar su eficacia en tanto no sea ejecutiva y que podrán consistir en el mantenimiento de las medidas provisionales que en su caso se hubieran adoptado (art. 90 de la LPACAP y 100.2 de la LGSS).

Recaudación del importe de las sanciones

Las **sanciones pecuniarias** (excepto por infracciones en materia de Seguridad Social) serán recaudadas por el procedimiento establecido en el Reglamento General de Recaudación (Real Decreto 939/2005, de 29 de julio). El art. 25 del RGPSL diferencia dos aspectos en relación a la gestión:

1. En función del plazo de ingreso:
   - **Plazo de ingreso en período voluntario:** la recaudación corresponde a las delegaciones de economía y hacienda.
   - **Plazo de ingreso en período ejecutivo:** la recaudación corresponde a la Agencia Estatal de la Administración Tributaria.
2. El plazo de ingreso en período voluntario será de treinta días desde el siguiente a la fecha de notificación de la resolución que imponga la sanción. Cuando esta sea recurrida en vía administrativa, en la resolución del recurso se concederá, en su caso, un nuevo plazo de quince días para el ingreso.
3. En función del órgano sancionador:
   - **Sanciones pecuniarias impuestas por órganos de la Administración General del Estado por infracciones en materia de Seguridad Social:** serán hechas efectivas en la Tesorería General de la Seguridad Social, que procederá a su reclamación a los solos efectos recaudatorios en los términos establecidos en el Reglamento General de Recaudación de la Seguridad Social (Real Decreto 1415/2004, de 11 de junio).
     - » Se le remitirá certificación del acto firme en vía administrativa para que, a los solos efectos recaudatorios y sin posibilidad de revisión, proceda a su reclamación. No obstante, cuando la competencia para la imposición de sanciones pecuniarias le corresponda a la Tesorería General de la Seguridad Social, en la resolución que se dicte al efecto, se liquidará además la sanción correspondiente y se procederá a requerir su pago.
     - » De la efectividad del pago se dará cuenta por dicha Tesorería General de la Seguridad Social, en el plazo de diez días hábiles, al órgano competente para resolver. De no efectuarse el ingreso

en los plazos señalados, se instará la recaudación en vía ejecutiva por los órganos y procedimientos establecidos en el Reglamento General de Recaudación de la Seguridad Social.

- **Sanciones impuestas en el ámbito de sus competencias por órganos de las Comunidades Autónomas:** serán recaudadas por los órganos y procedimientos establecidos en las normas que regulan la recaudación de los ingresos de derecho público de cada una de dichas Comunidades.

Las **sanciones no pecuniarias** (ej.: sanciones a los empresarios que colaboren voluntariamente en la gestión de la Seguridad Social, sanciones accesorias previstas en el art. 45 de la LISOS, reintegro de prestaciones indebidas, etc.) se ejecutarán por la Secretaría de Estado para la Seguridad Social o por la entidad gestora competente, una vez que sea firme en vía administrativa la resolución que las impone (art. 24.2 del RGPSL).

Reducción pago con carácter previo a la resolución

En los supuestos de infracciones para las cuales se proponga una sanción que tenga carácter **exclusivamente pecuniario**, si el sujeto responsable procediese al pago de la sanción propuesta en el acta con carácter previo a la resolución, en el plazo establecido al efecto, y renunciase al ejercicio de cualquier acción, alegación o recurso en vía administrativa, dicho pago llevará implícito el reconocimiento de responsabilidad y **el importe de la sanción se reducirá en un 40 por ciento** [arts. 14.6 del RGPSL (añadido con efectos de 01/01/2022 por Real Decreto 688/2021 de 3 de agosto) y 83.3 de la LPACAP].

Para el acceso a esta reducción de la sanción hemos de tener en cuenta:

- Estará condicionada a la **realización del pago por parte del sujeto responsable con carácter previo a la resolución**, en el plazo previsto a tal efecto será el establecido en el art. 18 bis.7 del RGPSL (de conformidad con los arts. 85.2 y 3 de la LPACAP), donde se establece:

  > «Cuando el sujeto responsable hubiese manifestado su voluntad de proceder al **pago de la sanción con carácter previo a la resolución**, se le facilitarán los documentos o instrucciones precisas para el pago de la sanción, en el plazo fijado al efecto y en la cuantía correspondiente, una vez aplicado el porcentaje de **reducción del 40 por ciento.**
  >
  > Dicho pago deberá realizarse y acreditarse ante el órgano instructor en un plazo máximo de **diez días hábiles desde el siguiente a la notificación de la documentación** precisa para realizarlo.
  >
  > Transcurrido dicho plazo, una vez comprobada la realización o no del pago de la sanción, el órgano competente para la instrucción del procedimiento dictará su propuesta de resolución, que indicará, bien la realización del pago y la fecha de cobro o bien la falta de pago».

- Cuando se acumulasen en una misma acta diversas infracciones (arts. 16 del RGPSL) **la reducción se aplicará sobre el importe total** de la propuesta de sanción.

- Las sanciones propuestas en aquellas **actas de infracción concurrentes con actas de liquidación** por los mismos hechos (arts. 34.2 del RGPSL), únicamente podrán ser objeto de reducción en los siguientes términos: «Si el sujeto infractor diese su conformidad a la liquidación practicada, mediante el ingreso de su importe en el plazo establecido en el artículo 31.3 del texto refundido de la Ley General de la Seguridad Social, y, en su caso, en el señalado en el artículo 33.1, párrafo tercero, de este Reglamento, las sanciones por infracción por los mismos hechos se **reducirán automáticamente al 50 por 100 de su cuantía**. Esta reducción automática sólo podrá aplicarse en el supuesto de que la cuantía de la liquidación supere la de la sanción propuesta inicialmente».
- En aquellos supuestos en los que concurran **distintos sujetos responsables respecto de una misma infracción**, para la aplicación de la reducción de la sanción será preciso que, al menos uno de dichos sujetos solicite el pago con carácter previo a la resolución, y que ninguno de los otros presente alegaciones al acta de infracción, efectuándose el pago en el plazo previsto, todo ello sin perjuicio de las responsabilidades previstas para otros procedimientos distintos del regulado en el RGPSL.

> **A TENER EN CUENTA.** Las actas de infracción de la Inspección de Trabajo y Seguridad Social habrán de reflejar la posibilidad de reducción del 40 por ciento por pago con carácter previo a la resolución. Dado que el art. 14.6 del RGPSL incluye este aspecto dentro del contenido de las actas, su omisión supondrá la posibilidad de impugnar el acta por defectos de forma.

El órgano competente para resolver comunicará el pago a la Tesorería General de la Seguridad Social a los solos efectos informativos (art. 25.1 y 2 del RGPSL).

Comunicación del ingreso de las sanciones a la ITSS

El ingreso de las sanciones anteriores, se comunicará a la Inspección de Trabajo y Seguridad Social que emitió las actas originadoras del expediente sancionador, con la periodicidad que «se establezca en la Conferencia Sectorial» (art. 25.4 del RGPSL).

Pago de la sanción y posible solicitud de fraccionamiento o aplazamiento

El pago de la sanción se puede realizar de una sola vez (la resolución sancionadora indicará el plazo previsto) o bien solicitar un fraccionamiento o aplazamiento. En este caso la normativa aplicable varía en función de la materia o el órgano (estatal o autonómico) que sanciona.

> **A TENER EN CUENTA.** Las deudas con la Seguridad Social podrán ser objeto de aplazamiento siguiendo los art. 31-36 del Real Decreto 1415/2004, de 11 de junio.

4.4. Presunción de certeza en la actuación inspectora y requisitos del acta para su validez

La Ley 23/2015, de 21 de julio, ordenadora del Sistema de ITSS, **otorga a los hechos constatados por los funcionarios de la ITSS la presunción de certeza,** siempre que se formalicen en las actas de infracción y de liquidación observando los requisitos legales pertinentes. Todo ello, sin perjuicio de las pruebas que en defensa de los respectivos derechos o intereses pueden aportar los interesados.

La presunción de veracidad atribuida a las actas de inspección se encuentra en la **imparcialidad y especialización**, que, en principio, debe reconocerse al inspector actuante; presunción de certeza perfectamente compatible con el derecho fundamental a la **presunción de inocencia**, ya que la legislación se limita a atribuir a tales actas el carácter de **prueba de cargo**, dejando abierta la posibilidad de practicar prueba en contrario. En consonancia con esto, reiterada jurisprudencia del Tribunal Supremo ha limitado el valor atribuible a las actas de la inspección, limitando la presunción de certeza a solo los **hechos que por su objetividad son susceptibles de percepción directa por el inspector, o a los inmediatamente deducibles de aquellos o acreditados por medios de prueba consignados en la propia acta como pueden ser documentos o declaraciones incorporadas a la misma. (Sentencia del Tribunal Superior de Justicia de Cataluña n.º 599/2004, de 2 de julio, ECLI:ES:TSJCAT:2004:8305 y la Sentencia del Tribunal Supremo, rec. 2893/2008, de 17 de noviembre de 2009, ECLI:ES:TS:2009:17104A).**

La citada presunción de veracidad de las actas de inspección **puede ser, según los Tribunales, destruida mediante prueba en contrario, véase Sentencia del Tribunal Superior de Justicia del País Vasco, rec. 1436/1999, 2 de noviembre, ECLI:ES:TSJPV:1999:4257**. No obstante, la presunción iuris tantum de veracidad no se refiere solo a las actas de infracción o de liquidación, sino que **comprende también los informes o requerimientos** en cuanto se trate de hechos que respondan a una comprobación directa efectuada por la Inspección de Trabajo. **(Sentencia del Tribunal Supremo, rec. 76/2011, de 22 de mayo de 2012, ECLI:ES:TS:2012:4457)**.

Asimismo, recalcando el valor probatorio de las actas de los funcionarios de la ITSS, destacan:

Art. 1216 del Código Civil

«Son documentos públicos los autorizados por un Notario o empleado público competente, con las solemnidades requeridas por la ley».

Art. 1218 del Código Civil

«Los documentos públicos hacen prueba, aun contra tercero, del hecho que motiva su otorgamiento y de la fecha de éste.

También harán prueba contra los contratantes y sus causahabientes, en cuanto a las declaraciones que en ellos hubiesen hecho los primeros».

Art. 319 de la LEC. Fuerza probatoria de los documentos públicos

«1. Con los requisitos y en los casos de los artículos siguientes, los documentos públicos comprendidos en los números 1.° a 6.° del artículo 317 harán prueba plena del hecho, acto o estado de cosas que documenten, de la fecha en que se produce esa documentación y de la identidad de los fedatarios y demás personas que, en su caso, intervengan en ella.

2. La fuerza probatoria de los documentos administrativos no comprendidos en los números 5.° y 6.° del artículo 317 a los que las leyes otorguen el carácter de públicos, será la que establezcan las leyes que les reconozca tal carácter. En defecto de disposición expresa en tales leyes, los hechos, actos o estados de cosas que consten en los referidos documentos se tendrán por ciertos, a los efectos de la sentencia que se dicte, salvo que otros medios de prueba desvirtúen la certeza de lo documentado.

3. En materia de usura, los tribunales resolverán en cada caso formando libremente su convicción sin vinculación a lo establecido en el apartado primero de este artículo».

Art. 15 del Real Decreto 928/1998, de 14 de mayo

«Las actas extendidas por la Inspección de Trabajo y Seguridad Social tienen naturaleza de documentos públicos. Las actas formalizadas con arreglo a los requisitos establecidos en el artículo anterior estarán dotadas de presunción de certeza de los hechos y circunstancias reflejados en la misma que hayan sido constatados por el funcionario actuante, salvo prueba en contrario, de conformidad con lo establecido en la disposición adicional cuarta.2 de la Ley 42/1997, de 14 de noviembre, ordenadora de la Inspección de Trabajo y Seguridad Social».

Art. 23 de la Ley 23/2015, de 21 de julio

«Los hechos constatados por los funcionarios de la Inspección de Trabajo y Seguridad Social que se formalicen en las actas de infracción y de liquidación, observando los requisitos legales pertinentes, tendrán presunción de certeza, sin perjuicio de las pruebas que en defensa de los respectivos derechos o intereses pueden aportar los interesados.

El mismo valor probatorio se atribuye a los hechos reseñados en informes emitidos por la Inspección de Trabajo y Seguridad Social como consecuencia de comprobaciones efectuadas por la misma, sin perjuicio de su contradicción por los interesados en la forma que determinen las normas procedimentales aplicables.

No se verá afectada la presunción de certeza a que se refieren los párrafos anteriores por la sustitución del funcionario o funcionarios durante el periodo de la actuación inspectora, si bien se deberá comunicar en tiempo y forma a los interesados dicha sustitución antes de la finalización de aquella, en los términos que se establezcan reglamentariamente».

A lo anterior puede añadirse, únicamente, algún argumento relacionado con la presunción de certeza de las actas de infracción establecida en el art. 53.2 de la LISOS, por el que se aprueba el texto refundido de la Ley sobre Infracciones y Sanciones en el Orden Social, según el cual los hechos constatados por los referidos funcionarios de la ITSS que se formalicen en las actas de infracción observando los requisitos establecidos en el apartado anterior, tendrán presunción de certeza, sin perjuicio de las pruebas que en defensa de los respectivos derechos e intereses puedan aportar los interesados. **(Sentencia del Tribunal Superior de Justicia de Castilla y León, rec. 1899/2013, de 22 de enero de 2014. ECLI:ES:TSJCL:2014:307).**

El mismo valor probatorio se atribuye a los hechos reseñados en informes emitidos por la ITSS, en los supuestos concretos a que se refiere la Ley Ordenadora de la ITSS, consecuentes a comprobaciones efectuadas por la misma, sin perjuicio de su contradicción por los interesados en la forma que determinen las normas procedimentales aplicables.

SENTENCIAS RELEVANTES

Sentencia del Tribunal Superior de Justicia de Madrid n.º 1287/2005, de 8 de noviembre. ECLI:ES:TSJM:2005:10408

La presunción de certeza y la inversión de la carga de prueba: la presunción de certeza despliega la carga de la prueba al administrado, de modo que es este quien debe acreditar con las pruebas precisas que no se ajustan a la realidad los hechos descritos por la inspección.

Sentencia del Tribunal Superior de Justicia de Asturias n.º 1260/2007, de 18 de octubre. ECLI:ES:TSJAS:2007:5501

La presunción de inocencia y la presunción de certeza: de igual manera, la presunción de veracidad de las actas de la Inspección de Trabajo no es absoluta e indiscutible, lo que no sería constitucionalmente admisible, sino que el valor probatorio que de ellas se deduzca puede ser enervado por otras pruebas que conduzcan a conclusiones distintas. En consecuencia, no hay una inversión de la carga de la prueba, en el sentido de que el ciudadano sancionado deba de probar su inocencia que constitucionalmente se presume, sino que es necesario actuar contra el acto de prueba aportado por la Administración, siempre y cuando este reúna los requisitos que permitan otorgarle la presunción de veracidad, insistiendo también el Tribunal Supremo en la necesidad de una valoración conjunta de todo lo actuado realizada por el Órgano Judicial en base a las reglas de la lógica y la sana crítica.

Sentencias del Tribunal Constitucional n.º 212/1990, de 20 de diciembre, ECLI:ES:TC:1990:212; y n.º 247/2007, de 12 de diciembre. ECLI:ES:TC:2007:247

Modalidades de la actuación inspectora y veracidad: la actuación de la ITSS se desarrollará mediante visita a los centros o lugares de trabajo; mediante requerimiento de comparecencia ante el funcionario actuante de quien resulte obligado, aportando la documentación que se señale en cada caso; o en virtud de expediente administrativo, cuando el contenido de su actuación permita iniciar y finalizar aquella.

En aplicación de la normativa antes citada y de múltiple doctrina, los Tribunales vienen atribuyendo eficacia probatoria en el procedimiento administrativo sancionador al contenido de los escritos de denuncia, al igual que a las actas de infracción e informes ampliatorios de las mismas, siempre que se trate de datos objetivos reflejados en ellas que hayan sido real y directamente apreciados por los funcionarios intervinientes y no conocidos por referencia, ni producto de su enjuiciamiento o deducción, por entender que tales medios probatorios se hallan revestidos de las necesarias notas de imparcialidad y dotados de mayor fuerza de convicción que cualquier otro elemento de prueba, aun cuando no en todos los casos constituyan prueba plena, conforme ha quedado anteriormente constatado.

El acta de inspección en sí misma no es determinante de ninguna sanción, sino que posibilita y abre, en su caso, la fase propiamente sancionadora donde el interesado podrá alegar y aportar las pruebas que combatan la presentada por la Administración pues, las referidas actas tienen valor de presunción de veracidad *iuris tantum.*

Art. 77.1 de la LPACAP

«Los hechos relevantes para la decisión de un procedimiento podrán acreditarse por cualquier medio de prueba admisible en Derecho, cuya valoración se realizará de acuerdo con los criterios establecidos en la Ley 1/2000, de 7 de enero, de Enjuiciamiento Civil».

Art. 60.4 de la Ley 29/1998, de 13 de julio

«La prueba se desarrollará con arreglo a las normas generales establecidas para el proceso civil, siendo el plazo para practicarla de treinta días. No obstante, se podrán aportar al proceso las pruebas practicadas fuera de este plazo por causas no imputables a la parte que las propuso».

Para que la presunción de certeza analizada despliegue sus efectos, las actas necesitan:

- Cumplir ciertos requisitos objetivos y formales siguiendo el Real Decreto 928/1998, de 14 de mayo.
- Los inspectores de trabajo a la hora de confeccionar el acta deben respetar los requisitos de imparcialidad y objetividad.
- Los hechos reflejados en las actas levantadas por los funcionarios deben haber sido cotejados por ellos mismos, precisando los medios utilizados, y que estos cuadren con la proposición de sanción.

En relación con los **requisitos de las actas**:

Los arts. 53 de la LISOS y 14 del Real Decreto 928/1998, de 14 de mayo, concretan el contenido general de las actas de infracción de la ITSS. De forma supletoria al procedimiento administrativo sancionador, serán de aplicación las disposiciones sobre el procedimiento administrativo común contenidas en los arts. 34 y ss. de la LPACAP.

Además de los derechos previstos en la normativa anterior con carácter general, en el caso de procedimientos administrativos de naturaleza sancionadora, los presuntos responsables tendrán los siguientes derechos (art. 34.1 de la LPACAP):

- A ser notificado de los hechos que se le imputen, de las infracciones que tales hechos puedan constituir y de las sanciones que, en su caso, se les pudieran imponer, así como de la identidad del instructor, de la autoridad competente para imponer la sanción y de la norma que atribuya tal competencia.

- A la presunción de no existencia de responsabilidad administrativa mientras no se demuestre lo contrario.

Asimismo, conforme al art. 14.1.d) y h) del RGPSL, otro dato necesario para la validez de toda acta será la indicación del funcionario que levanta el acta de infracción y firma de este y, en su caso, visado del Inspector de Trabajo y Seguridad Social con su firma e indicación del que la efectúe, así como la fecha del acta de infracción.

Junto a lo anterior, otros **requisitos del acta de la Inspección de Trabajo para su validez como medio de prueba** son:

1. La identificación del sujeto infractor, responsable solidario o subsidiario

Las actas han de contener, nombre y apellidos o razón social, domicilio, actividad, documento nacional de identidad, número de identificación fiscal, código de cuenta de cotización a la Seguridad Social y, en su caso, número de Seguridad Social de autónomos, del presunto sujeto infractor. Si se comprobase la concurrencia de responsable subsidiario o solidario, se hará constar tal circunstancia, fundamentación fáctica y jurídica de su presunta responsabilidad y los mismos datos exigidos para el sujeto responsable directo (art. 14 del Real Decreto 928/1998, de 14 de mayo).

2. Relato del inspector actuante

Los hechos constatados por los referidos funcionarios de la ITSS que se formalicen en las actas de infracción observando los requisitos establecidos en el apartado anterior, tendrán presunción de certeza, sin perjuicio de las pruebas que en defensa de los respectivos derechos e intereses puedan aportar los interesados.

El mismo valor probatorio se atribuye a los hechos reseñados en informes emitidos por la ITSS, en los supuestos concretos a que se refiere la Ley Ordenadora de la ITSS, consecuentes a comprobaciones efectuadas por la misma, sin perjuicio de su contradicción por los interesados en la forma que determinen las normas procedimentales aplicables (art. 52 de la LISOS).

Siguiendo la LISOS, el Real Decreto 928/1998, de 14 de mayo, especifica, «los hechos comprobados por el funcionario actuante, con expresión de los relevantes a efectos de la tipificación de la infracción, los medios utilizados para la comprobación de los hechos que fundamentan el acta, y los criterios en que se fundamenta la graduación de la propuesta da sanción; asimismo, consignará si la actuación ha sido mediante visita, comparecencia o por expediente administrativo».

3. Tipificación de la sanción y su calificación

Del mismo modo, las actas de infracción de la ITSS reflejarán la infracción que se impute, con expresión del precepto vulnerado, y la calificación de la infracción, en su caso la graduación de la sanción, la propuesta de sanción y su cuantificación [art. 53 1 b) y c) de la LISOS].

Atendiendo a los arts. 27.1 y 2 de la Ley 40/2015, de 1 de octubre, de Régimen Jurídico del Sector Público (en adelante, LRJSP), solo constituyen infracciones administrativas las vulneraciones del ordenamiento jurídico previstas como tales infracciones por una Ley, sin perjuicio de lo dispuesto para la Administración Local en el Título XI de la Ley 7/1985, de 2 de abril. Las infracciones administrativas se clasificarán por Ley en leves, graves y muy graves.

Importante también el art. 27.4 de la Ley 40/2015, de 1 de octubre (LRJSP), que establece que «las normas definidoras de infracciones y sanciones no serán susceptibles de aplicación analógica». Las infracciones se califican como leves, graves y muy graves en atención a la naturaleza del deber infringido y la entidad del derecho afectado, de conformidad con lo establecido en la LISOS (art. 1.3 de la LISOS).

4. Acumulación de infracciones en la misma acta

En el caso de que en la misma actuación inspectora se estimasen varias presuntas infracciones, deberán acumularse en una sola acta las correspondientes a una misma materia, entendiendo por tales las infracciones en materia de relación laboral, de prevención de riesgos laborales, en materia de Seguridad Social, en materia de colocación y empleo, en materia de emigración, de movimientos migratorios y de trabajo de extranjeros y las motivadas por obstrucción. No procederá la acumulación en los casos de tramitación simultánea de actas de infracción y liquidación por los mismos hechos, cuando concurran supuestos de responsabilidad solidaria o subsidiaria, o en las infracciones relacionadas causalmente con un accidente de trabajo o enfermedad profesional. En todo caso, la acumulación de infracciones respetará la distribución de competencias entre los órganos de la Administración General del Estado y entre la Administración General del Estado y de la Comunidad Autónoma respectiva. (art. 16 del RGPSL). En atención al art. 34.4 de la LGSS, las actas de liquidación y las de infracción que se refieran a los mismos hechos se practicarán simultáneamente por la ITSS.

5. Propuesta de sanción, su graduación y cuantificación

La propuesta de sanción, su graduación y cuantificación, que será el total de las sanciones propuestas si se denunciará más de una infracción, son, sin duda, uno de los requisitos fundamentales del acta de infracción, reflejados en los art. 53.1.c) de la LISOS y 14.1.e) del RGPSL. Calificadas las infracciones, como hemos visto anteriormente, las sanciones se graduarán en atención a la negligencia e intencionalidad del sujeto infractor, fraude o connivencia, incumplimiento de las advertencias previas y requerimientos de la Inspección, cifra de negocios de la empresa, número de trabajadores o de beneficiarios afectados en su caso, perjuicio causado y cantidad defraudada, como circunstancias que puedan agravar o atenuar la graduación a aplicar a la infracción cometida (art. 39.2 y 4 de la LISOS). Se incluirán expresamente la propuesta de las sanciones accesorias que procedan como vinculadas a la sanción principal. Respecto a la expresión del **órgano competente sobre el expediente sancionador y plazo para la interposición de las alegaciones**, las actas de infracción han de contener el órgano competente para resolver y órgano competente para realizar los actos de instrucción y ordenación del expediente sancionador y plazo para la interposición de las alegaciones ante este [art. 14.1.f) del RGPSL].

4.5. Obstrucción a la actuación de la Inspección de Trabajo y Seguridad Social

Se considerarán **obstrucciones a la labor inspectora** las acciones u omisiones que perturben, retrasen o impidan el ejercicio de las funciones que se encomiendan a los inspectores y subinspectores de trabajo en orden a la vigilancia del cumplimiento de las disposiciones legales, reglamentarias y convenios colectivos.

Obligación de facilitar información a la Inspección de Trabajo

El art. 18 de la Ley 23/2015, de 21 de julio, establece que los empresarios, los trabajadores y los representantes de ambos, así como los demás sujetos responsables del cumplimiento de las normas del orden social, están obligados, ante un requerimiento a:

- Atender debidamente a los inspectores de trabajo y seguridad social y a los subinspectores laborales.
- Acreditar su identidad y la de quienes se encuentren en los centros de trabajo.
- Colaborar con ellos con ocasión de visitas u otras actuaciones inspectoras.
- Declarar ante el funcionario actuante sobre cuestiones que afecten a las comprobaciones inspectoras, así como a facilitarles la información y documentación necesarias para el desarrollo de sus funciones. Quienes representen a los sujetos inspeccionados deberán acreditar documentalmente tal condición si la actuación se produjese fuera del domicilio o centro de trabajo visitado.

Además, toda persona natural o jurídica está obligada a **facilitar a la Inspección de Trabajo y Seguridad Social toda clase de datos,** antecedentes o información con trascendencia en los cometidos inspectores, siempre que se deduzcan de sus relaciones económicas, profesionales, empresariales o financieras con terceros sujetos a la acción inspectora, cuando a ello sea requerida en forma.

Faltas e infracciones por obstrucción a la actividad inspectora en el ámbito laboral

Las infracciones por obstrucción a la labor inspectora se califican **como leves, graves y muy graves,** en atención a la naturaleza del deber de colaboración infringido y de la entidad y consecuencias de la acción u omisión obstructora sobre la actuación de la Inspección de Trabajo y Seguridad Social.

El art. 50 de la LISOS tipifica las acciones u omisiones que perturben, retrasen o impidan el ejercicio de la función inspectora como **infracciones graves**, excepto en los siguientes supuestos:

1. Son **infracciones leves**:
   - Las que impliquen un mero retraso en el cumplimiento de las obligaciones de información, comunicación o comparecencia, salvo que dichas obligaciones sean requeridas en el curso de una visita de inspección y estén referidas a documentos o información que deban obrar o facilitarse en el centro de trabajo.
   - La falta del libro de visitas de la Inspección de Trabajo y Seguridad Social en el centro de trabajo.
2. Se calificarán como **infracciones muy graves**:
   - Las acciones u omisiones del empresario, sus representantes o personas de su ámbito organizativo, que tengan por objeto impedir la entrada o permanencia en el centro de trabajo de los Inspectores de Trabajo y Seguridad Social y de los Subinspectores de Empleo y Seguridad Social, así como la negativa a identificarse o a identificar o dar razón de su presencia sobre las personas que se encuentren en dicho centro realizando cualquier actividad.
   - Los supuestos de coacción, amenaza o violencia ejercida sobre los Inspectores de Trabajo y Seguridad Social y los Subinspectores de Empleo y Seguridad Social así como la reiteración en las conductas de obstrucción calificadas como graves.
   - El incumplimiento de los deberes de colaboración con los funcionarios del sistema de Inspección de Trabajo y Seguridad Social.
   - El incumplimiento del deber de colaboración al no entregar el empresario en soporte informático la información requerida para el control de sus obligaciones en materia de régimen económico de la Seguridad Social, cuando esté obligado o acogido a la transmisión electrónica de liquidaciones de cuotas o de datos de cotización.

En caso de que lo consideren necesario, los funcionarios de inspección pueden recabar el auxilio oportuno de la autoridad competente o de sus agentes para el desarrollo de sus funciones.

Tras la reciente actualización con efectos de 1 de octubre de 2021 del art. 40 de la LISOS, la obstrucción de la labor inspectora dirigida a la comprobación de la situación de alta de los trabajadores en caso de infracciones tipificadas en los arts. 22.2 y 23.1.a) de la citada norma, supondrá sanciones graves o muy graves con multas de entre 3.750 a 12.000 euros, o 12.001 a 225.018 euros en función del grado en que se califique el incumplimiento.

SENTENCIA RELEVANTE

SAN n.º 38/2013, de 7 de marzo de 2013, ECLI:ES:AN:2013:1023

Convalida la sanción administrativa, con causa a la obstrucción a la labor de la Inspección de Trabajo, al negarse a identificar a determinados trabajadores, porque no destruyó la presunción de certeza del acta de infracción.

JURISPRUDENCIA

STS, rec. 164/2012, de 11 de diciembre de 2013, ECLI:ES:TS:2013:6103

«(...) no cabe calificar su conducta de obstrucción a la actividad inspectora, en cuanto que tal figura viene a tipificar supuestos de ocultación o de voluntaria e injustificada demora con ocasión de proporcionar a la Inspección los 'datos, antecedentes o información con trascendencia en los cometidos inspectores' (art. 11.2 de la Ley 42/1997 [vigente art. 18 de la Ley 23/2015, de 21 de julio]), cosa que no ha acontecido en este caso, en el que la empresa nada ha ocultado ni demorado, sino que simplemente ha explicado las razones, que consideramos acreditadas pericialmente, para no cumplimentar el requerimiento controvertido, lo que excluye la nota de culpabilidad que ha de acompañar a las conductas infractoras y que motiva que debamos estimar el recurso».

CUESTIÓN

La no identificación de trabajadores presentes en centro de trabajo o impedir la entrada o permanencia en el centro de trabajo de los inspectores de Trabajo o subinspectores de Empleo, ¿supone un caso de obstrucción de la labor inspectora?

La obstrucción de la labor inspectora, que la letra a) del apdo. 4 del art. 50 de la LISOS considera muy grave, es definida como la cometida, por acción u omisión, por parte del empresario, sus representantes o personas de su ámbito organizativo, con objeto de impedir la entrada o permanencia en el centro de trabajo de los inspectores de Trabajo o subinspectores de Empleo, así como la negativa a identificarse, a identificar o dar razón de su presencia sobre las personas que se encuentren en dicho centro realizando cualquier actividad, precisa que exista, bien aquel impedimento, por cualquiera de las modalidades que obstan a dichos funcionarios realizar su cometido profesional, o lisa y llanamente, negarse a ser identificados los trabajadores presentes o, en su caso, no justificar la presencia en dicho centro de cualquier persona que allí se encuentre. En definitiva, como una especie de falta de colaboración en la labor profesional expresada.

En cuanto a la calificación de la falta y su adecuación a las circunstancias que la norma señala, debemos mencionar que el mismo apdo. 5 del art. 50 de la LISOS dice, en relación con las faltas de obstrucción que estas «(...) serán sancionadas conforme a lo establecido en la presente ley, por la autoridad competente en cada caso en función del orden material de actuación del que traiga causa o se derive la obstrucción». Es en el art. 39 donde encontramos las pautas para la imposición de las sanciones según se califiquen con los grados mínimo, medio y máximo, atendido a criterios que podrán agravar o atenuar la graduación, relacionados con «la negligencia e intencionalidad del sujeto infractor, fraude o connivencia, incumplimiento de las advertencias previas y requerimientos de la Inspección, cifra de negocios de la empresa, número de trabajador es o de beneficiarios afectados en su caso, perjuicio causado y cantidad defraudada».

Los hechos constatados por funcionarios deducidos del acta de obstrucción gozan de presunción de veracidad, de conformidad con lo dispuesto en el art. 53.2 de la LISOS, así como en el art. 23 de la Ley 23/2015, de 21 de julio, y en el art. 15 del Real Decreto 928/1998, de 14 de mayo, y tienen valor probatorio sin perjuicio de las pruebas que en defensa de los respectivos derechos o intereses puedan señalar o aportar los propios administrados.

5. ANÁLISIS DE CASOS DE INTERÉS

5.1. Los incumplimientos en materia de afiliación, altas y bajas de los trabajadores y sus consecuencias

Mediante el **acto administrativo de afiliación**, la Tesorería General de la Seguridad Social reconoce la condición de incluida en el sistema de la Seguridad Social a la persona física que por vez primera realiza una actividad determinante de su inclusión en el ámbito de aplicación del mismo. Como **características** de este acto podemos destacar (art. 6 del Real Decreto 84/1996, de 26 de enero):

- Es obligatorio para todas las personas comprendidas en el campo de aplicación del sistema.
- La obligación de solicitar y aportar los datos requeridos al efecto corresponde a las personas y entidades o servicios que se determinan en los arts. 23 y ss. del Real Decreto 84/1996, de 26 de enero.
- Es único y general para todos los Regímenes que componen el sistema, aunque las personas incluidas por razón de su actividad cambien de uno a otro Régimen del mismo.
- Se extiende a toda la vida de las personas comprendidas en el campo de aplicación del sistema.
- Es exclusivo. El art. 8 de la Ley General de la Seguridad Social prohíbe que las personas comprendidas en el campo de aplicación del sistema de la seguridad social se incluyan por el mismo trabajo, con carácter obligatorio, en otros regímenes de previsión distintos de los que integran dicho sistema.
- Por sí solo, o en unión de otros requisitos o presupuestos, constituirá título jurídico para la adquisición de derechos y el nacimiento de obligaciones y condicionará la aplicación de las normas que regulan dicho sistema.

Trámites previos y momento de alta en la seguridad social

El ciudadano que no tuviere número de la Seguridad Social deberá solicitarlo de las Direcciones Provinciales de la Tesorería General o de las Administraciones de las mismas con carácter previo a la solicitud de su afiliación y alta o a la solicitud de cualquier prestación o servicio de las entidades gestoras o colaboradoras de la Seguridad Social o del Instituto Nacional de Empleo, exhibiendo o acompañando su documento nacional de identidad o, si fuere extranjero, el correspondiente documento de identificación (art. 21 del RD 84/1996, de 26 de enero).

Al solicitar la afiliación y el alta, los empresarios deberán solicitar el número de la Seguridad Social de los trabajadores por cuenta ajena cuando estos no lo tuviesen.

El número constará en una tarjeta de la Seguridad Social en la que figurarán nombre, apellidos y el número del documento nacional de identidad.

A TENER EN CUENTA. El número de la Seguridad Social (NUSS) coincidirá con el número de afiliación (NAF) de las personas físicas, y constará en una tarjeta de la Seguridad Social en la que figurarán nombre, apellidos y DNI del afiliado.

Los actos de la Tesorería General de la Seguridad Social en las materias reguladas en el Reglamento General sobre inscripción de empresas y afiliación, altas, bajas y variaciones de datos de trabajadores en la Seguridad Social **podrán ser impugnados** en la forma, plazos y demás condiciones establecidas en la Ley 39/2015, de 1 de octubre, del Procedimiento Administrativo Común de las Administraciones Publicas.

CUESTIONES

1. ¿En qué momento hay que dar de alta en la seguridad social a las personas trabajadoras?

Con anterioridad al comienzo de la prestación de servicios por parte del trabajador, sin que pueda darse antes de los sesenta días naturales anteriores pronosticados para la iniciación de la misma. Según el art. 32.3 del Real Decreto 84/1996, de 26 de enero:

PLAZOS PARA PRESENTACIÓN DE ALTAS, BAJAS Y VARIACIÓN DE DATOS EN EL RÉGIMEN GENERAL DE LA SEGURIDAD SOCIAL (RGSS)		
Altas	Previo al inicio de la actividad.	Hasta 60 días naturales antes.
Bajas y variaciones de datos	Tras cese en el trabajo o variación.	3 días naturales.

2. ¿Qué sanciones serían posibles en caso de no dar de alta en la seguridad social a una persona trabajadora?

El incumplimiento de alta y cotización a la seguridad social de la persona trabajadora, está tipificado en el art. 23 de la LISOS y conlleva una sanción grave para la empresa que puede ir de los 3.750 euros a los 12.000 euros en función del grado que el inspector de Trabajo aplique (art. 40 de la LISOS). Junto a la multa, el empresario tendrá que hacer frente a las cuotas impagadas a la Seguridad Social durante todo el periodo en que el empleado ha estado trabajando sin contrato.

Sin perjuicio de la sanción, otras de las posibles consecuencias serían:

a) La pérdida de las ayudas concedidas y la imposibilidad de acceder a bonificaciones desde la fecha de la irregularidad y hasta dos años.

b) Las correspondientes responsabilidades al empresario en el pago de las prestaciones a las que el trabajador tenga derecho.

c) Si el contrato fuera temporal, podría convertirse en indefinido. Las personas contratadas incumpliendo lo establecido en este artículo adquirirán la condición de fijas. También adquirirán la condición de fijas las personas trabajadoras temporales que no hubieran sido dadas de alta en la Seguridad Social una vez transcurrido un plazo igual al que legalmente se hubiera podido fijar para el periodo de prueba. (arts. 40 de la LISOS y 15.4 del ET).

JURISPRUDENCIA

STS n.º 3175/2004, de 21 de septiembre de 2005, ECLI:ES:TS:2005:5398

Se declara la responsabilidad directa de la empresa por falta de afiliación, sin perjuicio de la responsabilidad subsidiaria y del deber de adelantar las prestaciones en su caso de la Mutua y entidad gestora. Jurisprudencia que tiene su fundamento tanto en la naturaleza misma del acto de aseguramiento, que debe ser anterior al evento asegurado, como en la represión de las posibles maniobras defraudatorias entre el empresario y el trabajador, que podrían simular una cobertura después de producido el accidente, afirmando iniciarse el trabajo el mismo día del alta o dentro del amplio margen que ofrece el plazo reglamentario de pago de las cuotas; argumentos que desarrolla.

Responsabilidad de la empresa por el incumplimiento de sus obligaciones frente a la Seguridad Social

El incumplimiento empresarial en materia de cotización será objeto de sanción con independencia de la recaudación en vía ejecutiva de las cotizaciones adeudadas. Analizamos los siguientes supuestos:

Solicitud de alta por parte del trabajador o de oficio

Entre las obligaciones, impuestas ex lege al empresario, figura la de solicitar la incorporación al sistema de seguridad social de los trabajadores que ingresan a su servicio (arts. 15-17 de la LGSS y 24, 27.2 y 32.3 del RD 84/1996, de 26 de enero), así como la de cumplir la obligación de cotizar o comunicar posibles bajas.

A TENER EN CUENTA. El art. 138 de la Ley General de la Seguridad Social establece la obligatoriedad de todo empresario, previa a la realización de la primera contratación, de solicitar la inscripción de la empresa en la Seguridad Social, mediante la presentación del impreso oficial establecido al efecto, en el que se harán constar todos los datos necesarios para la perfecta identificación de la empresa).

Cuando el empresario incumpla su obligación de solicitar la afiliación de los trabajadores que entren a su servicio, estos podrán solicitarla directamente a la Dirección Provincial de la Seguridad Social en cualquier momento posterior a la constatación del incumplimiento de sus obligaciones al respecto por el empresario. Asimismo, la afiliación podrá realizarse de oficio por las Direcciones Provinciales de la Tesorería General de la Seguridad Social, cuando se compruebe el incumplimiento de la obligación por el empresario y los propios trabajadores (arts. 32, 38 y 43 del RD 84/1996, de 26 de enero):

- **A instancia del empresario**: el art. 139 de la Ley General de la Seguridad Social (en consonancia con los arts. 23 y 24 del Real Decreto 84/1996, de 26 de enero), establece la **obligatoriedad del empresario** de proceder a la afiliación de los trabajadores que ingresen a su servicio y que no estén afiliados con anterioridad.
- **A instancia del trabajador**: también están obligados a solicitar su afiliación los trabajadores por cuenta propia o asimilados que inicien su actividad y no se encuentren en esta situación. De la misma forma que cuando el empresario incumpla su obligación con trabajadores por cuenta ajena o asimilados estos podrán solicitar su afiliación en el Sistema (art. 25 del Real Decreto 84/1996, de 26 de enero).
- **De oficio**: comprobado el incumplimiento de la solicitud de afiliación, a Dirección Provincial de la Tesorería de la Seguridad Social podrá efectuar la afiliación de oficio (art. 26 del Real Decreto 84/1996, de 26 de enero).

En virtud de lo establecido en el art. 166.4 de la LGSS se considera a los trabajadores comprendidos en el campo de aplicación del Régimen General de la Seguridad Social, de pleno derecho, en **situación de alta a efectos de accidentes de trabajo, enfermedades profesionales y desempleo**, aunque su empresario hubiere incumplido sus obligaciones.

Por su parte el art. 167.2 de la LGSS, dispone que «el incumplimiento de las obligaciones en materia de afiliación, altas y bajas y de cotización determinará la exigencia de responsabilidad, en cuanto al pago de las prestaciones, previa la fijación de los supuestos de imputación y de su alcance y la regulación del procedimiento para hacerla efectiva» (igual norma se aplicará a los exclusivos efectos de la asistencia sanitaria por enfermedad común, maternidad y accidente no laboral).

Siguiendo el principio de automaticidad de las prestaciones, fijado en el art. 281 de la LGSS, la entidad gestora o colaboradora otorgará la prestación al beneficiario, aún en el supuesto de responsabilidad empresarial, subrogándose en los derechos del beneficiario contra el empresario responsable, sin perjuicio de su derecho a repetir contra el mismo por incumplidor. Es decir, cuando el derecho a la prestación se haya causado por haberse incumplido los requisitos legalmente previstos (el alta y, en su caso, los períodos de cotización) la responsabilidad corresponde a la entidad gestora, a la mutua de accidentes de trabajo o al empresario que asuma directamente el riesgo en virtud de las normas sobre colaboración voluntaria y, ello es así, en base a la responsabilidad empresarial por incumplimiento de las obligaciones de cotización.

Situaciones de descubiertos e infracotización en caso de prestaciones

Existen numerosos supuestos en los que las mercantiles incurren en supuestos de infracotización, desde meros errores administrativos a otros donde se persigue un interés por defraudar, pero que, en todo caso, suponen para el trabajador repercusiones directas sobre prestaciones. El incumplimiento de la obligación de cotizar (o afiliación) conlleva una responsabilidad total o parcial del pago de las prestaciones a las que tengan derecho las personas trabajadoras.

Como expresa la STS, rec. 1075/2010, de 8 de marzo de 2011, ECLI:ES:TS:2011:1630:

> «"podrá moderarse reglamentariamente el alcance de la responsabilidad empresarial cuando el empresario ingrese las cuotas correspondientes a la totalidad de sus trabajadores", nada se especifica para el supuesto de que se cotice por una base inferior a la que corresponda (infracotización), salvo lo dispuesto en el art. 94.2 c, que determina el alcance de la responsabilidad empresarial en este supuesto en el abono a su cargo de "la diferencia entre la cuantía total de la prestación causada por el trabajador y la que corresponde asumir a la Seguridad Social por las cuotas efectivamente ingresadas". Por ello, la doctrina de esta Sala ha ido fijando los supuestos en que procede atemperar la responsabilidad empresarial, distinguiéndose según se trate de prestaciones derivadas de accidente laboral o de enfermedad común, y en función de la repercusión del incumplimiento empresarial sobre los requisitos de acceso a la protección, señalando que esa moderación de la responsabilidad para cuando la infracción de cotización resulta esporádica, no grave ni reiterada, se aplica a los supuestos de descubiertos en la cotización, pero no, salvo casos excepcionales, a los supuestos concretos de infracotización a la Seguridad Social (véase nuestra sentencia de 16.6.2005, r. 3332/03). Conclusión que tiene su lógica puesto que la moderación de la responsabilidad en caso de infracotización va ínsita en la determinación de su alcance a cargo del empresario, que abarca solamente la diferencia entre la cuantía total de la prestación causada y la que corresponde a la Seguridad Social en virtud de las cuotas efectivamente ingresadas».

Siguiendo lo adelantado, la infracotización empresarial puede dilatarse en el tiempo de una forma dolosa —con ánimo defraudatorio— o por error. Bien por intervención de oficio (o a instancia de parte de la ITSS), bien, cuando la persona trabajadora solicita algún tipo de prestación (jubilación, desempleo, incapacidad temporal, etc.), la infracotización muestra sus consecuencias, asociadas, por lo general, a una menor cuantía de las prestaciones pretendidas, lo que ligado al apartado anterior, ausencia de cotización, supone también un incumplimiento del periodo de carencia necesario para el acceso a la prestación. En ambos casos surge una **responsabilidad empresarial sobre las prestaciones:**

- El **incumplimiento total** en materia de afiliación supondrá una responsabilidad empresarial de las prestaciones a que tengan derecho los trabajadores mientras subsista la situación de incumplimiento, así como frente a las prestaciones que puedan haberse solicitado y para cuya percepción haya tenido incidencia un período de falta de cotización.

- El **incumplimiento de la obligación de cotización parcial** (como por ejemplo el abono de cotizaciones en cuantía inferior a la estipulada o una cotización por accidentes de trabajo y enfermedades profesionales por una tarifa inferior a la que corresponda) supone, atendiendo a la literalidad del art. 167.2 de la LGSS, la exigencia de responsabilidad en cuanto al pago de las prestaciones, «(...) previa la fijación de los supuestos de imputación y de su alcance y la regulación del procedimiento para hacerla efectiva». Siguiendo la interpretación jurisprudencial del impreciso precepto de la LGSS, cuando los descubiertos son ocasionales, reiterados pero temporales o por cotización inferior a la debida, se hace responsable a la empresa y al INSS, pero en proporción a la influencia que el defecto de cotización haya tenido en la cuantía de la prestación. STS, rec. 3824/1996, de 8 de mayo de 1997, ECLI:ES:TS:1997:32567

A TENER EN CUENTA. El principio de proporcionalidad exige una mínima adecuación entre la gravedad del incumplimiento y el «trascendental resultado de imputar la íntegra responsabilidad en orden a las prestaciones a la empresa» (STS n.º 946/1980, de 31 de mayo, ECLI:ECLI:ES:TS:1980:3038); a este principio de proporcionalidad han recurrido expresamente para determinar la responsabilidad empresarial de prestaciones o precisar su alcance numerosas sentencias (STS, rec. 3795/1994, 20 de julio de 1995, ECLI:ES:TS:1995:4354, STS n.º 5291/2003, de 14 de diciembre de 2004, ECLI:ES:TS:2020:2641, STS n.º 700/2020, 22 de julio de 2020, ECLI:ES:TS:2020:2641, entre otras).

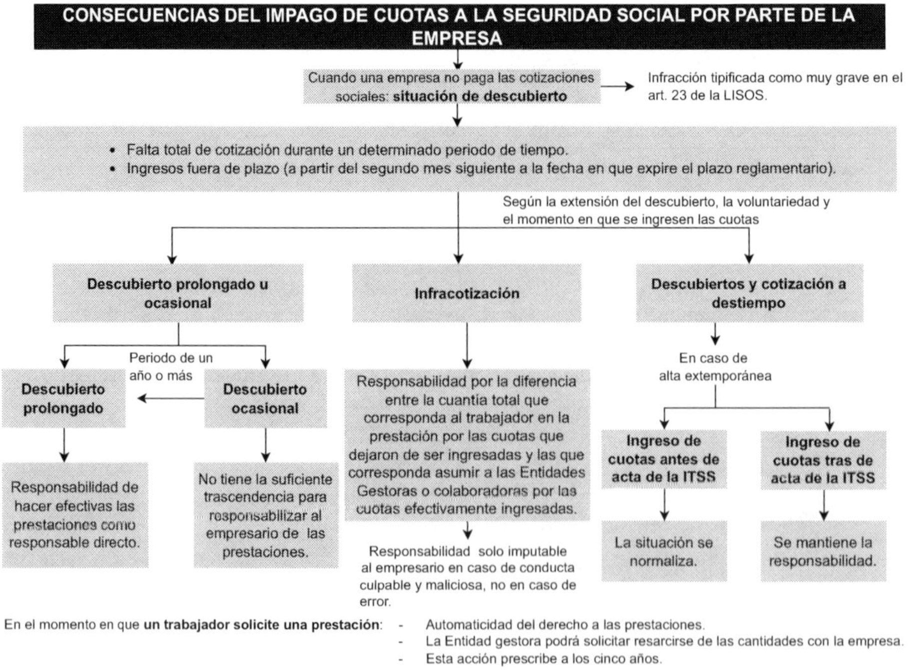

Recargo por ingresos de las cotizaciones fuera de plazo

La falta de presentación de los documentos de cotización, así como del pago de la deuda fuera de plazo reglamentario de ingreso, determinará la aplicación del recargo y el devengo de los intereses de demora, en los términos fijados en los arts. 21-33 de la LGSS y 10-11 del Real Decreto 1415/2004 de 11 de junio.

PRESENTACIÓN DOCUMENTOS	ABONO O NO DE CUOTAS	RECARGO
Cumplimiento dentro de plazo las obligaciones en materia de liquidación (apdos. 1 y 2, art. 29 de la LGSS).	Si se abonasen las cuotas debidas dentro del primer mes natural siguiente al del vencimiento del plazo para su ingreso.	10 % de la deuda.
	Si se abonasen las cuotas debidas a partir del segundo mes natural siguiente al del vencimiento del plazo para su ingreso.	20 % de la deuda.
Falta de cumplimiento dentro de plazo las obligaciones en materia de liquidación (apdos. 1 y 2, art. 29 de la LGSS).	Si se abonasen las cuotas debidas antes de la terminación del plazo de ingreso establecido en la reclamación de deuda o acta de liquidación.	20 % de la deuda.
	Si se abonasen las cuotas debidas a partir de la terminación de dicho plazo de ingreso.	35 % de la deuda.
Deudas con la Seguridad Social con carácter de ingresos de derecho público.	Abono dentro del plazo reglamentario que tengan establecido.	20 % de la deuda.
Falta de presentación imputable a error en la Administración.	Falta de abono imputable a error en la Administración.	No.

Los **efectos de la presentación de los documentos de cotización transcurrido el plazo reglamentario** es:

- No procederán las compensaciones por las prestaciones económicas abonadas, en régimen de pago delegado, por incapacidad temporal, correspondientes al mismo periodo, objeto de liquidación.
- Se perderá el derecho a aplicar en ese período las deducciones por reducciones o bonificaciones en las cuotas que correspondieran, con carácter definitivo, y sin que se pueda ejercitar resarcimiento alguno sobre las referidas reducciones o bonificaciones con posterioridad.
- Si las cuotas hubiesen sido o no reclamadas, se ingresarán con el recargo que proceda, en función del momento del ingreso y el procedimiento recaudatorio existente, así como con el interés de demora, en su caso.

Interés de demora

El interés de demora regulado en el art. 31 de la LGSS, será de aplicación a todas las deudas con la Seguridad Social, constituidas por el importe de las cuotas y otros recursos objeto de gestión recaudatoria, así como por el de los recargos derivados de la falta de ingreso dentro de plazo reglamentario de tales cuotas y demás recursos.

El importe del interés de demora devengado y exigible se considerará deuda de Seguridad Social a efectos del pago y ejecución forzosa sobre el patrimonio del deudor, pero en ningún caso a efectos de la generación de nuevos intereses.

INICIO DEL DEVENGO DE INTERESES DE DEMORA SOBRE EL PRINCIPAL DE LA DEUDA.	A partir del día siguiente al del vencimiento del plazo reglamentario de ingreso de la cuota.
INICIO DEL DEVENGO DE INTERESES DE DEMORA SOBRE EL RECARGO APLICABLE AL PRINCIPAL.	El día siguiente al de finalización del plazo de los quince días naturales siguientes a la notificación de la providencia de apremio o a la comunicación del inicio del procedimiento de deducción.
SUPUESTOS DE SUSPENSIÓN DEL PROCEDIMIENTO RECAUDATORIO POR INTERPOSICIÓN DE IMPUGNACIÓN ADMINISTRATIVA, POR DECISIÓN JUDICIAL EN EL PROCESO CONTENCIOSO-ADMINISTRATIVO O POR CUALQUIER OTRA CIRCUNSTANCIA.	No se interrumpe el devengo de los intereses de demora.

5.2. Los incumplimientos relacionados con los falsos autónomos y sus consecuencias

Para decidir las cuestiones que traten sobre la naturaleza laboral u ordinaria de una relación siempre es competente la jurisdicción social (art. 1 de la LJS), y no solamente para ese caso concreto, sino que también es competente para la reclamación de declaración o reconocimiento de la existencia de relación laboral por parte del falso autónomo, bien en caso de despido y posterior reclamación, bien durante la propia prestación de servicios.

En este punto no podemos dejar de señalar que si la empresa demandada niega la existencia de una verdadera relación laboral alegando la incompetencia del orden social de la jurisdicción por sostener que no se trata de un contrato de trabajo, el órgano judicial dispone de libertad para analizar todas las circunstancias concurrentes a la hora de decidir sobre una cuestión que es de naturaleza indisponible y orden público procesal por afectar a la propia competencia del orden social de la jurisdicción.

Igualmente, la LETA, atribuye, en consonancia con el art. 2 d) de la LJS, al orden jurisdiccional social la competencia para conocer de las demandas que se promuevan «en relación con el régimen profesional, tanto en su vertiente individual como colectiva, de los trabajadores autónomos económicamente dependientes a los que se refiere la Ley de Estatuto del Trabajo Autónomo». De la misma manera, el artículo 17 de la misma Ley 20/2007, de 11 de julio, bajo el título de «competencia jurisdiccional», dispone que los órganos jurisdiccionales del orden social serán los competentes para conocer las pretensiones derivadas del contrato celebrado entre un trabajador autónomo económicamente dependiente y su cliente, así como para conocer de todas las cuestiones derivadas de la aplicación e interpretación de los acuerdos de interés profesional, sin perjuicio de los dispuesto en la legislación de defensa de la competencia. (STSJ Murcia n.º 935/2009, de 9 de noviembre, ECLI:ES:TSJMU:2009:2421).

Las consecuencias o sanciones para las empresas que realicen la contratación de falsos autónomos pueden resumirse en las siguientes:

Regularización con efecto retroactivo de la relación laboral encubierta

Cuando se declare la laboralidad de una relación implica la inmediata alta en el RGSS, lo que implica para la empresa una cotización retroactiva, por un periodo máximo de 4 años, junto con el pertinente recargo de hasta un 150 % el importe de las cuotas de Seguridad Social y demás conceptos de recaudación conjunta no ingresados (arts. 10, 11 y 42 del Real Decreto 1415/2004, de 11 de junio, arts. 21 a 33 de la LGSS y art. 40.1 d).2 de la LISOS).

Declaración de la improcedencia del despido de un falso autónomo

En caso de declaración judicial de la improcedencia del despido realizado, la empresa podrá optar por indemnizar al demandante en la cuantía fijada en el fallo (acorde con el art. 56 del ET), o bien por la readmisión como trabajador por cuenta ajena.

Sanciones por la falta de cotización

La LISOS regula los siguientes supuestos:

1. **Infracciones graves**:
   - No solicitar la afiliación inicial o el alta de los trabajadores que ingresen a su servicio, o solicitar la misma, como consecuencia de actuación inspectora, fuera del plazo establecido. A estos efectos se considerará una infracción por cada uno de los trabajadores afectados. (Art. 22.2 de la LISOS).

- No ingresar, en la forma y plazos reglamentarios, las cuotas correspondientes que por todos los conceptos recauda la Tesorería General de la Seguridad Social o no efectuar el ingreso en la cuantía debida, habiendo cumplido dentro de plazo las obligaciones establecidas en los apartados 1 y 2 del artículo 26 del texto refundido de la Ley General de la Seguridad Social, siempre que la falta de ingreso no obedezca a una declaración concursal de la empresa, ni a un supuesto de fuerza mayor, ni se haya solicitado aplazamiento para el pago de las cuotas con carácter previo al inicio de la actuación inspectora, salvo que haya recaído resolución denegatoria (art. 22.3 de la LISOS).

2. **Infracciones muy graves**. Pactar con sus trabajadores de forma individual o colectiva la obligación por parte de ellos de pagar total o parcialmente la prima o parte de cuotas a cargo del empresario, o bien su renuncia a los derechos que les confiere el sistema de la Seguridad Social (art. 23.1 d) de la LISOS).
3. **Sanciones accesorias**. Igualmente, la Inspección de Trabajo podría interponer lo que se denomina sanción accesoria del art. 46 de la LISOS, de forma que se perderán, automáticamente, y de forma proporcional al número de trabajadores afectados por la infracción, las ayudas, bonificaciones y, en general, los beneficios derivados de la aplicación de los programas de empleo o formación profesional para el empleo, con efectos desde la fecha en que se cometió la infracción.
4. **Multa**. El art. 40 de la LISOS recoge las posibles multas en función de la gravedad del fraude:
   - Sanción mínima: desde 3.750 a 7.500 euros.
   - Sanción media: desde 7.501 a 9.600 euros.
   - Sanción máxima: desde 9.601 a 12.000 euros.

CUESTIONES

1. En caso de declararse la existencia de un falso autónomo, ¿qué sanciones supondría para el falso autónomo?

Los falsos autónomos no sufrirán sanción alguna salvo la consideración de ciertos supuestos, como:

a) Connivencia con el empresario para la obtención indebida de cualesquiera prestaciones de la Seguridad Social (art. 26.4 de la LISOS) un caso frecuente sería un acuerdo simulado de despido para obtener la capitalización de la prestación por desempleo y posteriormente trabajar para la empresa inicial como autónomo.

b) Desgravar IVA en la declaración trimestral, etc.

2. ¿Cuáles son las opciones para denunciar la situación de prestación de servicios como falso autónomo?

Las opciones para denunciar la situación de «falso autónomo» son: denuncia anónima o formal a la ITSS, demanda ante el juzgado de lo social con la prestación de servicios en vigor o tras haber sido despedido.

En caso de que el falso autónomo pretenda poner fin a su situación tiene las siguientes vías de actuación.

a) Denuncia ante la Inspección de Trabajo mientras preste servicios para la empresa.

b) Presentación de papeleta de conciliación Centro de Mediación, Arbitraje y Conciliación de la provincia correspondiente en un plazo de 20 días hábiles desde que se produce el despido solicitando su improcedencia y el reconociendo de la laboralidad de la relación. Si en el acto de conciliación no se alcanza un acuerdo, sería necesario plantear demanda ante los juzgados de lo social.

Judicialmente es posible solicitar una indemnización por despido improcedente, cantidades salariales según convenio no recibidas con carácter retroactivo, horas extraordinarias realizadas, vacaciones no disfrutadas ni abonadas y el resto de los conceptos salariales correspondientes a la categoría que según el convenio aplicable hubiese correspondido. También ser readmitido como trabajador por cuenta ajena.

OPCIONES PARA DENUNCIAR LA SITUACIÓN DE PRESTACIÓN DE SERVICIOS COMO FALSO AUTÓNOMO

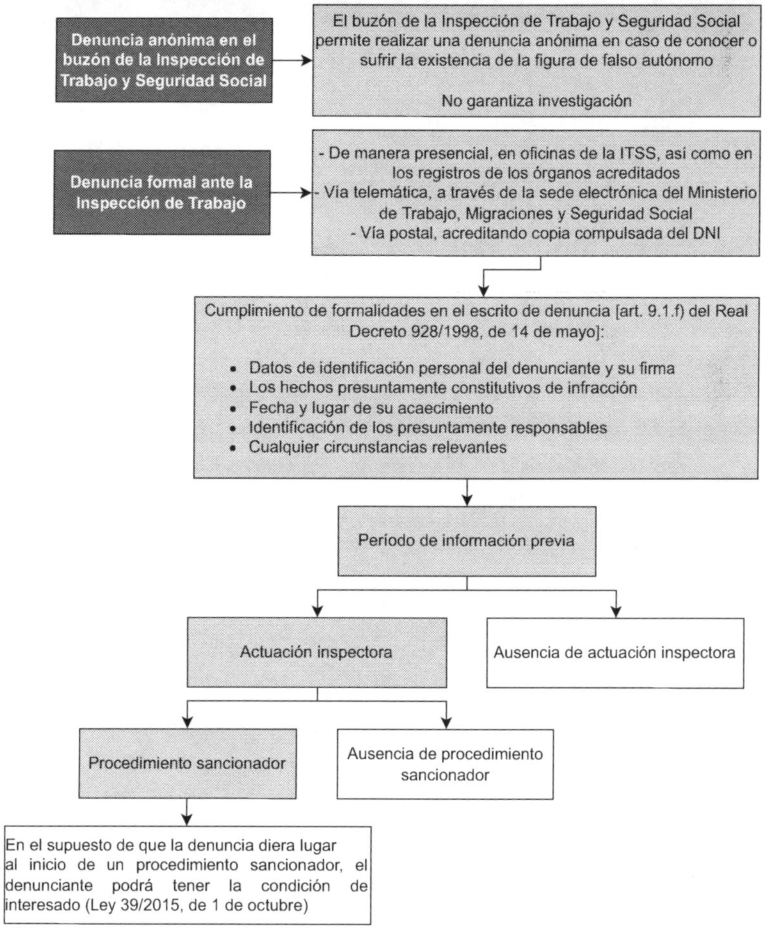

3. ¿Los falsos autónomos tendrían derecho a reclamar la devolución del IVA pagado?

El Tribunal Supremo, en STS, rec. 1522/2013, de 24 de septiembre de 2014, ECLI:ES:TS:2014:4135, se pronunció de la siguiente forma: «(...) las cuantías destinadas al abono del IVA que percibe el prestador de servicios al amparo de un contrato administrativo no son cantidades destinadas a recompensar la actividad comprometida. Se trata de dinero recaudado para el posterior ingreso en favor de la Hacienda Pública y por cuenta de ella (sin perjuicio de que pueda proceder su compensación); en consecuencia, aunque el vínculo administrativo sea considerado fraudulento y luzca su naturaleza laboral como la verdadera, a la hora de calcular el importe de la indemnización por despido es erróneo integrar en el módulo salarial utilizado el montante de tal Impuesto». No obstante, esta posibilidad no puede estandarizarse debiendo atenderse al caso concreto.

RESOLUCIONES RELEVANTES

SJS de Madrid n.º 12/2019, de 11 de enero, ECLI:ES:JSO:2019:269

Se desestima la pretensión del trabajador de que le sea reconocida la condición de trabajador por cuenta ajena, toda vez que se ha «acreditado que el repartidor tiene total libertad para elegir los días en los que quiere ofrecer su servicio y la franja horaria para entregar los productos de cada jornada laboral, y para decidir sus jornadas de descanso. Asimismo puede escoger si quiere prestar todos los servicios que le proponga la empresa (modalidad de asignación automática), aunque con la posibilidad de rechazar aquellos pedidos que no le interese realizar sin tener que justificar el motivo (pero debiendo comunicar el rechazo, para que el pedido sea asignado a otro repartidor) o bien aceptar uno a uno los pedidos que estén disponibles (modalidad de asignación manual). Incluso una vez iniciado servicio, el repartidor puede elegir desistir del pedido para realizar otro o finalizarlo. También tiene total libertad de organización y decisión a la hora de seleccionar la ruta desde la posición inicial hasta la dirección de recogida y hasta la dirección de entrega sin tener establecida una trayectoria ni un punto concreto de localización para el inicio del servicio, aceptando el repartidor un modelo de facturación por distancia lineal o real óptima».

SJS de Madrid n.º 53/2019, de 11 de febrero, ECLI:ES:JSO:2019:279

Se califica la relación como laboral ya que:

«El repartidor, vinculado de forma indefinida (el demandante lo está desde el 18-11-2016), para realizar su actividad necesariamente se integra en la plataforma y desde ella recibe las ofertas de servicios preseleccionados porque mantiene un completo control de la actividad desempeñada (la aplicación es capaz de informar en todo momento a sus clientes y proveedores dónde se encuentra el repartidor), actividad para la que ha establecido reglas precisas para su realización y que imponen al repartidor un determinado comportamiento (tal como se aprecia del clausulado contractual, de las instrucciones genéricas y concretas a los documentos 7 y 8 del actor y de los numerosos correos intercambiados entre las partes y aportados a los autos por la demandada), actividad que luego es evaluada mediante la creación de perfiles, lo que tiene efectos para asignaciones de reparto futuras, reservándose además la demandada evidentes facultades de naturaleza disciplinaria que le permitan resolver el vínculo en caso de incumplimiento de todas estas reglas y también el precio de cada tarea asignada.

(...)

«La inviabilidad para el repartidor de que, con sus medios y desvinculado de la plataforma, pueda llevar a cabo una actividad económica propia, conecta con la otra

nota que califica como laboral la relación contractual: la ajenidad. El trabajo del repartidor carece de todo sentido si no se integra en la actividad empresarial de integración que tiene lugar desde el momento en que cada micro tarea se encomienda y acepta. Desde entonces la asume como propia y responde de ella frente a proveedores y clientes. No consta que el repartidor asuma algún tipo de responsabilidad frente a éstos y aun cuando, como antes se indicó, así figura en el contrato. Además es quien factura por su actividad de transporte de mercancías a proveedores y clientes, integrando en el coste del servicio el precio que por la tarea luego abonará al repartidor.

La ajenidad en los frutos es evidente porque la demandada hace suyo el resultado de la actividad del repartidor, desplazándose también a los riesgos del trabajo prestado. Y también aparece la ajenidad en el mercado por cuanto la demandada se constituye como intermediario imprescindible entre la tarea del repartidor y su destinatario final».

STS n.º 549/2018, de 18 de mayo, ECLI:ES:TS:2018:2263

Analizando un caso en el que el demandante es socio de una cooperativa de trabajo asociado titular de las autorizaciones administrativas de transporte, que ha suscrito un contrato de arrendamiento de servicios con una empresa dedicada a esa misma actividad y propietaria de los vehículos que a su vez alquila a la cooperativa y esta pone a disposición del actor, el TS entiende que la calificación jurídica que merece el desempeño de la actividad de transporte, cuando es prestada bajo el paraguas de una cooperativa de trabajo asociado ha de seguir el art. 1.3.g) del ET —donde se exige que el prestador de servicios sea un verdadero empresario autónomo, en su condición de titular de la infraestructura empresarial conformada por la autorización administrativa y la propiedad o poder de disposición del vehículo, en atención al relevante valor económico en sí mismo considerado que ambos elementos conjuntamente representan—.

La creación, constitución y funcionamiento de las cooperativas, en cualquiera de sus modalidades —y, particularmente, las de trabajo asociado—, no puede quedar sustraída a la aplicación del criterio citado que viene avalando por la Sala IV al analizar situaciones en las que está en discusión el uso fraudulento de la forma societaria bajo cualquiera de las distintas fórmulas en las que se presenta en el derecho del trabajo.

Debe aplicarse en estos casos la doctrina del «levantamiento del velo», para discernir la posible existencia de una actuación fraudulenta con la que se busca perjudicar los derechos de los trabajadores con la utilización en fraude de ley de cualquiera de las distintas formas societarias que admite nuestro ordenamiento jurídico, creando entidades ficticias carentes de cualquier actividad económica real y que por ello vulneran las reglas que permiten su constitución.

5.3. Los incumplimientos en materia de planes de igualdad y sus consecuencias

No cumplir con las obligaciones que en materia de igualdad establecidas en el Estatuto de los Trabajadores o convenio colectivo puede dar lugar a sanciones económicas con multas entre 626 euros y 6.250 euros en caso considerarse grave o de entre 6.251 euros a 187.515 euros en caso de considerarse muy graves. Igualmente, la norma contempla la pérdida automática de ayudas, bonificaciones y, en general, de los beneficios derivados de la aplicación de los programas de empleo, con efectos desde la fecha en que se cometió la infracción y la exclusión automática del acceso a tales beneficios durante seis meses.

Teniendo presente la **posible existencia de sanciones derivadas de posibles conductas contrarias al principio de igualdad y no discriminación**[arts. 45 de la LOI y 4.2.c) del ET],tres son los supuestos de incumplimiento que se repiten en torno a los planes de igualdad:

a) La no adopción de un plan de igualdad (siendo obligatorio).

b) La adopción de un plan de igualdad irregular en su contenido o en relación a las partes negociadoras.

c) La no aplicación del plan de igualdad o la aplicación de sus medidas en términos distintos de los pactados (SAN n.º 94/2019, de 22 de julio, ECLI:ES:AN:2019:2940 y STSJ Galicia rec. 4352/2019, de 11 de noviembre, ECLI:ES:TSJGAL:2019:6109).

El art. 6 del Real Decreto-ley 6/2019, de 1 de marzo, modificó en su momento el art. 7.13 de la LISOS. Esta modificación tuvo como objetivo definir mejor el tipo infractor correspondiente al incumplimiento de las obligaciones empresariales relativas a los planes y medidas de igualdad.

Algunos **pronunciamientos judiciales de interés**:

- **AAN, rec. 27/2016, de 8 de junio de 2017, ECLI:ES:AN:2017:648A.** Se impone un apremio pecuniario de 300 euros diarios desde el día siguiente a la notificación del Auto hasta que se cumplimente la medida quinta del plan de igualdad donde se había pactado que se realizará una comisión de seguimiento semestral en la que se detallarán los procesos de selección realizados durante ese tiempo y el porcentaje de cada género incorporado, con el objetivo de evaluar el cumplimiento de incorporación del sexo menos favorecido en cada área.
- **AAN n.º 52/2018, de 24 de julio, ECLI:ES:AN:2018:1532A.** Al auto de la AN de 24 de julio de 2018 declara que el plan de igualdad lo habían suscrito la empresa y los sindicatos, pero la empleadora incumplió el deber de aportar a la comisión cierta información, al omitir la comunicación de un listado, segregado por sexos, categorías y grupos profesionales, con las medidas acordadas en cada caso, y tampoco justificó este incumplimiento; esta conducta contumaz se sancionó con la obligación de abonar 300 euros diarios hasta el cumplimiento definitivo.
- **SAN n.º 159/2017, de 10 noviembre, ECLI:ES:AN:2017:4211.** En un proceso de conflicto colectivo se estima en parte la demanda formulada por la RLT, en relación con el derecho a obtener información sobre el cumplimento del plan de igualdad pactado. Declara el derecho del sindicato demandante a recibir la información solicitada relativa a la aplicación en la empresa del derecho de igualdad de trato y de oportunidades entre mujeres y hombres, establecidas en el plan de igualdad.

- **SJS Toledo n.º 428/2018, de 21 de septiembre, ECLI:ES:JSO:2018: 5431**. Los hechos imputados, en síntesis, consisten en no haber procedido la mercantil, a pesar de elaborar en diciembre de 2011 un plan de igualdad, con una serie de objetivos para favorecer la incorporación de la mujer a la empresa, la promoción y formación de la misma, a realizar actuaciones tendentes a lograr dichos objetivos sin que, hasta septiembre de 2016, una vez iniciadas las actuaciones inspectoras. El Juzgado de lo Social sanciona a la empresa por incumplimiento del plan de igualdad durante cinco años. No se multa por el fracaso de los objetivos marcados, sino porque, a pesar de elaborar un plan de igualdad concreto en diciembre de 2011, no se han realizado las actuaciones previstas, existiendo una escasa presencia de la mujer en la empresa y especialmente en puestos de trabajo superiores o de más reconocimiento y de mayor salario.
- **SJS - Barcelona, rec. 38/2021, de 25 de abril de 2022, ECLI:ES:JSO:2022:1814**. Se establece una sanción de 15.000 euros por una infracción muy grave (arts. 8 y 17 de la LISOS), impuesta en grado mínimo y cuantía media por aplicación del agravante previsto en el art. 39.2 de la LISOS, ante «(...) incumplimiento del artículo 4.2.c) ET, en relación con los artículos 45 y 46 de la Ley Orgánica 3/2007, para la igualdad efectiva de hombres y mujeres imputándole no elaborar o no aplicar el plan de igualdad e incumplir los términos del previsto así como el incumplimiento requerimiento de la IT dirigido a implementar medidas para incrementar la contratación femenina (...)».
- **SJS - Madrid n.º 108/2022, de 31 de marzo de 2022, ECLI:ES:JSO:2022:44**. Se establece la existencia de discriminación salarial por razón de sexo, «(...) declarando la nulidad de tal comportamiento empresarial por discriminatorio y contrario al principio de igualdad; condenando a la empresa demandada a reconocer el derecho de la demandante a percibir un salario anual en la misma cuantía que su compañero de trabajo varón. Condenando a la demandada a estar y pasar por dicha declaración, así como a abonar a la actora la indemnización de 13.000 euros por el concepto de los daños morales sufridos por tal comportamiento empresarial».

Infracciones

Cuando la empresa venga obligada a elaborar un plan de igualdad, se incurría en dos posibles incumplimientos que terminarán en la imposición de sanciones siguiendo los criterios de graduación fijados en el art. 39 de la LISOS:

- **Infracción grave en materia de relaciones laborales individuales y colectivas,** al no cumplir las obligaciones que en materia de planes y medidas de igualdad establecen la Ley Orgánica 3/2007, de 22 de marzo, para la igualdad efectiva de mujeres y hombres, el Estatuto de los Trabajadores o el convenio colectivo que sea de aplicación (art. 7.13 de la LISOS).

- **Infracción muy grave en materia de relaciones laborales individuales y colectivas** (art. 8.17 de la LISOS), de considerarse que no se ha elaborado o no se aplica el plan de igualdad, o hacerlo incumpliendo manifiestamente los términos previstos, cuando la obligación de realizar dicho plan responda a lo establecido en el apartado 2 del artículo 46 bis de la LISOS (sustitución de sanciones por la elaboración y aplicación de un plan de igualdad en la empresa).

En paralelo existen otras sanciones también relacionadas con la igualdad:

- La LISOS tipifica como **infracción muy grave** (art. 8.13 y 8.13 bis de la LISOS) el **acoso sexual, por razón de sexo y el acoso por razón de origen racial o étnico, religión o convicciones, discapacidad, edad y orientación sexual**.
- **La existencia de discriminación** que pudiera derivar de la ausencia de estos documentos supondría **infracción muy grave en materia de relaciones laborales individuales y colectivas**. (art. 8.12 LISOS:

  «Las decisiones unilaterales de la empresa que impliquen discriminaciones directas o indirectas desfavorables por razón de edad o discapacidad o favorables o adversas en materia de retribuciones, jornadas, formación, promoción y demás condiciones de trabajo, por circunstancias de sexo, origen, incluido el racial o étnico, estado civil, condición social, religión o convicciones, ideas políticas, orientación sexual, adhesión o no a sindicatos y a sus acuerdos, vínculos de parentesco con otros trabajadores en la empresa o lengua dentro del Estado español, así como las decisiones del empresario que supongan un trato desfavorable de los trabajadores como reacción ante una reclamación efectuada en la empresa o ante una acción administrativa o judicial destinada a exigir el cumplimiento del principio de igualdad de trato y no discriminación».

- El art. 71 de la Ley 9/2017, de 8 de noviembre, de Contratos del Sector Público, prohíbe contratar con la administración pública a empresas que no cumplan con la obligación de contar con un plan de igualdad conforme a lo dispuesto en el artículo 45 de la Ley Orgánica 3/2007, de 22 de marzo.

CUESTIÓN

¿Existen sanciones específicas relacionadas con los posibles incumplimientos de las obligaciones relativas al registro retributivo?

Se considerará *infracción leve en materia de relaciones laborales individuales y colectivas* (art. 6.6 de la LISOS) no cumplir con las obligaciones meramente formales o documentales cuando no exista RLT. En caso de transgresión de los derechos de información, audiencia y consulta de los representantes de los trabajadores y de los delegados sindicales, en los términos en que legal o convencionalmente estuvieren establecidos, la *infracción pasaría a considerarse grave* (art. 7.7 de la LISOS).

La ausencia de registro retributivo o auditoría (cuando fuese obligatoria) se incardina dentro de las *infracciones graves en materia de relaciones laborales individuales y colectivas* (art. 7.13 de la LISOS).

Del mismo modo, la existencia de discriminación que pudiera derivas de la ausencia de estos documentos supondría *infracción muy grave en materia de relaciones laborales individuales y colectivas* (art. 8.12 de la LISOS).

Sanciones

Con efectos de 1 de octubre de 2021, las infracciones en materia de relaciones laborales y empleo se sancionarán (art. 40 de la LISOS):

- Las leves, en su grado mínimo, con multas de 70 a 150 euros; en su grado medio, de 151 a 370 euros; y en su grado máximo, de 371 a 750 euros.
- Las **graves** con multa, en su grado mínimo, de 751 a 1.500 euros, en su grado medio de 1.501 a 3.750 euros; y en su grado máximo de 3.751 a 7.500 euros.
- Las **muy graves** con multa, en su grado mínimo, de 7.501 a 30.000 euros; en su grado medio de 30.001 a 120.005 euros; y en su grado máximo de 120.006 euros a 225.018 euros.

En otro contexto, la nueva **Ley de Contratos públicos** —vigente desde el pasado 9 de marzo de 2018— refuerza la obligación de elaborar un plan de igualdad entre sexos, al establecer que toda aquella corporación que no tengan un plan de igualdad de ser obligatorio, o que no lo cumpla, **no podrá contratar con entidades del sector público.**

Sanciones accesorias

El art. 46 bis de la LISOS, establece que los empresarios que hayan cometido las infracciones muy graves tipificadas en los apdos. 12, 13 y 13 bis) del art. 8 y en el apdo. 2 del art. 16 de la LISOS, serán sancionados —sin perjuicio de las sanciones económicas—, con las siguientes sanciones accesorias:

- Pérdida automática de las ayudas, bonificaciones y, en general, de los beneficios derivados de la aplicación de los programas de empleo, con efectos desde la fecha en que se cometió la infracción.
- Exclusión automática del acceso a tales beneficios durante seis meses.

No obstante, el citado art. 46 bis, en su apdo. 2, establece la **posibilidad de sustitución de las sanciones accesorias citadas por la elaboración y aplicación de un plan de igualdad en la empresa**:

- En el caso de las infracciones muy graves tipificadas en el apdo. 12 art. 8 y apdo. 2 art. 16 de la LISOS —referidas a los supuestos de discriminación directa o indirecta por razón de sexo—, las sanciones accesorias a las que se refiere el apartado anterior podrán ser sustituidas por la elaboración y aplicación de un plan de igualdad en la empresa, si así se determina por la autoridad laboral competente previa solicitud de la empresa e informe preceptivo de la Inspección de Trabajo y Seguridad Social, en los términos que se establezcan reglamentariamente, suspendiéndose el plazo de prescripción de dichas sanciones accesorias.
- En el supuesto de que no se elabore o no se aplique el plan de igualdad o se haga incumpliendo manifiestamente los términos establecidos en la resolución de la autoridad laboral, esta, a propuesta de la Inspección

de Trabajo y Seguridad Social, sin perjuicio de la imposición de la sanción que corresponda por la comisión de la infracción tipificada en el apartado 17 del artículo 8, dejará sin efecto la sustitución de las sanciones accesorias, que se aplicarán de la siguiente forma:

- La pérdida automática de las ayudas, bonificaciones y beneficios se aplicará con efectos desde la fecha en que se cometió la infracción.
- La exclusión del acceso a tales beneficios será durante seis meses a contar desde la fecha de la resolución de la autoridad laboral por la que se acuerda dejar sin efecto la suspensión y aplicar las sanciones accesorias.

La actividad inspectora en materia de igualdad y no discriminación por razón de sexo: Instrucción ITSS 3/2011

En paralelo a la actuación reactiva en caso de denuncias o solicitud de informes por las administraciones o juzgados, la Instrucción 3/2011, fija una serie de actuaciones de la Inspección de Trabajo en materia de igualdad centradas en:

1. Obligaciones de la Ley de igualdad (incluidas las relacionadas con los Planes de igualdad).
2. Discriminación en la relación laboral.
3. Discriminación salarial.
4. Prevención de riesgos laborales con un enfoque de género.
5. Acoso sexual y por razón de sexo.
6. Discriminación en la negociación colectiva.
7. Discriminación en el acceso al empleo.
8. Derechos sobre conciliación de la vida familiar y laboral.
9. Medidas y planes de igualdad.

Siguiendo el Informe Anual de la Inspección de Trabajo y Seguridad Social, en los próximos años no solo se mantendrá la actividad programada, sino que también se incrementará el número de actuaciones selectivas con el fin de comprobar **la existencia de plan de igualdad en las empresas obligadas, así como el cumpliendo con la obligación de análisis sobre la brecha salarial (registro retributivo y auditoría retributiva).**

CUESTIÓN

¿A partir de cuándo es obligatorio contar con registro retributivo?

Todas las empresas conforme al artículo 28.2 del Estatuto de los Trabajadores, con independencia de su tamaño, están obligadas a elaborar un registro retributivo. Esta obligación existe desde el 08/03/2019, (fecha de entrada en vigor de las modificaciones realizadas por el Real Decreto-ley 6/2019, de 1 de marzo sobre el Estatuto de los Trabajadores. No obstante, desde el 14/04/2021 (seis meses desde la publicación del Real Decreto 902/2020, de 13 de octubre, de igualdad retributiva entre mujeres y hombres), el contenido debe coincidir con lo fijado por el art. 5 del Real Decreto 902/2020, de 13 de octubre.

5.4. Los incumplimientos de las normas y límites en materia de jornada laboral

Incumplimientos y sanciones de las empresas relacionados con la ausencia de registro horario

La normativa laboral establece el **deber de la empresa de garantizar el registro diario de jornada**, que deberá incluir el horario concreto de inicio y finalización de la jornada de trabajo de cada persona trabajadora, sin perjuicio de la flexibilidad horaria existente. En concreto, el Estatuto de los Trabajadores establece textualmente la obligación del registro de jornada en dos supuestos de modo específico [horas extraordinarias (art. 35.5 del ET) y trabajadores a tiempo parcial (art. 12.4.c del ET)] y otro a modo general (art. 34 del ET).

Siguiendo el art. 7.5 de la LISOS, el incumplimiento de la obligación de registro se considerará como una infracción grave en materia de relaciones laborales

> «La transgresión de las normas y los límites legales o pactados en materia de jornada, trabajo nocturno, horas extraordinarias, horas complementarias, descansos, vacaciones, permisos, registro de jornada y, en general, el tiempo de trabajo a que se refieren los artículos 12, 23 y 34 a 38 del Estatuto de los Trabajadores».

En otras palabras, las sanciones son posibles desde la entrada en vigor del artículo 34.9 del Estatuto de los Trabajadores, es decir, desde el 12 de mayo de 2019. En base al artículo 7.5 de la LISOS, la posible imposición de multas iría desde los 751 euros hasta los 7.500 euros.

Otras consecuencias asociadas a la falta de registro de jornada laboral pueden ser:

PRESUPUESTO	INCUMPLIMIENTO (PRECEPTO INFRINGIDO)	RESULTADO DE LAS ACTUACIONES INSPECTORAS
SI registro y declaración de horas extraordinarias.	Superación del límite máximo de horas extras (art. 35.2 del ET).	- Acta de infracción (art. 7.5 de la LISOS).
No registro y/o declaración de horas extraordinarias.	Ausencia de registro de jornada (art. 35.5 del ET).	- Requerimiento. - Acta de infracción (art. 7.5 de la LISOS).

PRESUPUESTO	INCUMPLIMIENTO (PRECEPTO INFRINGIDO)		RESULTADO DE LAS ACTUACIONES INSPECTORAS
No registro y/o declaración de horas extraordinarias.	Realización de horas extraordinarias no declaradas.	Art. 34.1 del ET.	- Si se aprecia la existencia de prolongación de jornada u otros indicativos de la existencia de horas extraordinarias: acta de infracción por superación de jornada máxima (art. 7.5 de la LISOS).
		Art. 29.1 del ET.	- Si se puede cuantificar las horas extras y no se acredita su pago: acta de infracción con estimación de perjuicios económicos (arts. 10.7 y 8.1 de la LISOS).
		Art. 29.1 del ET.	- Si consta abono irregular, sin hacerlo constar en la nómina: acta de infracción (art. 7.3 de la LISOS).
	..		Liquidación diferencias de cotización.
	Enmascaramiento de la remuneración correspondiente a horas extras en conceptos salariales diferentes (art. 147 de la LGSS).		- Comunicación a TGSS para correcta imputación en las bases de cotización. - Si se ha producido un aumento indebido de prestaciones: acta de infracción (art. 23.1 e) de la LISOS).
..	No comunicación a los representantes de los trabajadores de las horas extraordinarias realizadas (D.A. 3.ª del Real Decreto 1561/1995, de 21 de septiembre).		- Requerimiento. - Si previa denuncia: acta de infracción (art. 7.7 de la LISOS).

SENTENCIAS RELEVANTES

STSJ del País Vasco n.° 4239/2022, de 14 de julio de 2022, ECLI:ES:TSJCAT:2022:6585

Incumplimiento empresarial del registro horario: la empresa no puede alegar falta de colaboración de los trabajadores. Se sanciona a la empresa por falta de registro horario a pesar del incumplimiento de los trabajadores de las instrucciones empresariales para fichajes entrada y salida, la Sala de lo Social no acepta que «los trabajadores no cumplieran con sus obligaciones, por las razones que fueren», para eximir a la empresa de sus obligaciones de registro horario diario, «máxime teniendo en cuenta que siempre dispuesto del poder de dirección y, en su caso, sancionador ante cualquier tipo de incumplimiento o desobediencia».

STSJ Castilla y León, rec. 272/2019, de 24 de mayo de 2019, ECLI:ES:TSJCL:2019:2243

La omisión de registro genera la presunción de existencia de jornada a tiempo completo.

JURISPRUDENCIA

STS n.º 299/2022, de 5 de abril de 2022, ECLI:ES:TS:2022:1434

Se validan los sistemas de registro de jornada autodeclarativos. Para el TS, un sistema de registro acordado entre la representación de las personas trabajadoras y la empresa, fundado en datos declarados unilateralmente por los trabajadores, no supone una modificación del convenio colectivo.

Incumplimientos y sanciones de las empresas relacionados con la desconexión digital

El art. 88 de la LOPDGDD establece:

> «Los trabajadores y los empleados públicos tendrán derecho a la desconexión digital a fin de garantizar, fuera del tiempo de trabajo legal o convencionalmente establecido, el respeto de su tiempo de descanso, permisos y vacaciones, así como de su intimidad personal y familiar».

En caso de vulneración del derecho a la desconexión digital, la Inspección de Trabajo podrá levantar actas por:

- **Incumplimiento de las condiciones de trabajo y las obligaciones legales en materia de descanso de los trabajadores basadas** en: los arts. 7.10 de la LISOS («establecer condiciones de trabajo inferiores a las establecidas legalmente o por convenio colectivo, así como los actos u omisiones que fueren contrarios a los derechos de los trabajadores reconocidos en el artículo 4 de la Ley del Estatuto de los Trabajadores, salvo que proceda su calificación como muy graves, de acuerdo con el artículo siguiente»), 7.5 de la LISOS («la transgresión de las normas y los límites legales o pactados en materia de jornada, trabajo nocturno, horas extraordinarias, horas complementarias, descansos, vacaciones, permisos, registro de jornada y, en general, el tiempo de trabajo a que se refieren los artículos 12, 23 y 34 a 38 del Estatuto de los Trabajadores») o 6.6 de la LISOS («Cualesquiera otros incumplimientos que afecten a obligaciones meramente formales o documentales»).
- **La inexistencia de un protocolo para desconexión digital de los trabajadores:** a falta de incardinación en algún hecho sancionable que pudieran establecer los Tribunales, podría sancionarse en materia de prevención de riesgos laborales si existe conexión entre esta falta de ese protocolo en la empresa y una concreción en algún trabajador de este riesgo psicosocial como podría ser Burnout, tecnoestrés (Concepto relacionado con los efectos psicosociales negativos del uso de las Tecnologías de la información y la comunicación (TIC)), etc. (Adrián Todolí. *El Derecho a la Desconexión Digital aprobada por la LOPDGDD y la Prevención de riesgos laborales*. 17 de enero de 2019).

- **Incumplimientos relacionados con el respeto a la intimidad y dignidad de los trabajadores**: según el art. 8.11 LISOS, se califica como infracción muy grave en materia de relaciones laborales individuales y colectivas «los actos del empresario que fueren contrarios al respeto de la intimidad y consideración debida a la dignidad de los trabajadores».

ANEXO.
FORMULARIOS

Escrito genérico de alegaciones frente a acta infracción de la Inspección de Trabajo y Seguridad Social (motivos de forma)

El acta infracción de la ITSS debe cumplir los requisitos formales establecidos en el Real Decreto 928/1998, de 14 de mayo y Ley 23/2015, de 21 de julio.

Los interesados podrán formular escrito de alegaciones en el plazo de quince días hábiles contados desde el siguiente a la notificación del acta de infracción.

Acta de infracción núm. [NÚMERO].

Escrito de Alegaciones.

ILMO. SR. JEFE DE LA INSPECCIÓN DE TRABAJO [PROVINCIA] (1)

D./D.ª [NOMBRE_ABOGADO_CLIENTE], Letrado en ejercicio del Ilustre Colegio de Abogados de [PROVINCIA], con domicilio en [DOMICILIO], en nombre y representación de la mercantil [NOMBRE_EMPRESA], según acredito mediante copia de poder de representación procesal que acompaño, ante V.I. comparece y atentamente,

EXPONE

I.- Que con fecha de [FECHA] le ha sido notificada el Acta de Infracción en materia de [ESPECIFICAR], de la Inspección de Trabajo, núm. [NÚMERO] de fecha [FECHA], por la que se propone la imposición de una sanción pecuniaria de [CANTIDAD] euros por la comisión de una infracción administrativa (leve/grave/muy grave) sancionada en su grado [ESPECIFICAR]. **(2)**

II.- La sanción impuesta se establece al amparo del del artículo [NÚMERO] de la [ESPECIFICAR].

No estando conforme con el Acta citada, por el presente vengo a formular, en tiempo y forma, **ESCRITO DE ALEGACIONES (3)**, con base a los siguientes,

MOTIVOS

PRIMERO.- Que el Acta de Infracción hoy impugnada en sus **aspectos formales de obligado cumplimiento** no cumple con los requisitos fijados en los textos normativos reguladores. En concreto:

El art. 23 de la Ley 23/2015, de 21 de julio, señala, para que los hechos constatados por los funcionarios de la Inspección de Trabajo y Seguridad Social tengan presunción de certeza, la necesidad de observación de los requisitos legales pertinentes.

El art. 12.1 del Real Decreto 928/1998, de 14 de mayo, establece que la extensión de actas de infracción se realizará en los términos y condiciones establecidos en ese mismo precepto y en el capítulo III del Reglamento.

Asimismo, el art. 14 del citado Real Decreto 928/1998, de 14 de mayo, regula cuál es el contenido que debe reflejar el acta de infracción. Poniendo de manifiesto la necesidad de que las actas de infracción de la Inspección de Trabajo y Seguridad Social reflejen:

> «a) Nombre y apellidos o razón social, domicilio, actividad, documento nacional de identidad, número de identificación fiscal, código de cuenta de cotización a la Seguridad Social y, en su caso, número de Seguridad Social de autónomos, del presunto sujeto infractor. Si se comprobase la concurrencia de responsable subsidiario o solidario, se hará constar tal circunstancia, fundamentación fáctica y jurídica de su presunta responsabilidad y los mismos datos exigidos para el sujeto responsable directo.
>
> b) Los hechos comprobados por el funcionario actuante, con expresión de los relevantes a efectos de la tipificación de la infracción, los medios utilizados para la comprobación de los hechos que fundamentan el acta, y los criterios en que se fundamenta la graduación de la propuesta da sanción; asimismo, consignará si la actuación ha sido mediante visita, comparecencia o por expediente administrativo.
>
> c) La infracción o infracciones presuntamente cometidas, con expresión del precepto o preceptos vulnerados, y su calificación.
>
> d) Número de trabajadores de la empresa y número de trabajadores afectados por la infracción, cuando tal requisito sirva para graduar la sanción o, en su caso, calificar la infracción.
>
> e) La propuesta de sanción, su graduación y cuantificación, que será el total de las sanciones propuestas si se apreciase más de una infracción. Se incluirá expresamente la propuesta de las sanciones accesorias que procedan como vinculadas a la sanción principal.
>
> Si la sanción propuesta tuviera exclusivamente carácter pecuniario, se hará mención a la posibilidad de aplicar a dicha sanción el porcentaje de reducción previsto en el apartado 6, siempre y cuando el sujeto infractor declare su voluntad de proceder al pago, en los términos y plazos que se indican en el artículo 17, y renuncie al ejercicio de cualquier acción, alegación o recurso en vía administrativa contra la sanción.»
>
> f) Órgano competente para resolver y órgano competente para realizar los actos de instrucción y ordenación del expediente sancionador y plazo para la interposición de las alegaciones ante éste.
>
> g) Indicación del funcionario que levanta el acta de infracción y firma del mismo y, en su caso, visado del Inspector de Trabajo y Seguridad Social con su firma e indicación del que la efectúe.
>
> h) Fecha del acta de infracción».

Sin embargo, el acta por la que se inicia el procedimiento sancionador no cumple con los requisitos legales pertinentes por [DESCRIPCIÓN] **(4)**. Por tanto, como bien ha indicado el Criterio Técnico DGITSS 27/2000, de 2 de marzo, y en consonancia con el art. 20.1 del reiterado Real Decreto 928/1998, de 14 de mayo, ante la indefensión o disminución en los derechos de defensa que la Ley reconoce al inspeccionado, el órgano competente para resolver «acordará la anulación del acta cuando ésta carezca de los requisitos imprescindibles para alcanzar su fin, o cuando dé lugar a la indefensión de los interesados y no se hubiese subsanado en la tramitación previa a la resolución».

SEGUNDO.- En cuanto a los **aspectos formales de la tramitación del procedimiento**, en relación a la notificación de las actas de infracción y alegaciones, el art. 17 del Real Decreto 928/1998, de 14 de mayo, es claro al concretar:

> «1. Las actas de infracción serán notificadas al presunto sujeto o sujetos responsables en el plazo de diez días hábiles contados a partir del término de

la actuación inspectora, entendiéndose por ésta la de la fecha del acta, advirtiéndoles que podrán formular escrito de alegaciones en el plazo de quince días hábiles contados desde el siguiente a su notificación, acompañado de la prueba que estimen pertinente, ante el órgano instructor del expediente y que, en caso de no efectuar alegaciones, el acta de infracción podrá ser considerada propuesta de resolución, con los efectos previstos en los artículos 18 y 18 bis.

En aquellos supuestos en los que la sanción propuesta tenga carácter exclusivamente pecuniario y no se proponga sanción accesoria, se advertirá al sujeto responsable de que, en el mismo plazo de quince días, podrá presentar ante el órgano instructor escrito manifestando su voluntad de pago de la sanción propuesta en el acta con carácter previo a la resolución que ponga fin al procedimiento y su renuncia al ejercicio de cualquier acción, alegación o recurso en vía administrativa.

En los casos en los que concurran distintos sujetos responsables respecto de una misma infracción, cuando alguno de ellos hubiese manifestado su voluntad de pago con carácter previo a la resolución y alguno de los otros hubiese presentado alegaciones, se comunicará a aquel que no cabe la aplicación de la reducción prevista en el artículo 14, concediéndole un plazo adicional de quince días para presentar alegaciones, y se continuará el procedimiento de forma ordinaria.

No obstante, si alguno de los sujetos responsables mostrase su voluntad de acogerse a la reducción de la sanción prevista en el artículo 14 y hubiese otros responsables que no efectuasen alegaciones ni solicitasen la reducción de la sanción, se remitirá a todos ellos el documento de pago con la reducción correspondiente y se continuará el procedimiento en la forma prevista en los artículos 18 y 18 bis.

2. Cuando el acta de infracción afecte a solicitantes y beneficiarios de prestaciones, se comunicará, de forma simultánea, al órgano o entidad gestora correspondiente, a efectos de la adopción de la suspensión cautelar prevista en la normativa aplicable.

3. Las actas de infracción y las de liquidación por los mismos hechos se notificarán al presunto sujeto o sujetos responsables simultáneamente, pudiendo ser objeto de alegaciones conforme al procedimiento establecido para las actas de liquidación, de conformidad con lo previsto en el artículo 34 de este Reglamento.

4. El sujeto o sujetos responsables que formulen alegaciones frente al acta, tendrán derecho a vista de los documentos obrantes en el expediente, sin más excepciones que las necesarias para asegurar la confidencialidad del origen de cualquier queja, de conformidad con el artículo 15.c del Convenio número 81 de la Organización Internacional del Trabajo y el artículo 12.1 de la Ley 42/1997, de 14 de noviembre».

En el presente caso, la notificación del acta no contiene [DESCRIPCIÓN], lo que ha impedido [DESCRIPCIÓN] **(5)**. Aspectos que, nuevamente, indican una clara intromisión en el derecho de defensa del inspeccionado y, por tanto, la notificación está viciada de nulidad y así debe declararse, con los efectos legales inherentes.

Por lo expuesto,

SOLICITO A V.I. que habiendo por presentado este escrito, con los documentos que se acompañan, lo admita todo ello a trámite, tenga por formuladas **ALEGACIO-**

NES frente al Acta de Infracción núm. [NÚMERO] de fecha [FECHA], y atendidas las razones expuestas, se sirva dictar resolución por la que se proponga a la Autoridad Laboral acordándose [ESPECIFICAR], con cuanto más proceda en derecho.

En [PROVINCIA] a [FECHA].

[FIRMA]

---

(1) El escrito debe dirigirse al órgano instructor al que hace referencia el acta.

(2) Las sanciones se cuantificarán con multa según su grado mínimo, medio o máximo.

(3) El escrito de alegaciones ha de formularse en un plazo de quince días hábiles desde la notificación del acta de infracción (art. 17 del Real Decreto 928/1998, de 14 de mayo).

(4) Señalar las razones de las que se trate.

(5) Señalar los aspectos de la notificación no tenidos en cuenta.

Recurso de alzada de impugnación del contenido del acta de la Inspección de trabajo por defecto de forma

Las actas extendidas por la Inspección de Trabajo y Seguridad Social formalizadas con arreglo a los requisitos establecidos en el art. 14 del Real Decreto 928/1998, de 14 de mayo, estarán dotadas de presunción de certeza de los hechos y circunstancias reflejados en la misma que hayan sido constatados por el funcionario actuante, salvo prueba en contrario, de conformidad con lo establecido en el art. 23 de la Ley 23/2015 de 21 de julio.

Recurso de alzada contra el contenido de Acta de la Inspección de Trabajo por defecto de forma solicitando rebaja de la cuantía de la multa inicialmente propuesta:

- Falta de notificación en plazo legal establecido.

- Ausencia del contenido mínimo de las actas de infracción de la Inspección de Trabajo y Seguridad Social.

A LA INSPECCIÓN DE TRABAJO DE [PROVINCIA]

ILMO. SR. DIRECTOR TERRITORIAL DE LA INSPECCIÓN DE TRABAJO Y SEGURIDAD SOCIAL (1)

N.° de acta definitiva/Resolución: [NÚMERO]

D./D.ª [NOMBRE_CLIENTE], mayor de edad, provisto de DNI núm. [DNI], como [ESPECIFICAR] de la mercantil [NOMBRE_EMPRESA], teléfono [NÚMERO] y correo electrónico [ESPECIFICAR], cuya representación acredita, mediante copia del poder notarial que a este escrito se acompaña, con domicilio a efectos de notificaciones en [DOMICILIO_SOCIAL], ante esta Inspección de Trabajo comparece y

DICE

Que en fecha [DÍA] de [MES] de [AÑO], recibe notificación de [ESPECIFICAR] de la Inspección de Trabajo y Seguridad Social de [PROVINCIA], por medio de la cual se me imputa a la empresa arriba referida la comisión de unos hechos, calificados como falta [ESPECIFICAR] y en virtud de los cuales se propone la imposición de una sanción por importe de [CANTIDAD] euros.

Que considerando dicha resolución no ajustada a derecho por no ser los hechos ciertos y veraces, por medio del presente escrito viene a formular las siguientes,

ALEGACIONES

PRIMERA.- Que levantada acta de infracción el día [FECHA], y habiendo terminado, como consta en la misma, la actuación inspectora el día [FECHA] **(2)**, el acta de infracción fue **notificada al presunto sujeto responsable en un plazo superior a diez días hábiles contados a partir del término de la actuación inspectora.** En este caso el acta se notificó en fecha [FECHA], realizándose el propio Acta en fecha [FECHA], por lo que se ha rebasado ampliamente el plazo de 10 días establecidos legalmente establecido en el artículo 17.1 del vigente Real Decreto 928/1998, de 14 de mayo.

SEGUNDA.- Que concurre imprecisión en el relato de los hechos, pues no se han tenido en cuenta determinadas circunstancias que pueden desvirtuar la infracción imputada a la empresa recurrente; todo ello, en relación a [ESPECIFICAR].

En este punto, al amparo del art. 40 del reiterado Real Decreto 928/1998, de 14 de mayo, el relato de los hechos por parte del Inspector/Subinspector debería haber sido el del correspondiente informe sobre estos, conforme a la comprobación realizada como técnico habilitado, debiendo consignarse igualmente los demás datos contenidos en el informe que «tengan relevancia para la tipificación y calificación de la infracción, y de graduación de la propuesta de sanción que el inspector considere procedentes». Como se evidencia del acta levantada y ahora recurrida, los hechos y circunstancias consignados en el acta muestran una insuficiencia en el relato fáctico de la misma e indefensión para la empresa por [ESPECIFICAR].

TERCERA.- Se considera infringido el principio de proporcionalidad en la graduación de la sanción, pues, siendo la misma calificada como [ESPECIFICAR], se ha graduado en su nivel [ESPECIFICAR], aconteciemiento elementos para valorarla en su grado mínimo ya que:

I.- No concurren elementos de intencionalidad en la empresa ni reiteración en la comisión de faltas.

II.- ...

III.- ...

IV.- ...

A las anteriores alegaciones son de aplicación los siguientes

FUNDAMENTOS DE DERECHO

PRIMERO.- Acta anulable por falta de notificación en tiempo y forma correctos

I.- Tal y como se desprende del artículo 17.1 del vigente Real Decreto 928/1998, de 14 de mayo, por el que se aprueba el Reglamento general sobre procedimientos para la imposición de sanciones por infracciones de Orden social y para los expedientes liquidatorios de cuotas de la Seguridad Social, que recoge la notificación de las actas de infracción y alegaciones «Las actas de infracción **serán notificadas al presunto sujeto o sujetos responsables en el plazo de diez días hábiles contados a partir del término de la actuación inspectora**, entendiéndose por ésta la de la fecha del acta, advirtiéndoles que podrán formular escrito de alegaciones en el plazo de quince días hábiles contados desde el siguiente a su notificación, acompañado de la prueba que estimen pertinente, ante el órgano instructor del expediente y que en caso de no efectuar alegaciones, el acta de infracción podrá ser considerada propuesta de resolución, con los efectos previstos en los artículos 18 y 18 bis».

El acta recurrida, como hemos manifestado en las alegaciones, se notificó en fecha [FECHA], realizándose la propia acta en fecha [FECHA], por lo que se ha rebasado ampliamente el plazo de 10 días establecidos legalmente.

Según lo establecido en los apdos. 1 y 3 del actual art. 48 de la Ley 39/2015, de 1 de octubre, del Procedimiento Administrativo Común de las Administraciones Públicas, donde se indica textualmente que «Son anulables los actos de la Administración que incurran en cualquier infracción del ordenamiento jurídico, incluso la desviación de poder» y «La realización de actuaciones administrativas fuera del tiempo establecido para ellas sólo implicará la anulabilidad del acto cuando así lo imponga la naturaleza del término o plazo».

No cabe duda de que el acto es anulable ya que se ha incurrido en la citada infracción del artículo 17.1 del Real Decreto 928/1998, de 14 de mayo, Reglamento general sobre Procedimientos para la imposición de sanciones por infracciones de orden social y para los expedientes liquidatorios de cuotas de la Seguridad Social.

II.- En segundo lugar debemos invocar el derecho de la empresa [NOMBRE_EMPRESA] en el procedimiento administrativo, que no ha sido respetado en el expediente impugnado; regulado el apdo. 2 del art. 53, de la Ley 39/2015, de 1 de octubre, donde junto al resto de derechos previstos en esa Ley, en el caso de procedimientos administrativos de naturaleza sancionadora, los presuntos responsables tendrán los siguientes derechos:

> «a) A ser notificado de los hechos que se le imputen, de las infracciones que tales hechos puedan constituir y de las sanciones que, en su caso, se les pudieran imponer, así como de la identidad del instructor, de la autoridad competente para imponer la sanción y de la norma que atribuya tal competencia.
>
> b) A la presunción de no existencia de responsabilidad administrativa mientras no se demuestre lo contrario».

En aplicación de lo anterior, no cabe duda de que el acto es anulable, ya que en el acta levantada en fecha [ESPECIFICAR], no se acreditan [ESPECIFICAR] **(3)**. Igualmente hay que recordar que la Administración sancionadora tiene la carga de acreditar los hechos constitutivos de la infracción, no bastando afirmaciones genéricas, teniendo que acreditar la responsabilidad del presunto infractor a través de una actividad probatoria de cargo, con todas las garantías, cuya ausencia o ineficacia determina la ilegitimidad de la sanción. Lo que no sucede en este caso que concurre imprecisión en el relato de los hechos, pues [ESPECIFICAR].

Puede citarse a estos efectos, por todas, la STS de 3-11-1997, de la sección 9.ª de esta Sala que dice: «En casos como el presente en el que la Administración impone la sanción como consecuencia de un acta de los Servicios de Inspección correspondientes ha de tenerse en cuenta que, según reiterada jurisprudencia del Tribunal Constitucional y del Tribunal Supremo, los principios inspiradores del orden penal son de aplicación, con ciertos matices, al derecho administrativo sancionador, dado que ambos son manifestaciones del ordenamiento punitivo y del ius puniendi del Estado y de las demás Administraciones Públicas, de tal modo que los principios esenciales reflejados en los arts. 24 y 25 de la Constitución han de ser transvasados a la actividad sancionadora de la Administración en la medida necesaria para preservar los valores fundamentales que se encuentran en la base de tales preceptos y alcanzar la seguridad jurídica preconizada en el art. 9 del mismo texto. De tal forma las actuaciones administrativas formalizadas en el oportuno expediente no tienen la consideración de simple denuncia sino que son susceptibles de valorarse como prueba en la vía judicial contencioso administrativa pudiendo servir para destruir la presunción de inocencia sin necesidad de reiterar en dicha vía la actividad probatoria de cargo practicada en el expediente administrativo (Stas 76/90 de 26-4 y 212/90 de 20-12)».

SEGUNDO.- Principio de proporcionalidad

I.- También debemos invocar el principio de proporcionalidad es un principio inherente al Estado de Derecho, derivable de la interdicción de la arbitrariedad de los poderes públicos establecida en el art. 9.3 Constitución Española. Justamente por razón de su contenido resulta trascendente en el derecho sancionador administrativo, toda vez que lo normal es que este regule las sanciones de forma flexible, es decir, otorgando cierto margen de apreciación a la Administración para la graduación de la sanción a la entidad de la infracción y de sus efectos. Dicho derecho debe significar adecuación entre la gravedad de la infracción y sus efectos y de las consecuencias sancionatorias (en este sentido STC 154/1990, de 15 de octubre) **(4)**. Por ello mismo, para la imposición y graduación de las sanciones debe atenderse no solo a la gravedad de los hechos cometidos en razón a posibles riegos creados, sino también a la ausencia de intencionalidad, así como a la ausencia de reincidencia por parte del empresario.

En el caso que nos ocupa la infracción supuestamente cometida consistente en [ESPECIFICAR], cumple con todos los criterios de graduación recogidos en el Texto Refundido de la Ley de Infracciones y Sanciones en el Orden Social, aprobado por el RD Legislativo 5/2000, atendiendo sobre todo a su falta de intencionalidad, así como a la ausencia de reincidencia por parte del empresario.

II.-Asimismo, en el caso que nos ocupa, el Acta impugnada no refleja: [ESPECIFICAR] **(4)**. Limitándose a establecer los hechos comprobados por el funcionario actuante, en relación a [ESPECIFICAR].

Atendiendo a la ausencia de ese/esos dato/datos, se viene a infringir, como ya se ha indicado, lo dispuesto en el Real Decreto Legislativo 5/2000, de 4 de agosto, por el que se aprueba el texto refundido de la Ley sobre Infracciones y Sanciones en el Orden Social, relativo al contenido de las actas y de los documentos iniciadores del expediente, y en el Real Decreto 928/1998, de 14 de mayo, por el que se aprueba el Reglamento general sobre procedimientos para la imposición de sanciones por infracciones de Orden social y para los expedientes liquidatorios de cuotas de la Seguridad Social, sobre el contenido de las actas de infracción, según el cual: [ESPECIFICAR SEGÚN EL CASO].

Art. 53 del Real Decreto Legislativo 5/2000, de 4 de agosto, por el que se aprueba el texto refundido de la Ley sobre Infracciones y Sanciones en el Orden Social (Contenido de las actas y de los documentos iniciadores del expediente.).

«1. Las actas de infracción de la Inspección de Trabajo y Seguridad Social, reflejarán:

a) Los hechos constatados por el Inspector de Trabajo y Seguridad Social o Subinspector de Empleo y Seguridad Social actuante, que motivaron el acta, destacando los relevantes a efectos de la determinación y tipificación de la infracción y de la graduación de la sanción.

En el caso de actas extendidas en el marco de actuaciones administrativas automatizadas, los hechos constitutivos de la infracción cometida».

b) La infracción que se impute, con expresión del precepto vulnerado.

c) La calificación de la infracción, en su caso la graduación de la sanción, la propuesta de sanción y su cuantificación.

d) En los supuestos en que exista posible responsable solidario, se hará constar tal circunstancia, la fundamentación jurídica de dicha responsabilidad y los mismos datos exigidos para el responsable principal».

Artículo 14 del Real Decreto 928/1998, de 14 de mayo, por el que se aprueba el Reglamento general sobre procedimientos para la imposición de sanciones por infracciones de Orden social y para los expedientes liquidatorios de cuotas de la Seguridad Social

«1. Las actas de infracción de la Inspección de Trabajo y Seguridad Social habrán de reflejar:

a) Nombre y apellidos o razón social, domicilio, actividad, documento nacional de identidad, número de identificación fiscal, código de cuenta de cotización a la Seguridad Social y, en su caso, número de Seguridad Social de autónomos, del presunto sujeto infractor. Si se comprobase la concurrencia de responsable subsidiario o solidario, se hará constar tal circunstancia, fundamentación fáctica y jurídica de su presunta responsabilidad y los mismos datos exigidos para el sujeto responsable directo.

b) Los hechos comprobados por el funcionario actuante, con expresión de los relevantes a efectos de la tipificación de la infracción, los medios utilizados para la comprobación de los hechos que fundamentan el acta, y los criterios en que se fundamenta la graduación de la propuesta da sanción; asimismo, consignará si la actuación ha sido mediante visita, comparecencia o por expediente administrativo.

c) La infracción o infracciones presuntamente cometidas, con expresión del precepto o preceptos vulnerados, y su calificación.

d) Número de trabajadores de la empresa y número de trabajadores afectados por la infracción, cuando tal requisito sirva para graduar la sanción o, en su caso, calificar la infracción.

e) La propuesta de sanción, su graduación y cuantificación, que será el total de las sanciones propuestas si se apreciase más de una infracción. Se incluirá expresamente la propuesta de las sanciones accesorias que procedan como vinculadas a la sanción principal.

Si la sanción propuesta tuviera exclusivamente carácter pecuniario, se hará mención a la posibilidad de aplicar a dicha sanción el porcentaje de reducción previsto en el apartado 6, siempre y cuando el sujeto infractor declare su voluntad de proceder al pago, en los términos y plazos que se indican en el artículo 17, y renuncie al ejercicio de cualquier acción, alegación o recurso en vía administrativa contra la sanción.»

f) Órgano competente para resolver y órgano competente para realizar los actos de instrucción y ordenación del expediente sancionador y plazo para la interposición de las alegaciones ante éste.

g) Indicación del funcionario que levanta el acta de infracción y firma del mismo y, en su caso, visado del Inspector de Trabajo y Seguridad Social con su firma e indicación del que la efectúe.

h) Fecha del acta de infracción».

Siendo estos elementos determinantes en la valoración de la gravedad de la infracción y, consecuentemente, en la imposición de la sanción que corresponda.

TERCERO.- Presunción de inocencia

El valor probatorio de las actas de la Inspección de Trabajo solo puede referirse a los hechos comprobados directamente por el funcionario, quedando fuera de su alcance las calificaciones jurídicas, los juicios de valor o las simples opiniones que los inspectores consignen en las actas y diligencias (STC nº. 76/1980, en consonancia con reiterada jurisprudencia de esta Sala). En aplicación de este derecho de presunción de inocencia la Administración sancionadora tiene la carga de acreditar los hechos constitutivos de la infracción, no bastando afirmaciones genéricas, teniendo que acreditar la responsabilidad del presunto infractor a través de una actividad probatoria de cargo, con todas las garantías, cuya ausencia o ineficacia determina la ilegitimidad de la sanción.

Dicho lo anterior, en el acta expedida no queda acreditado de ningún modo: [ESPECIFICAR].

Por lo expuesto,

SOLICITA AL ILMO. SR. DIRECTOR TERRITORIAL DE LA INSPECCIÓN DE TRABAJO Y SEGURIDAD SOCIAL, que teniendo por presentado este escrito en tiempo y forma, con las manifestaciones que anteceden y los documentos que se acompañan, se sirva admitirlo y, en su virtud, tenga por evacuado el trámite de audiencia, acordando el archivo de las actuaciones conforme a las alegaciones expuestas.

Que, subsidiariamente, en caso de no estimar la pretensión formulada en el párrafo anterior, se acuerde rebajar la cuantía de la multa inicialmente propuesta para adecuarla al principio de proporcionalidad vigente en esta materia, sin perjuicio de la posible interposición de los demás recursos que se tenga por conveniente.

En [PROVINCIA], a [DÍA] de [MES] de [AÑO].

[FIRMA]

FIRMA DEL RECURRENTE / REPRESENTANTE LEGAL. D./Dª. [NOMBRE]

---

(1) El escrito debe dirigirse al órgano competente para la resolución del recurso de alzada al que se hace referencia en la resolución de acta.

(2) Las actas de infracción serán notificadas al presunto sujeto o sujetos responsables en el plazo de diez días hábiles contados a partir del término de la actuación inspectora, entendiéndose por esta la de la fecha del acta, advirtiéndoles que podrán formular escrito de alegaciones en el plazo de quince días hábiles contados desde el siguiente a su notificación, acompañado de la prueba que estimen pertinente, ante el órgano instructor del expediente y que en caso de no efectuar alegaciones, el acta de infracción podrá ser considerada propuesta de resolución, con los efectos previstos en los artículos 18 y 18 bis del Real Decreto 928/1998, de 14 de mayo.

(3) STC n.º 154/1990, 15 de octubre de 1990.

(4) Cubrir teniendo en cuenta el contenido de las actas de infracción reflejado en el art. 14 del Real Decreto 928/1998, de 14 de mayo. A modo de ej.: «una relación circunstanciada de los hechos que motivan la apertura del procedimiento sancionador y que pudieran tener cabida en la tipificación de la infracción administrativa supuestamente cometida en materia de [ESPECIFICAR]».

Recurso de alzada ante la Inspección de Trabajo por caducidad del expediente administrativo sancionador

> *Contra la resolución que deniega la caducidad del expediente administrativo sancionador, se podrá interponer recurso de alzada en el plazo de un mes ante el órgano superior competente por razón de la materia, cuya resolución agotará la vía administrativa (art. 23.1 del Real Decreto 928/1998, de 14 de mayo).*

A LA INSPECCIÓN DE TRABAJO DE [PROVINCIA]

ILMO. SR. DIRECTOR TERRITORIAL DE LA INSPECCIÓN DE TRABAJO Y SEGURIDAD SOCIAL

D./D.ª [NOMBRE_CLIENTE], mayor de edad, provisto de DNI n.º [DNI], como [ESPECIFICAR] de la mercantil [NOMBRE_EMPRESA], cuya representación acredita, mediante copia del poder notarial que a este escrito se acompaña, con domicilio a efectos de notificaciones en [DOMICILIO_SOCIAL], ante esta Inspección de Trabajo comparece y,

DICE

Que, en fecha [DIA] de [MES] de [AÑO], ha recibido notificación de la resolución dictada por el jefe de la Inspección Provincial de Trabajo y Seguridad Social, de fecha [DIA] de [MES] de [AÑO], en su expediente número [NÚMERO], y en la que se acuerda imponer a la empresa que represento una multa de [CANTIDAD] euros, por la comisión de una infracción, presuntamente grave, en materia de trabajo.

Que, considerando dicha resolución no ajustada a derecho y perjudicial para los intereses de mi representada, se interpone, en tiempo y forma, **RECURSO DE ALZADA** contra la misma, amparándose para ello en el artículo 54 de la Ley sobre infracciones y sanciones en el orden social, en relación con el artículo 23 del Real Decreto 928/1998, de 14 de mayo, sobre el procedimiento para la imposición de sanciones por infracciones en el orden social y con los artículos 112 y 121 y siguientes de la Ley 39/2015, de 1 de octubre, del Procedimiento Administrativo común, en base a los siguientes,

MOTIVOS DE RECURSO

PRIMERO.- La caducidad del expediente administrativo sancionador se rige según lo previsto en el art. 25.1.b) de la Ley 39/2015, de 1 de octubre, del Procedimiento Administrativo Común de las Administraciones Públicas, y el art. 20.3 del Real Decreto 928/1998, de 14 de mayo, por el que se aprueba el Reglamento General sobre Procedimientos para la Imposición de las Sanciones por Infracciones de Orden Social y para los Expedientes Liquidatorios de Cuotas de la Seguridad Social.

SEGUNDO.- El plazo máximo para resolver los expedientes sancionadores por infracciones de orden social es de seis meses, computados desde la fecha del acta hasta la fecha en que se dicte la resolución, produciéndose en caso de superación de dicho plazo la caducidad del expediente, de conformidad con el apartado 3º del artículo 20 Real Decreto 928/1998, de 14 de mayo.

TERCERO.- Desde la fecha del acta el [DIA] de [MES] de [AÑO] hasta la fecha en la que se ha dictado resolución el [DIA] de [MES] de [AÑO], han transcurrido un total de [NÚMERO] días, equivalentes a [NÚMERO] meses.

Por lo expuesto,

SUPLICA:

Que, teniendo por presentado este escrito, juntamente con los documentos que como prueba se acompañan, y por hechas las manifestaciones en el mismo contenidas, admita en nombre de la empresa [NOMBRE_EMPRESA], recurso de alzada contra la resolución del jefe de la Inspección Provincial de Trabajo y Seguridad Social, de [DIA] de [MES] de [AÑO], expediente número [NÚMERO] y, previos los trámites legales oportunos, dicte resolución por la que se declare nula y sin efecto, por no ser ajustada a derecho, la resolución recurrida, por ser todo ello de justicia que pido en [LOCALIDAD], a [DÍA] de [MES] de [AÑO].

[FIRMA]

Recurso de alzada por caducidad de actuaciones comprobatorias de la ITSS

El Reglamento general sobre procedimientos para la imposición de sanciones por infracciones de Orden social, define la actividad inspectora previa al procedimiento sancionador, como el conjunto de actuaciones realizadas por la Inspección de Trabajo y Seguridad Social destinadas a comprobar el cumplimiento de las disposiciones legales, reglamentarias y convenidas en el orden social (art. 8 del RGPSL).

Tales actuaciones comprobatorias no se dilatarán por espacio de más de nueve meses salvo que la dilación sea imputable al sujeto a inspección o a las personas dependientes del mismo. No obstante, podrá ampliarse por otro periodo que no excederá de nueve meses, cuando concurran las siguientes circunstancias:

a) Cuando las actividades de inspección revistan especial dificultad y complejidad. Se entiende que se produce atendiendo al volumen de operaciones del sujeto obligado, por la dispersión geográfica de sus actividades, y en aquellos otros supuestos que indique una norma reglamentaria.

b) Cuando en el transcurso de las mismas se descubra que el sujeto inspeccionado ha obstruido u ocultado al órgano inspector alguna de sus actividades o de las personas que las desempeñen.

c) Cuando la actuación inspectora requiera de cooperación administrativa internacional.

Igualmente, no se podrán interrumpir por más de cinco meses, salvo que la interrupción sea causada por el sujeto inspeccionado o personas de él dependientes.

Si se incumplen los plazos referenciados, no se interrumpirá el cómputo de la prescripción y decaerá la posibilidad de extender acta de infracción o de liquidación, como consecuencia de tales actuaciones previas, sin perjuicio de la eventual responsabilidad en la que pudieran haber incurrido los funcionarios actuantes.

Ello no obstante, en los supuestos anteriormente citados, y siempre que no lo impida la prescripción, la Inspección de Trabajo y Seguridad Social podrá promover nuevas actuaciones de comprobación referentes a los mismos hechos y extender, en su caso, las actas correspondientes. Las comprobaciones efectuadas en las actuaciones inspectoras previas caducadas, tendrán el carácter de antecedente para las sucesivas, haciendo constar formalmente tal incidencia.

Para el cómputo de los plazos señalados, en ningún caso se considerará incluido el tiempo transcurrido durante el plazo concedido al sujeto obligado en los supuestos de formularse requerimientos de subsanación de incumplimientos previos por parte del órgano inspector.

AL [ESPECIFICAR] **(1) DE** [PROVINCIA]

D./D.ª [NOMBRE_ABOGADO_CLIENTE], letrado en ejercicio del Ilustre Colegio de Abogados de [PROVINCIA], con domicilio en [DOMICILIO], en nombre y representación de la mercantil [NOMBRE_EMPRESA], según acredito mediante copia de poder de representación procesal que acompaño, comparece y como mejor proceda comparezco,

DICE

PRIMERO.- Que con fecha de [FECHA] le ha sido notificada resolución sancionadora en materia de [ESPECIFICAR], de la Inspección de Trabajo, n.º [NÚMERO] de fecha [FECHA], por la que se acuerda la imposición de una sanción pecuniaria de [CANTIDAD] euros por la comisión de una infracción administrativa [LEVE/GRAVE/ MUY GRAVE] sancionada en su grado [ESPECIFICAR]. **(2)**

SEGUNDO.- Que, no estando conforme con la citada Resolución, por el presente vengo a formular, en tiempo y forma, **RECURSO DE ALZADA (3)**, con base a los siguientes,

HECHOS

I.- Que el acta de infracción, impugnada en su momento, se levanta por la Inspección de Trabajo el [FECHA], donde consta que tras las comprobaciones efectuadas por la misma en el centro de trabajo **(4)** de la mercantil sito en [DIRECCIÓN], se detecta: [ESPECIFICAR]. (Se adjuntan como docs. n.º [NÚMERO] y [NÚMERO] fotocopia acta de infracción n.º [NÚMERO] y escrito de alegaciones presentado en fecha [FECHA]). **(5)**

II.- Que **la comprobación se efectuó por** [ESPECIFICAR], **el día** [FECHA], según diligencia extendida en el libro de visitas. (Se adjunta como doc. n.º [NÚMERO] fotocopia diligencia libro de visitas de [FECHA]). **(4)**

III.- Que el [INSPECTOR/SUBINSPECTOR] de trabajo no tuvo en cuenta a la hora de dictar el acta de infracción de la que deriva la resolución ahora impugnada el **plazo máximo legalmente previsto para la realización de las actuaciones comprobatorias de nueve meses de duración.**

IV.- Que, la reiterada acta de infracción n.º [NÚMERO] es improcedente por cuanto, como se fija en los arts. 17.4 del Real Decreto 138/2000, de 4 de febrero y 21 de la Ley 23/2015, de 21 de julio, **no se podrán interrumpir por más de cinco meses las actuaciones inspectoras en supuestos como el presente (5)** en el que no ha existido interrupción por causa del sujeto inspeccionado (o personas de él dependientes, o cuando se constate la imposibilidad de proseguir la actuación inspectora por la pendencia de un pronunciamiento judicial que pueda condicionar el resultado de la misma).

V.- Que, por lo hasta aquí expuesto, queda acreditado que **la resolución sancionadora —que tiene su origen en la reiterada acta de infracción número** [NÚMERO]**— es igualmente improcedente al infringir lo dispuesto en nuestro ordenamiento jurídico respecto del plazo de realización de las actuaciones comprobatorias por la actividad inspectora**, debiendo declararse la caducidad del expediente sancionador n.º [NÚMERO] por haber **transcurrido el plazo de caducidad de seis meses** entre la fecha del acta de infracción, que tuvo lugar el [FECHA], y la fecha de notificación de la resolución del procedimiento sancionador, con fecha de [FECHA]. **(6)**

A los anteriores hechos son de aplicación los siguientes,

FUNDAMENTOS DE DERECHO

PRIMERO.- Actuaciones comprobatorias dilatadas por un espacio superior a nueve meses continuados.

Según establece el artículo 17 del Real Decreto 138/2000, de 4 de febrero, por el que se aprueba el Reglamento de Organización y Funcionamiento de la Inspección de Trabajo y Seguridad Social, en consonancia con el artículo 21 de la Ley 23/2015, de 21 de julio, Ordenadora del Sistema de Inspección de Trabajo y Seguridad Social, las actuaciones comprobatorias de la Inspección de Trabajo y Seguridad Social a un mismo sujeto no podrán dilatarse por un tiempo superior a nueve meses continuados, salvo que la dilación sea imputable al sujeto a inspección o a las personas dependientes del mismo. No obstante, podrá ampliarse, con el alcance y requisitos que se indican a posteriori, por otro periodo que no excederá de nueve meses, cuando concurran las circunstancias establecidas en el reiterado art. 17.

Como se ha relato, y acredita mediante copia de diligencia extendida en el libro de visitas y fecha del acta de infracción n.º [NÚMERO] adjuntas, la sanción impuesta es improcedente, toda vez que las actuaciones comprobatorias se han dilatado por un espacio superior a nueve meses continuados, sin que exista en este caso interrupción por causa del sujeto inspeccionado (o personas de él dependientes, o cuando se constate la imposibilidad de proseguir la actuación inspectora por la pendencia de un pronunciamiento judicial que pueda condicionar el resultado de la misma). Todo ello de conformidad al artículo 17 del Real Decreto 138/2000, de 4 de febrero, por el que se aprueba el Reglamento de Organización y Funcionamiento de la Inspección de Trabajo y Seguridad Social, en consonancia con el artículo 21 de la Ley 23/2015, de 21 de julio, Ordenadora del Sistema de Inspección de Trabajo y Seguridad Social.

SEGUNDO.- Superación del plazo de cinco meses establecido para interrumpir las actuaciones comprobatorias.

Según establece el art. 17.4 del Reglamento de Organización y Funcionamiento de la Inspección de Trabajo y Seguridad Social (Real Decreto 138/2000, de 4 de febrero), en consonancia con el artículo 21 de la Ley 23/2015, de 21 de julio, Ordenadora del Sistema de Inspección de Trabajo y Seguridad Social, las actuaciones comprobatorias de la Inspección de Trabajo y Seguridad Social, una vez iniciadas, no podrán interrumpirse por tiempo superior a cinco meses, salvo que la interrupción sea causada por el sujeto inspeccionado o personas de él dependientes.

TERCERO.- Superación del plazo máximo para resolver los expedientes sancionadores por infracciones de orden social. (7)

Según establece el art. 20 del Real Decreto 928/1998, de 14 de mayo, el plazo máximo para resolver los expedientes sancionadores por infracciones de orden social será de seis meses, que serán computados desde la fecha del acta hasta la fecha en que se dicte la resolución, produciéndose en caso de superación de dicho plazo la caducidad del expediente.

En el presente caso, por no concurrir circunstancias excepcionales que permitiesen la ampliación del plazo máximo señalado anteriormente, el plazo se ha cumplido con creces por lo que existe caducidad del expediente. **(8)**

Por lo expuesto,

SOLICITO A V.I.:

Que habiendo por presentado este escrito, con los documentos que se acompañan, lo admita todo ello a trámite, tenga por interpuesto recurso de alzada con los documentos que se acompañan y, previa la práctica de las pruebas propuestas y la tramitación que proceda, se dicte resolución en la que se declare la invalidez de la resolución sancionadora impugnada y del acta de infracción, n.º [NÚMERO] de [FECHA] y, en consecuencia, se acuerde el archivo del expediente sancionador, con lo demás que en derecho proceda.

En [PROVINCIA] a [FECHA].

[FIRMA]

---

(1) El escrito de recurso debe dirigirse al órgano competente para la resolución del recurso de alzada al que se haga referencia en la resolución de acta. Contra las resoluciones sancionado-

ras o liquidatorias cabrá recurso de alzada ante el órgano superior competente por razón de la materia, de acuerdo con lo previsto en el Reglamento general sobre procedimientos para la imposición de sanciones por infracciones de orden social y para los expedientes liquidatorios de cuotas de la Seguridad Social, que en el caso de actuaciones liquidatorias de la Dirección Especial corresponderá a la autoridad central (art. 58 del Real Decreto 138/2000, de 4 de febrero).

(2) Las sanciones se cuantificarán con multa según su grado mínimo, medio o máximo.

(3) El recurso de alzada se tramitará según lo establecido en los arts. 121-122 de la Ley 39/2015, de 1 de octubre.

(4) Cuando la actuación se inicie mediante visita a centro o lugar de trabajo, el cómputo se iniciará a partir de la fecha de la primera visita efectuada, según diligencia extendida en el libro de visitas [art. 1.3.a) de la RD 138/2000, de 4 de febrero].

(5) No se podrán interrumpir por más de cinco meses, salvo que la interrupción sea causada por el sujeto inspeccionado o personas de él dependientes, o cuando se constate la imposibilidad de proseguir la actuación inspectora por la pendencia de un pronunciamiento judicial que pueda condicionar el resultado de la misma.

(6) El plazo máximo para resolver los expedientes sancionadores por infracciones de orden social será de seis meses, que serán computados desde la fecha del acta hasta la fecha en que se dicte la resolución, produciéndose en caso de superación de dicho plazo la caducidad del expediente (art. 21.2 de la Ley 39/2015, de 1 de octubre). No se computarán dentro del plazo máximo para resolver las interrupciones por causas imputables a los interesados o motivadas por la suspensión del procedimiento a que se refiere este reglamento.

(7) STS, rec. 256/2000, de 12 de noviembre de 2001, ECLI:ES:TS:2001:8781. El cómputo del plazo de caducidad de seis meses que establece el artículo 20.3 del Reglamento general sobre procedimientos para la imposición de sanciones por infracciones de orden social y para los expedientes liquidatorios de cuotas de la Seguridad Social, aprobado por Real Decreto 928/1998, se inicia en la fecha del acta de infracción levantada por la Inspección, y no en la fecha de la visita de inspección de la que traiga causa si esta fuera anterior, y termina en la fecha de notificación de la resolución del procedimiento sancionador.

(8) La caducidad declarada de un expediente administrativo sancionador o liquidatorio, no impide la iniciación de otro nuevo con identidad de sujeto, hechos y fundamentos, cuando la infracción denunciada o la deuda imputada no hayan prescrito, se realicen nuevas actuaciones inspectoras (art. 7 del Real Decreto 928/1998, de 14 de mayo). (STS, rec.18/2002, de 12 de junio de 2003, ELCI:ES:TS:2003:4084).

Formulario de declaración de reconocimiento de responsabilidad y pago de manera voluntaria ante sanción impuesta por la ITSS

En los supuestos de infracciones para las cuales se proponga una sanción que tenga carácter exclusivamente pecuniario, si el sujeto responsable procediese al pago de la sanción propuesta en el acta con carácter previo a la resolución, en el plazo establecido al efecto, y renunciase al ejercicio de cualquier acción, alegación o recurso en vía administrativa, dicho pago llevará implícito el reconocimiento de responsabilidad y el importe de la sanción se reducirá en un 40 por ciento [arts. 14.6 del RGPSL (añadido con efectos de 01/01/2022 por Real Decreto 688/2021 de 3 de agosto) y 83.3 de la LPACAP].

AL ÓRGANO [ÓRGANO] (1)

Núm. de acta/s: [NÚMERO].

D./D.ª [NOMBRE], mayor de edad, con DNI [DNI], en nombre y representación de D./D.ª [NOMBRE], en calidad de representante de la empresa [NOMBRE_EMPRESA] **(2)**, con domicilio a efectos de notificaciones en [DOMICILIO], ante esta [ÓRGANO] **(1)**, comparezco y, como mejor proceda,

DIGO

PRIMERO.- Que habiendo sido inculpado en el expediente sancionador de referencia [NÚMERO], relativo a la comisión de la infracción [DESCRIPCIÓN], sancionada con una cuantía de [CANTIDAD] €, [DESISTO/RENUNCIO] al [EJERCICIO/INTERPOSICIÓN] de cualquier acción o recurso en vía administrativa contra la citada sanción y, asimismo:

- Reconozco voluntariamente mi responsabilidad.
- Comunico que procederé al pago voluntario en momento anterior a la resolución. **(3)**

SEGUNDO.- Que en la notificación de iniciación del procedimiento recibida por esta parte el pasado [FECHA] se reconoce una posible reducción de la sanción impuesta de un [PORCENTAJE] % condicionada al desistimiento o renuncia de cualquier acción o recurso en vía administrativa contra la sanción. **(4)**

TERCERO.- Que siguiendo los arts. 14.6 del Real Decreto 928/1998, de 14 de mayo, por el que se aprueba el Reglamento general sobre procedimientos para la imposición de sanciones por infracciones de orden social y para los expedientes liquidatorios de cuotas de la Seguridad Social (RGPSL) **(5)** y 83.3 de la de la Ley 39/2015 de 1 de octubre, del Procedimiento Administrativo Común de las Administraciones Públicas (LPACAP):

> «6. En los supuestos de infracciones para las cuales se proponga una sanción que tenga carácter exclusivamente pecuniario, si el sujeto responsable procediese al pago de la sanción propuesta en el acta con carácter previo a la resolución, en el plazo establecido al efecto, y renunciase al ejercicio de cualquier acción, alegación o recurso en vía administrativa, dicho pago llevará implícito el reconocimiento de responsabilidad y el importe de la sanción se reducirá en un 40 por ciento.

Esta reducción estará condicionada a la realización del pago por parte del sujeto responsable con carácter previo a la resolución, en el plazo previsto a tal efecto.

Cuando, conforme a lo previsto por el artículo 16, se acumulasen en una misma acta diversas infracciones, la reducción prevista en los párrafos anteriores se aplicará sobre el importe total de la propuesta de sanción.

Las sanciones propuestas en aquellas actas de infracción concurrentes con actas de liquidación por los mismos hechos, únicamente podrán ser objeto de reducción, en los términos establecidos en el artículo 34.2, no siendo de aplicación la reducción prevista en el presente apartado.

En aquellos supuestos en los que concurran distintos sujetos responsables respecto de una misma infracción, para la aplicación de la reducción de la sanción será preciso que, al menos uno de dichos sujetos solicite el pago con carácter previo a la resolución, y que ninguno de los otros presente alegaciones al acta de infracción, efectuándose el pago en el plazo previsto, todo ello sin perjuicio de las responsabilidades previstas para otros procedimientos distintos del regulado en este Reglamento».

En base a lo que,

SOLICITO:

Acogerme a la/s reducción/es prevista/s en los arts. 14.6 del RGPSL **(5)** y 83.3 de la LPACAP.

En [LUGAR], a [FECHA].

[FIRMA]

---

(1) El escrito debe dirigirse al órgano instructor al que hace referencia el acta.

(2) Consignar datos identificativos del alegante y representante legal (en su caso): nombre o razón social; NIF o CIF; actividad; CCC; domicilio social; domicilio centro trabajo; localidad; provincia; código postal; correo electrónico; teléfono móvil; etc.

(3) En caso de haber realizado el pago efectivo de la sanción especificar junto con los datos identificativos del mismo.

(4) El importe de la sanción se reducirá en un 40 por ciento (arts. 14.6 del RGPSL y 83.3 de la LPACAP). Las sanciones propuestas en aquellas actas de infracción concurrentes con actas de liquidación por los mismos hechos (arts. 34.2 del RGPSL), únicamente podrán ser objeto de reducción en los siguientes términos: «Si el sujeto infractor diese su conformidad a la liquidación practicada, mediante el ingreso de su importe en el plazo establecido en el artículo 31.3 del texto refundido de la Ley General de la Seguridad Social, y, en su caso, en el señalado en el artículo 33.1, párrafo tercero, de este Reglamento, las sanciones por infracción por los mismos hechos se reducirán automáticamente al 50 por 100 de su cuantía. Esta reducción automática sólo podrá aplicarse en el supuesto de que la cuantía de la liquidación supere la de la sanción propuesta inicialmente».

(5) Añadido con efectos de 01/01/2022 por Real Decreto 688/2021 de 3 de agosto.

Made in the USA
Coppell, TX
05 November 2026

11314451R00140